Bert te Wildt

Medialisation

Von der Medienabhängigkeit
des Menschen

Vandenhoeck & Ruprecht

Bibliografische Information der Deutschen Nationalbibliothek

Die Deutsche Nationalbibliothek verzeichnet diese Publikation in der Deutschen Nationalbibliografie; detaillierte bibliografische Daten sind im Internet über http://dnb.d-nb.de abrufbar.

ISBN 978-3-525-40460-7
ISBN 978-3-647-40460-8 (E-Book)

Umschlagabbildung: 3d Wooden Book Shelf Background
© kittisak_taramas/Fotolia.com

© 2012, Vandenhoeck & Ruprecht GmbH & Co. KG, Göttingen /
Vandenhoeck & Ruprecht LLC, Bristol, CT, U.S.A.
www.v-r.de
Satz: SchwabScantechnik, Göttingen
Druck und Bindung: ⊕ Hubert & Co., Göttingen

Gedruckt auf alterungsbeständigem Papier.

Inhalt

>>Nehmt Eure Wünsche als die Realität<<,
so könnte der hoffnungslose Slogan der Macht
in einer Welt ohne Referentiale lauten.

Jean Baudrillard, Agonie des Realen, 1978, S. 39

Vorwort

Den Ausgangspunkt dieses Buches bildet die Frage, warum sich der Mensch als Einzelner und als Gattung immer mehr von seinen Medien abhängig macht. Was sucht er im Cyberspace? Was kann er dort finden und was nicht? – Um Antworten auf diese Fragen zu finden, sollen die individuellen und kollektiven Dimensionen der Medienabhängigkeit des Menschen in einen größeren Zusammenhang gestellt werden. Im Sinne eines interdisziplinären Ansatzes werden von verschiedenen medienwissenschaftlichen Perspektiven aus Erklärungen dafür gesucht, dass der Mensch seine Existenz im Internet so weit wie möglich auf eine virtuelle Ebene verlagert. Mediengeschichtliche und -theoretische Erkundungen können beispielsweise aufzeigen, wie die Beschleunigung der medialen Entwicklung im Internet ultimativ kulminiert. Medienpsychologische und -anthropologische Erkenntnisse geben Aufschluss darüber, wie sich das neuartige Krankheitsbild der Internetabhängigkeit erklären und behandeln lässt. Medienpädagogische und -politische Überlegungen zielen schließlich auf Lösungsansätze ab, wie sich der Einzelne und die Gesellschaft vor einer ausufernden Medienabhängigkeit schützen können.

Mir ist bewusst, dass es ein gewagtes Unterfangen ist, sich als Zaungast den verschiedenen Medienwissenschaften zu nähern und sich ihrer essayistisch zu bedienen. Die Versuchung, die eigene klinische und wissenschaftliche Erfahrung mit Medienabhängigen und das Denken über Medien in seiner ganzen Vielfalt in einen größeren Zusammenhang zu stellen, war zu groß. Angesichts des hoffentlich deutlich werdenden Respekts vor den einzelnen Medienwissenschaften, insbesondere vor der Medientheorie, mögen einige Vereinfachungen und Vergröberungen verzeihlich sein. Ich möchte das Internet und seine Derivate nicht grundsätzlich diskreditieren, sondern ihre rasante Weiterentwicklung im besten Sinne kritisch begleiten. Die Diskussionen über das Internet sind nach wie vor zu sehr von Polarisierungen gekennzeichnet, im Zuge derer sich die digitale Avantgarde einerseits und konservative Skeptiker andererseits immer wieder entzweien. Einig sind sich beide allerdings darin, dass es auch in der digitalen Zukunft darum gehen sollte, dass Medien dem Menschen dienen und nicht umgekehrt. Hierzu möchte »Medialisation« einen Beitrag leisten.

Bert te Wildt

Spielt sich unser Leben am oder im Medium ab?
Unsere neuen technologisch vermittelten Beziehungen
zwingen uns zu der Frage,
in welchem Ausmaß wir selbst zu Cyborgs,
zu transgressiven Mischwesen aus Biologie,
Technologie und Code, geworden sind.
Die herkömmliche Trennung zwischen Mensch und Maschine
lässt sich immer schwerer beibehalten.

Sherry Turkle, Leben im Netz, 1999, S. 30

Der Umzug des Menschen in seinen medialen (T)Raum

Medialisation meint die kollektive Umsiedlung des Menschen in denjenigen medialen Raum, in dem er sich seine individuellen und kollektiven Träume zu erfüllen hofft. Wenngleich die Zivilisation niemals alle Menschen der Erde erfasst hat, macht sich der zivilisierte Mensch nun auf, sich zu *medialisieren.* Während der Übergang vom Naturgeschöpf zum Kulturwesen die Menschwerdung schlechthin beschreibt, geht es bei Zivilisationsprozessen um soziale Entwicklungen und deren formale und damit auch technische Bedingungen. Im Zuge des technologischen Wandels, den wir momentan vor allem als digitale mediale Revolution erleben, vollziehen sich für Individuum und Gesellschaft fundamentale Veränderungen, die die Errungenschaften dessen, was wir bisher als Zivilisierung erlebt haben, in Frage stellen. Nicht die zentralen Plätze der Länder, Städte und Dörfer, sondern die medialen Plattformen bilden nunmehr die Mitte dieser neuen Form des menschlichen Zusammenlebens. Mit dem Umzug in den virtuellen Raum, den Cyberspace, scheint sich der Mensch auf neuartige Weise zu entwickeln und zu organisieren.

Dieser Vorgang ist zunächst ohne jede Wertung zu beschreiben. Um zu vermeiden, dem Medialen eine grundsätzlich negative Bedeutung zuzuschreiben, seien zwei Ausgangshypothesen vorweggeschickt. Wenn Sprache den Menschen als bewusstseinsfähiges Wesen auszeichnet und zu Recht als ursprüngliches Medium aufgefasst wird, dann gilt erstens: Medien machen den Menschen als solchen aus. Damit haben Menschen zweitens immer schon *auch* in einer medialen Dimension gelebt, das heißt in Phantasien und Gedanken, in Träumen und inneren Bildern. Diese innerpsychischen Beispiele, die im weitesten Sinne eine innere Vorstellungswelt ausmachen, können als frühe mediale Erscheinungsformen verstanden werden. Sie sind als Indiz dafür zu werten, wie sich das Mediale quasi aus dem Menschen heraus entwickelt hat. Zunächst waren diese medialen Vorläufer aber offensichtlich noch stark mit den Wahrnehmungen innerer und äußerer Erfahrungen verbunden, zuvorderst mit der körperlichen Existenz des Menschen in einer physisch erlebbaren Welt.

Die mediale Entwicklung hat sich über Jahrtausende hinweg vollzogen. Der Mensch hat sich allerdings vor allem im Zuge der letzten Jahrhunderte und noch mehr in den letzten Jahrzehnten immer weiter von seiner irdischen und leiblichen Gebundenheit gelöst. Seine Ausflüge in künstlerische und künstliche Welten sind immer ausgedehnter und raffinierter geworden. Mit der Erschaffung des Cyberspace hat sich zuletzt ein exponentielles Wachstum von Medialität ergeben, das einen Wendepunkt markiert, eine Umkehrung der Verhältnisse zwischen den irdischen und den virtuellen Lebensbedingungen des Menschen.

Das Mediale als entscheidender Referenzbereich

Wenngleich noch vor etwa fünfzig Jahren in unserer zivilisierten Gesellschaft der entscheidende Bezugspunkt allen Seins in der Regel das war, was wir als konkrete Realität erleben, so ist nunmehr das Virtuelle zum entscheidenden Referenzbereich geworden. Wenn wir ein Naturschauspiel erleben, dann erscheint es uns *wie in einem Film*. Eine besondere Begebenheit ist *romanesk*. Ein

Rendezvous und eine Liebesnacht sind nur dann *wirklich* schön und leidenschaftlich, wenn sie uns wie eine *Seifenoper* oder wie *Pornografie* vorkommen. Dies gilt auch für dramatische Ereignisse im negativen Sinne – vielleicht um sie auf diese Weise erträglich werden zu lassen. Wie Susan Sontag in ihrem Essay »Regarding the Pain of Others« aus dem Jahr 2003 treffend beschrieben hat, neigen Menschen heute dazu, gerade auch Katastrophen, die sie früher als unwirklich begriffen hätten, medialen Vergleichen zu unterziehen: »Aber eine Katastrophe, die man wirklich erlebt, wirkt nun oft auf unheimliche Weise wie ihre eigene Darstellung. Über den Angriff auf das World Trade Center am 11. September 2011 sagten viele, die sich aus den Türmen haben retten können oder die in der Nähe waren, in ihren ersten Berichten, er sei ›unwirklich‹ gewesen, ›surreal‹, ›wie im Kino‹. (Nach vierzig Jahren aufwendiger Katastrophenfilme aus Hollywood scheint der Ausspruch ›Es war wie im Kino‹ an die Stelle jener Formel getreten zu sein, mit der Überlebende von Katastrophen das zunächst Unfassbare dessen, was sie durchgemacht haben, früher auszudrücken versuchten: ›Es war wie im Traum.‹)« (2010, S. 28 f.). – Kurz, ob die positiven oder negativen Erlebnisse in unseren Augen und Erinnerungen eine Nachhaltigkeit, eine Bedeutung und einen Wert erhalten, entscheidet sich offensichtlich heute auf der Grundlage ihrer medialen Aura.

Das Mediale selbst wird damit jedoch zu einer übergeordneten Kategorie, von der eine ungeheure Macht ausgeht. Im Zuge dieser Überbewertung des Medialen hat der Mensch begonnen, sein Leben immer mehr im Hinblick auf seine konkrete oder potenzielle mediale Verwertbarkeit zu gestalten und zu beurteilen. Ohne dass wir uns dessen gewöhnlich bewusst sind, fragen wir uns immer häufiger, ob unsere Lebenserfahrungen *medientauglich* sind, und zwar in zweierlei Hinsicht: Entweder soll uns das Erlebte an eine mediale Erfahrung erinnern oder es soll medial festgehalten werden. Im besten Fall findet – im Sinne einer unendlichen Selbstreferenz des Medialen – beides gleichzeitig statt und dies nicht nur für den Einzelnen, sondern auch für einen möglichst großen Kreis anderer Menschen, die dann im Rahmen sozialer

Netzwerke an diesen medialisierten Lebensäußerungen Anteil nehmen können.

Wenn wir das, was wir erleben, kontinuierlich mit medialen Inhalten von Büchern und Filmen vergleichen, dann kann dies unterm Strich nur eine ernüchternde Wirkung haben. Das Auf und Ab unseres Alltags ist in der Regel nicht so spannend wie das zu einer Geschichte destillierte Leben einer Romanfigur. Wir selbst und unser Partner sind nicht ständig so stark und schön wie unsere Filmhelden und -heldinnen. Unsere Sexualität kann nicht immer so aufregend sein, wie es ein pornografischer Film uns suggerieren könnte. Die immer realistischer werdenden Parallelwelten von Internet und Computerspielen werden zugleich immer faszinierender, sodass sich das Alltagsleben kaum noch an ihnen zu messen vermag. Dahinter fällt unsere konkret-reale Umwelt zurück, wird unattraktiv und vernachlässigbar.

Insofern macht es Sinn, sein Leben gleich ganz – oder zumindest so komplett und komplex wie möglich – auf eine virtuelle Ebene zu verlagern. Es verwundert also nicht, dass es Teile der heranwachsenden Generationen versäumen, ihre Existenz in der konkret-realen Welt auf eine Weise einzurichten, die ihnen die Grundlage für ein autonomes Erwachsenenleben bietet. Noch mehr als das: Sie scheinen das konkret-reale Leben gegen das Leben in der virtuellen Realität eintauschen zu wollen. Sie haben gar nicht mehr das Bedürfnis, Helden in dem zu sein, was wir das *eigene Leben* zu bezeichnen gewohnt sind, weil sie es ja in ihren virtuellen Stellvertretern, ihren Avataren, bereits sein können. So wird das Mediale nicht nur zum entscheidenden Referenzbereich des Lebens, sondern auch zum zentralen Lebensbereich.

Aber wir versuchen nicht nur alles, was wir erleben, im Hinblick auf seine mediale Vergleichbarkeit zu bewerten, sondern auch daraufhin, inwieweit sich sein Transfer ins Mediale als machbar und lohnenswert erweist. In einem Land wie Deutschland hat bald jeder Mensch einen Computer am Körper, mit dem er weitaus mehr als nur telefonieren kann. Wir empfangen und senden mit diesen Computern alle Arten von Botschaften und Nachrichten. Und wir können mit ihnen Töne, Bilder und Filme sowohl aufnehmen als auch abspielen. Täglich entstehen auf diese Weise Milliarden von Text-, Ton-, Bild- und Filmdateien, die in privaten und öffentlichen Archiven gespeichert werden. Diese Medialisierung des Alltagslebens wird von immer mehr Menschen nicht nur als Möglichkeit, sondern als Notwendigkeit erlebt. Im Zuge dessen wird jede erlebte Situation auf ihre mediale Verwertbarkeit hin überprüft. So setzt sich nicht nur ein gedanklicher Filter vor unsere Wahrnehmung, sondern auch ein technischer: Zwischen jede Begegnung mit der Welt und dem Anderen schieben sich Apparaturen, eine Linse und ein Bildschirm, ein Mikrofon und ein Lautsprecher, welche die Wahrnehmung des individuellen Menschen bisweilen bis zur Unkenntlichkeit verstärken und verfremden.

Der Mensch betrachtet sich und sein Leben quasi ständig aus der Außenperspektive. Den medialen Blick des Anderen mimetisch antizipierend führt er eine Selektion durch. Er schreibt, fotografiert und filmt nur das, was ihn vor allem auf diejenige Art und Weise darstellt, wie er gesehen werden möchte. Bald werden wir ständig bereit sein, fotografiert und gefilmt zu werden. Wir medialisierten Menschen warten ständig auf unsere Entdeckung durch den Anderen oder noch besser: von einer Masse von Anderen. Damit haben wir unserem Leben sozusagen ein Reality-Format verliehen, im schlimmsten Fall sogar das einer Casting-Show. Spätestens dann erübrigt sich die Frage nach der Natürlichkeit und Authentizität des Individuums. Dabei glauben wir uns über das Mediale so umfassend und genau wie möglich selbst *ausdrücken* und auf diese Weise *verwirklichen* zu können. Im wortwörtlichen Sinne des Wortes drücken wir uns derart umfassend aus, dass wirklich nichts mehr von uns übrig bleibt.

Medialisation als Zivilisationskrankheit

Wenn sich der Mensch ständig in mediale Abbilder hineinversetzt, weil er unter anderem versucht, sich selbst in ein mediales Vorbild für andere zu verwandeln, dann stellt sich die Frage, ob er dabei *mehr* oder *weniger* er selbst ist beziehungsweise wird.

Die Verfremdungseffekte des Medialen wirken allerdings nicht nur auf den Umgang mit sich selbst, sondern in erster Linie auch auf die Beziehung zum Anderen. Die Frage, ob das, was hier als *Medialisation* bezeichnet wird, tatsächlich zu einer individuellen und kollektiven Selbstentfremdung des Menschen führt oder ob die medialen Weiterentwicklungen die Menschen vielmehr zu sich selbst und zueinander führen, ist nicht leicht zu klären.

Die Beantwortung einer solchen Frage fällt schon im Hinblick auf das Phänomen, das wir als Zivilisation bezeichnen, nicht leicht. Aus einer globalen Perspektive betrachtet erscheinen zumindest diverse zivilisatorische Errungenschaften als ähnlich fragwürdig wie die Medialisation: Hat die Zivilisation unterm Strich ein Mehr an Frieden in die Geschichte gebracht? Macht uns ihr Wohlstand zu glücklicheren Menschen? Ist der zivilisierte Mensch insgesamt weniger krank? Gibt es aufgrund der Zivilisation global gesehen weniger Hunger in der Welt? Hat sie die Erde für den Menschen nachhaltig bewohnbarer gemacht? Beim Versuch, auf diese Fragen Antworten zu finden, könnte man dazu neigen, sich dem extrem kulturpessimistischen Ausspruch Alfred N. Whiteheads aus dem Jahre 1927 anzuschließen: »The major advances in civilization are processes that all but wreck the societies in which they occur« (S. 88). – Zumindest in Bezug auf ökologische Fragestellungen, auf Fragen nach dem Lebensraum, in dem wir noch leben können und wollen und den wir mit übermäßiger Kultivierung zu zerstören drohen, erscheinen die zivilisatorischen Errungenschaften ebenso als Problem wie als Lösung.

Im Zuge dessen verwundert es nicht, dass sich der Mensch auf die Suche nach einer Alternative zu seinem bisherigen Lebensraum macht. Er wird zum *digitalen Nomaden*. Allerdings macht es einen großen Unterschied, ob Menschen wegen Hunger, wegen Umweltkatastrophen oder wegen zivilisatorischen Überdrusses die Flucht aus ihrer bisherigen Lebensumgebung antreten. Wenn wir unsere Zivilisation lieb gewonnen hätten und wirklich überzeugt von ihr wären, dann würden wir wohl überzeugender dafür sorgen, dass Menschen in der »Dritten Welt« auf die eine oder andere Art und Weise Anteil an ihr hätten. Wir haben dieses Ansinnen aufgegeben, anders lässt sich unsere Flucht in die Zukunft des Cyberspace kaum verstehen.

Flucht in die Zukunft der Science-Fiction

In Romanen, Filmen und Fernsehserien ist das Genre der Science-Fiction stets schon eine Ausdrucksform dieser Fluchttendenz beziehungsweise dieser Suchbewegung gewesen. Wenn man die Essenz dessen, was das Genre der »wissenschaftlichen Fiktion« geschaffen hat, ernst nimmt und in ihm weniger die Fiktion als vielmehr ein wissenschaftliches Potenzial sieht, dann ist zu erkennen, wie Forschung und Technik heute auf vielfältige und sich am Ende ergänzende Weise daran arbeiten, den Ausstieg des Menschen aus seinem bisherigen irdischen Dasein vorzubereiten. Bislang galt innerhalb solch wissenschaftlicher Fiktion die Prognose, dass wir eines Tages, und zwar spätestens, wenn die Erde unbewohnbar geworden ist, in riesige Raumstationen oder auf fremde Himmelskörper umsiedeln werden. In diesem Zusammenhang hat sich die Frage nach Realität oder Virtualität in verwandelter Form gestellt: Werden wir auf künstlichen, also selbst-erschaffenen oder auf natürlichen, also real-existierenden Planeten leben? In Analogie hierzu lässt sich inzwischen mit Blick auf die Erfindung des Internets in ähnlicher Weise nach der Umsiedlung des Menschen in den Cyberspace fragen: Werden wir es mit Hilfe unserer Technologien schaffen, den Planeten Erde so zu gestalten, dass wir ihn und damit unsere hiesige Lebensgrundlage erhalten können, oder werden wir versuchen, einen Weg zu finden, mehr oder weniger ganz in eine virtuelle Parallelwelt umzusiedeln? Die Frage nach einem solchen Plan B drängt sich nicht zuletzt deshalb auf, weil der zivilisierte Mensch es müde geworden zu sein scheint, darauf zu warten, dass ein bewohnbarer Planet gefunden oder gebaut wird. Die Krise der bemannten Raumfahrt und die halbherzigen Rettungsversuche des Mutterplaneten Erde mögen als Indiz dafür gewertet werden, dass der Mensch seine Zukunft weder im All noch auf der Erde sieht. Ohne sich dessen bewusst zu sein, glaubt er, sich mit dem Cyberspace einen neuen Lebensraum erschlossen zu haben, der ihn von den Bedingtheiten des irdisch Diesseitigen zu befreien und alle Versprechungen vom Jenseitigen zu erfüllen vermag.

Eintauchen, Interagieren und Abheben im Medialen

Neben den intensivierten medialen Wirkungen, welche die digitalen Medien durch immer realitätsnähere Darstellung und sinnesphysiologische Vermittlung erzielen, ist es vor allem die Einführung der Beziehungsdimension ins Mediale, welche die digitale Revolution auszeichnet. Die Steigerung des Erlebens des Nutzers von Kommunikationssystemen durch erhöhte Sinnesansprache bezeichnet man als *Immersivität* und die Einbeziehung des Nutzers als aktiv Handelnden als *Interaktivität.* Dabei sind Immersion und Interaktion nicht gänzlich voneinander getrennt zu betrachten. Dementsprechend beschrieb der amerikanische Medienforscher Michael Heim (1998) die erhöhte Immersivität und Interaktivität, welche gemeinsam zu einer erhöhten *Intensität* führen, mit der letzten zusammen als die drei entscheidenden Kennzeichen der medialen Erfahrungsmodalitäten des Cyberspace.

Die Immersivität der digitalen Medien führt dazu, dass wir uns als Teil eines medialen Geschehens erleben. Dieses Eintauchen ins Mediale vermögen wir dank unserer Vorstellungskraft schon bei einem Roman und einem Film. Die Digitalisierungseffekte des Medialen nehmen uns die Notwendigkeit der aktiven Vorstellung immer weiter ab, sie kommen uns quasi entgegen, während sie uns gleichzeitig immer mehr aktives mediales Handeln abverlangen. Dies wird weniger als mühevoll denn als attraktiv erlebt, weil uns die digitalen Medien zunehmend den Eindruck vermitteln, spielend leicht mit real anmutenden virtuellen Stellvertreterfiguren in ebenso real erscheinenden Welten unterwegs zu sein. So phantastisch diese Welten auch aussehen mögen, sie machen mittlerweile einen im engeren Sinne animierten, also quasi beseelten Eindruck, weil die geschaffenen Spielfiguren und Spielwelten täuschend echt und lebendig aussehen. Dazu kommt, dass die neuesten digitalen Medien neben dem Seh- und Hörsinn weitere Sinne einbeziehen, beispielsweise bei einigen Spielkonsolen den Tast- und Gleichgewichtssinn. Dass wir damit immer tiefer in die virtuelle Welt abtauchen und uns, je nachdem, wie viel Zeit wir darin verbringen, immer häufiger und weiter von unserer körperlichen Existenz im Hier und Jetzt entfernen, kann in eine geradezu gefährliche Selbstvergessenheit führen. Dies alles wäre aber nur halb so schlimm beziehungsweise halb so faszinierend, wenn wir unsere virtuellen Stellvertreter, die sogenannten *Avatare*, nicht in Szene und Beziehung setzen würden zu den Avataren, hinter denen andere reale Menschen agieren, die ihnen sozusagen eine Individualität, eine wesenhafte Aura verleihen.

Der Interaktivität des Cyberspace ist es gedankt oder geschuldet, dass wir nicht mehr allein passive Zuschauer sind, sondern zu aktiven Nutzern werden. In Foren und Blogs, in Computerspielen und kollektiven Enzyklopädien sind wir gleichsam Empfänger und Sender. Auf diese Weise geraten Mediennutzer untereinander in ein mehr oder weniger paritätisch strukturiertes Beziehungsgeflecht. Emotionale und geistige Beziehungserfahrungen lassen sich offensichtlich virtualisieren. Dies gilt allerdings nicht gleichermaßen für körperliche Bindungen. Ähnlich wie die irdischen Bedingungen werden die leiblichen Grenzen des Körpers zur unliebsamen Last, wenn dieser Körper nur noch dazu dient, die eigene virtuelle Existenz zu generieren und zu tragen. Was als digitaler Code der technischen *Hardware* ein virtuelles Leben entlockt, ist der *Wetware* Mensch die DNA, die ihm zu natürlichem Leben verhilft. Längst aber haben wir damit begonnen, maschinelle und natürliche Hard- und Software miteinander zu verbinden, sodass sie in ihrer Gesamtheit einen virtuellen Raum aufspannen, der über beziehungsweise jenseits der materiellen Welt zu schweben scheint. Diese virtuelle Parallelwelt, zu der wir bald von überall her Zutritt haben werden – von jedem Mobilgerät, Bildschirm und Kühlschrank aus, um nur einige wenige Beispiele zu nennen –, bezeichnen wir als den Cyberspace. Der *mediale Film,* der sich damit über unsere Welt gelegt hat und durch den wir sie betrachten, scheint sich zu verselbstständigen und vor unseren Augen wie ein Raumschiff abzuheben, uns glauben machend, dass uns dieses vollständig mitnimmt. Auf diese Weise enthält und nährt der Cyberspace das Versprechen, woanders als in diesem Körper auf diesem Planeten leben zu können.

Die schrecklich schöne, neue Welt der Matrix

Der Science-Fiction-Film »Matrix« aus dem Jahre 1999 zeigt eine sinistre Umsetzung dieses Versprechens, welche gleichermaßen als seine Erfüllung und Enttäuschung verstanden werden kann. Der epochale Film, der vielleicht sogar ein vorläufiges Ende der Science-Fiction markiert, ist eine Art filmische Synthese aller apokalyptischen Visionen des Cyberspace. Die *Matrix* denkt alle negativen Prognosen im Hinblick auf biotechnologische, robotische und digitale Entwicklungen konsequent zu Ende: In einer fernen Zukunft ist der Mensch in völlige Abhängigkeit von den von ihm erschaffenen Technologien geraten. Sein Körper wird von Maschinen in Kokons gehalten, welche mit Nährlösungen gefüllt sind. Während sein Organismus als Energielieferant für die Maschinenwelt dient, wird der Mensch über eine Hirnsonde medial so versorgt, dass er sich in einer Welt wie der unsrigen wähnt. Dies ist mehr als eine Allegorie auf den Ausspruch Aldous Huxleys (1932), der Mensch der Zukunft werde in Abhängigkeit gehalten, indem man ihn unterhalte. Von den Maschinen der Matrix werden der Körper einerseits und die Psyche andererseits separat voneinander *gehalten* und *unterhalten,* dies unter Ausschaltung des Bewusstseins, was vielleicht den entscheidenden Aspekt dieser Geschichte ausmacht. Sie bringt nämlich das auf den Punkt, was uns noch genauer beschäftigen wird: den Bewusstseinsverlust, der dem Menschen droht, wenn versucht wird, das Psychische vom Körperlichen abzutrennen.

Der virtuelle Raum, den wir Cyberspace nennen, breitet sich immer weiter aus und erzeugt zur Welt der konkret-realen Erscheinungen ein Spannungsfeld. Hier bahnt sich, wenn schon keine Trennung, so doch ein immer schmerzhafterer Spagat zwischen konkreter und virtueller Realität an. Im besten Fall geht es jedoch nicht um die unmögliche Aufgabe, sich zwischen der einen oder anderen Welt zu entscheiden. Denn es ist schlechterdings nicht vorstellbar, dass der Mensch seinen Körper ganz verlässt, ohne als Gattung oder Individuum zu sterben. Allerdings ist es auch kaum mehr denkbar, dass der mittlerweile nicht nur zivilisierte, sondern auch medialisierte Mensch ohne Medien leben könnte. Seine Medienabhängigkeit steigt individuell und kollektiv rasant an. Wenn man einen im engeren Sinne medienabhängigen Menschen vor die Entscheidung stellen würde, ob er für immer in einem matrix-ähnlichen Szenario oder lieber frei von Medien leben wolle, so fiele die Wahl unweigerlich zugunsten des Cyberspace aus, also für ein Leben, das er zwar eingesperrt in einem fensterlosen Raum verbrächte, in dem er aber stets mit Essen, einem schnellstmöglichen Internetanschluss und der neuesten Soft- und Hardware versorgt wäre.

Und wenn wir ganz ehrlich sind: Wer von uns hielte es denn noch für möglich, in einer Welt ohne Mobiltelefone und Computer, Zeitungen und Bücher zu leben? – Noch einmal: Der zivilisierte Mensch erlebt sich als das, was er ist, vor allem durch Medien. Das Ausmaß der Medialisierung der Welt hat schon vor der Digitalisierung einen kritischen Punkt erreicht. Mit der exponentiellen Entwicklung des Internets und seiner digitalen Derivate, die sich zum alles umfassenden Cyberspace vereinigen, überschreiten wir allerdings eine Grenze. Ob wir damit das Tor zu einer *schönen neuen Welt* öffnen, bleibt abzuwarten. Inzwischen steht jedoch eine ungelöste Frage im Raum: Erfüllen wir uns mit der Medialisation einen Menschheitstraum oder geraten wir in Wirklichkeit in einen Albtraum?

Medien sind Werkzeuge,
die der Koordination zwischenmenschlichen Handelns dienen.

Mike Sandbothe in Münker et al. (Hrsg.),
Medienphilosophie, 2003, S. 195

Das endlos flüchtige Wesen der Medien und der Begriffe, die wir uns von ihnen machen

Mediendefinitionen können in ihrer Veränderbarkeit Meilensteine der medialen Entwicklung markieren. Neue Definitionen von dem, was Medien sind oder sein sollten, korrespondieren stets mit den Paradigmenwechseln in der Mediengeschichte. Einem Paradigmenwechsel, einer Wandlung der *Vorzeichen* also, liegt vermutlich immer eine Veränderung der Zeichen, ein Wandel des medialen Repertoires zugrunde. Nach dem *linguistic turn,* der schriftsprachlichen Wende, und dem *iconic turn,* der bildsprachlichen Wende, sind wir nun Zeuge einer digitalen Zeitenwende. Um die Bedeutung des *digital turns* verstehen zu können, ist es nützlich, sich näher anzuschauen, welchen Begriff sich Menschen im Laufe der Geschichte von dem gemacht haben, was wir als *Medium* bezeichnen.

In diesem Zusammenhang gilt es zu beachten, dass die heutige Verwendungsweise des Begriffs Medium nicht wesentlich älter als fünfzig Jahre ist und seine zurzeit vorherrschende Bedeutung sich erst in den 1960er Jahren herausgebildet hat. Seitdem hat er darüber hinaus eine rasante Entwicklung durchgemacht, ohne dass sich bis dato eine ultimative Begriffsdefinition etabliert hätte. Ebenso wie ein Medium ein Träger und Bote ist, der hinter dem, was er trägt, das heißt seinem Inhalt und seiner Botschaft, möglichst in den Hintergrund treten, ja am besten ganz verschwinden soll, verflüchtigt sich auch der Begriff, den wir uns vom Medialen machen, immer wieder. Vielleicht liegt es daran, dass der Diskurs über das, was Medien sind, immer nur medial geführt werden kann, sodass man niemals eine ausreichende Distanz zum Gegenstand der Betrachtung gewinnt. Wenngleich heute die Verständigung darüber, was im Alltag der sogenannten zivilisierten Welt mit Medium gemeint ist, relativ einfach gelingt, hat sich im wissenschaftlichen Diskurs bis jetzt keine trennscharfe Definition des Begriffs durchsetzen können.

Der Ursprung des Medialen im Körperlichen

Da der Begriff Medium in seiner heutigen Bedeutung noch sehr jung ist, mag es verwundern, wenn die Mediengeschichte auf den Beginn der menschlichen Evolution zurückgeführt werden kann. Der Grund liegt letztlich in der biologischen Geburtsstunde des Medialen, in dem, was man als mediale Vorgeschichte bezeichnen könnte. Unter Bezug auf die Wahrnehmungslehre von Aristoteles (384–322 v. Chr.) lässt sich zeigen, wie sich die Medien quasi aus dem Menschen heraus entwickelt haben. Dieser physiologische, also körperliche Ursprung des Medialen dokumentiert sich in den ursprünglichen Mediendefinitionen.

Zunächst wurde als Medium ein Modus griechischer Verben bezeichnet, der sich zwischen Aktiv und Passiv bewegt, der also quasi zwischen Subjekt und Objekt liegt. Das lateinische Wort *medium* steht für *Mitte, medius* für *zwischen seiend.* Es kann aber wiederum auf das griechische Wort *metaxu* zurückgeführt werden, welches in der Wahrnehmungstheorie von Aristoteles, die dieser in seiner Schrift »De anima« formulierte, das Moment eines *Dritten* bezeichnet, eines *Zwischenraumes,* der zwischen einem Wahrnehmungsorgan und dem Gegenstand seiner Wahrnehmung eine Verbindung herstellt. In Anlehnung an die aristotelische Wahrnehmungslehre (vgl. Aristoteles, 1995) wurde der Begriff Medium dann in den Naturwissenschaften auf die vier Grundelemente angewandt, wobei die Luft als Träger und Mittler von Schall das basale Trägermedium darstellt. Als erstes und ursprünglichstes Medium gilt dementsprechend ein biologisches

Phänomen, die menschliche Stimme beziehungsweise die sie hervorbringende Sprache, welche mit Hilfe der Stimmbänder die Luft zwischen mir und einem Anderen in Schwingung und damit in eine Form und eine Botschaft zu bringen vermag. Insofern die gesprochene Sprache den Menschen als solchen auszeichnet, weil sie nicht zuletzt Grundbedingung seines entwickelten Denkens ist, müsste hier eigentlich auch von einer akustischen Wende, einem *acoustic turn* die Rede sein. Außerdem ist darauf hinzuweisen, dass sich zuvor im Luftzwischenraum die Gebärden- und Zeichensprache vollzogen hat, deren Gesten nicht nur die Vorläufer des gesprochenen Wortes, sondern auch der Bildsprache sind.

Hieraus wird bereits deutlich, dass Zeichen und Sprachen die Grundelemente und Grundformen von Medialität bilden. Ohne sie könnten wir uns überhaupt keinen Begriff davon machen, was Medialität ist. In Entsprechung zu den jeweiligen Transformationen dieser Grundformen hat sich auch der Medienbegriff gewandelt.

Von der Schriftsprache zum digitalen Code

Die Umwandlung von gesprochener Sprache in geschriebene Schrift, der *linguistic turn,* markiert das Ende der medialen Vorgeschichte. Denn erst im Zuge der Schriftsprache konnte Sprache selbst zum Gegenstand der Betrachtung werden. So paradox es klingen mag: Medialität in ihrer eigentlichen Tragweite beginnt mit dem ihr innewohnenden Potenzial, sich selbst zu reflektieren. Mit der Schrift als Grundlage für Bücher und Zeitungen nähern wir uns demjenigen an, was noch heute unter Medien im engeren Sinne der Begriffsverwendung im Alltag verstanden wird. Da es zur Zeit der Schriftentwicklung noch keinen Medienbegriff gab, muss auf das 19. Jahrhundert vorgegriffen werden, um eine in Bezug auf die Schrift passende Mediendefinition zu finden. Eine solche ergibt sich aus der Sprachtheorie, die insbesondere mit Hegel Mitte des 19. Jahrhunderts in voller Blüte stand und im Zuge derer die Sprache als solche verehrt wurde. Als Repräsentationsmedium diente das Medium Schriftsprache zuallererst der Darstellung und Bewahrung von Informationen im weitesten Sinne, sei es durch die Niederschrift bis dato nur mündlich überlieferter Sagen und Legenden oder durch die Niederlegung von Geboten und Gesetzen, um nur einige wenige Beispiele zu nennen. Noch heute wird rein Schriftsprachliches, allen voran das Buch, das beispielsweise eine künstlerische oder wissenschaftliche Arbeit beinhaltet, als vornehmstes mediales Material gewertet, ja geradezu kultisch verehrt. So mag man im Falle des Buches kaum mehr von einem Medium sprechen. Insofern markiert die Euphorie gegenüber dem Buch die Kehrseite dessen, was uns Medien mittlerweile eine eher negative Bedeutung zuschreiben lässt.

Dieser Bedeutungswandel im Hinblick auf das Verständnis und die Begrifflichkeit von Medialität vollzog sich nicht zuletzt mit dem *iconic turn*. Im Sinne einer engen Mediendefinition werden im Volksmund gerade die jeweils trivialeren Repräsentanten einer Epoche als Medien bezeichnet, die Zeitung eher als das Buch und das Fernsehen eher als der Film, jeweils die späteren, massenwirksameren und vor allem bildreicheren Medien also. Für manche beginnen die Mediengeschichte und damit auch die Mediendefinitionen in ihrer eigentlichen Bedeutung für die heutige Zeit erst bei den »Massenmedien«. Wie bereits angedeutet, hat dies nicht zuletzt mit dem jeweiligen Kulturverständnis zu tun, wobei hervorzuheben ist, dass keinesfalls jedes Buch und jeder Film ein Kunstwerk darstellt. Überblickt man die Mediengeschichte beziehungsweise die Medienrezeptionsgeschichte, so könnte man jedoch zu der Einschätzung kommen, dass bis zur Durchsetzung des Internets in aller Regel Presse, Radio und Fernsehen als *die* Medien schlechthin gegolten haben, Publikationsmedien also, in denen sich zunächst vor allem das öffentliche und später auch immer mehr das private Leben abspielt beziehungsweise abgespielt hat. Ging es bei der Verbreitung der Zeitung noch in erster Linie um informative Inhalte, so hat sich über den Weg der Fotografie in Illustrierten und der Kinematografie in Wochenschauen schließlich die Durchsetzung des Großmediums Fernsehen vorbereitet. Letztendlich ist der direkte Vorläufer des Fernsehens das Radio, welches noch ganz auf der Welle des *lingu-*

istic turns schwamm und dann mit Bild- und Filmmaterial unter-
füttert wurde, um schließlich als Leitmedium abgelöst zu werden.
Geboren waren die sogenannten Audiovisionen, Film, Fernsehen
und Video, die ersten modernen multimedialen Massenmedien.

Zeitgemäße und vorläufige Mediendefinitionen

Um zu einer zeitgemäßen Mediendefinition zu kommen, bedarf
es zunächst der Erläuterung einiger Begrifflichkeiten rund um
den *digital turn,* dessen Zeugen wir nun *sind.* Mit *digital* ist die
Reduktion beziehungsweise Codierung medialer Inhalte, Formen
und Vorgänge auf ein sogenanntes binäres System gemeint, in dem
sich alle medialen Phänomene mit einer Ordnung der Ziffern
Null und Eins darstellen und unterscheiden lassen. Das digitale
System ist *das* Zeichensystem der Welt computerisierter Phänomene. Im Grunde nutzen alle neueren Medienformen den digitalen Code, Mobiltelefone und Navigatoren beispielsweise. Digital
prozessierende Computerchips finden sich zunehmend aber auch
in Technologien, die ursprünglich analog arbeiteten, in Autos,
Herzschrittmachern und Sportgeräten, um nur einige wenige Beispiele zu nennen. Hauptwirt des digitalen Chips bleibt aber der
Computer. Die durch Kommunikationstechnologien hergestellten Verbindungen quasi aller Computer untereinander bezeichnet man als *Internet* oder auch als *World Wide Web* (WWW).
Diese Begriffe zielen vor allem auf die technologische und damit
eher formale Dimension des virtuellen Raumes ab. Der Begriff
Cyberspace, der auf William Gibson und seinen Roman »Neuro-
mancer« aus dem Jahr 1984 zurückgeht, wird im umfassenderen
Sinne und dabei mehr im Zusammenhang mit den inhaltlichen
Aspekten der digitalen Welt verwendet. Mit Cyberspace seien hier
alle künstlich generierten Inhalte und Welten gemeint, die von
einem Computer aus erreicht werden und schon bald über das
Internet allesamt miteinander verbunden sein werden. Obwohl
sie oft synonym verwendet werden, bezieht sich der Begriff Internet eher auf die formalen und der Begriff Cyberspace eher auf die
inhaltlichen Bedingungen der virtuellen Realität. Mit virtueller

Realität ist schließlich der Gegensatz der Realität des Cyberspace zur konkret-physischen Realität gemeint, der also alle computergenerierten Phänomene umfasst.

Es ist jedoch wenig sinnvoll, virtuelle und konkrete Realität einander zu absolut gegenüberzustellen, da der Mensch per se immer schon auch in einer virtuellen Dimension gelebt hat. Denn dass er es vermag, sich kraft seiner geistigen Möglichkeiten über die konkret-leibliche Welt ein Stück weit zu erheben – der Begriff *virtuell* kommt von dem lateinischen *virtus* und bedeutet *Kraft, Vermögen, der Möglichkeit nach* –, zeichnet den Menschen als solchen erst aus. So geht es bei dem Begriff Virtualität letztlich ganz allgemein um die geistige Dimension des Menschen, die sich nicht nur in seiner Vorstellungs-, Phantasie- und Denktätigkeit ausdrückt, sondern ebenso in seiner Kreativität, diesen geistigen Tätigkeiten über mediale Formatierungen einen Ausdruck zu verleihen. Insofern kann man die virtuelle Welt des Cyberspace auch als einen künstlichen Manifestationsraum der geistigen Wirklichkeiten des Menschen verstehen. Es geht bei dem Begriff der virtuellen Realität also um die immaterielle Dimension des Menschseins, die auch in der neueren Mediendefinition von Helmut Schanze anklingt: »Medien stellen Übergänge von einer Immaterialität zu einer anderen dar« (2001, S. 216). Diese etwas kryptisch anmutende Definition ist vielleicht ihrer Zeit voraus. Insofern mag sie Ziel, aber nicht Ausgangspunkt dieses Buches sein. Hier wird erst einmal von einer bodenständigeren Mediendefinition wie der des Medienphilosophen Mike Sandbothe ausgegangen, der in einem ebenso ursprünglichen wie spätmodernen Sinne Medien als »interpersonal tools« ansieht: »Medien sind Werkzeuge zwischenmenschlichen Handelns« (Münker, Roesler und Sandbothe, 2003, S. 195).

Angesichts der hohen Diskursivität beziehungsweise Diskussionswürdigkeit, die im Gegenstand ihrer Betrachtung begründet liegt, tun sich die in der Regel recht streitbaren Medienwissenschaften stets schwer, miteinander zu kommunizieren, da sie sich immer wieder neu darüber einig werden müssen, worüber sie eigentlich sprechen. Wenn nun im Folgenden medienhistorische und medientheoretische Aspekte zunächst allgemein und dann konkret im Hinblick auf die Frage nach dem kritischen beziehungsweise pathologischen Charakter von Medien einge-führt werden, dann spielen die Bedeutungshorizonte der unter-schiedlichen Mediendefinitionen eine nicht unerhebliche Rolle.

Die häusliche Interaktivität,
das heißt der zunehmende Verlust
der Beziehung zur äußeren Umwelt,
ist also wohl eine technische Form des Komas.

Paul Virilio, Rasender Stillstand,
1990/2002, S. 122

Geschichte und Gleichzeitigkeit im Medialen

Mediengeschichte vollzieht sich nicht nur in enger Verbindung mit der Menschheitsgeschichte, sondern ist quasi auch ihr Katalysator. Denn wenn man den Begriff Medium im Sinne eines Werkzeugs als Mittel zu einem Zweck sehr weit fasst, wie es einige Medienwissenschaftler tun, dann ist auch jedes vom Menschen geschaffene Werk ein Medium und auf diese Weise wird jedes *Zeug* zum Zeugnis der Geschichte. Mehr noch als auf die Archäologie baut der Historiker auf die Überlieferung durch frühere Medienformen, beginnend mit der Entdeckung von Höhlenmalereien. Und schließlich lässt sich Geschichte auch nur mit Medien vermitteln. Ein Geschichtsverständnis ohne Medialität ist schlichtweg nicht vorstellbar. Hiermit ist die enge und vielfältige Verwobenheit von Medialität und Historik schon umrissen.

Ob die Entwicklung von Medien die entscheidenden Gründe für historische Veränderungen liefert oder ob sie eher als ein Ausdruck dieser Veränderungen zu verstehen ist, lässt sich nicht eindeutig bestimmen. Dass Medien aber auch Motoren der Geschichte sind, wesentlich mehr also als ihre bloßen Chronisten, darf als unbestritten gelten. Um nur einige einfache Beispiele zu nennen: Ohne die Erfindung des Buchdrucks und die mit diesem verbundene Möglichkeit einer flächendeckenden Verbreitung von Gedankengut wäre niemals das Zeitalter der Aufklärung eingetreten. Ein *Krieg der Bilder,* wie wir ihn aus den Irakkriegen kennen, wäre in dieser Weise nicht ohne das Fernsehen vonstattengegangen. Und ohne die Digitalisierung und Interaktivierung von Medialität im Internet würde der Globalisierung – und auch der Mobilisierung ihrer Gegner – ein entscheidender Wegbereiter fehlen. Alle hier angeführten Beispiele sind unter anderem auch mit kämpferischen oder kriegerischen Auseinandersetzungen verbunden und nicht zufällig gewählt. So muss in einem medienhistorischen Überblick auch erwähnt werden, dass mediale Erfindungen und Neuentwicklungen – gerade auch diejenigen, welche heute für die explosionsartige Vermehrung von Medialität verantwortlich sind – häufig auf militärische Entwicklungen zurückgehen. Dass etwas, das vom Militär hervorgebracht wurde, unsere Welt so rasant erobert hat und inzwischen geradezu dominiert, ja, dass wir mit einer militärischen Erfindung derart spielerisch umgehen, darf zumindest mit einer gewissen Verwunderung und Irritation zur Kenntnis genommen werden: Die ersten Computer wurden zur Dechiffrierung verschlüsselter Nachrichten im Zweiten Weltkrieg entwickelt. Nicht wenige Computerspiele, insbesondere einige First-Person-Shooter und Strategiespiele, gehen auf Simulationsprogramme der amerikanischen Armee zurück. Und selbst das Internet ist eine Erfindung des amerikanischen Militärs: Was zunächst als Intranet zum internen Datenaustausch und zur Datensicherung entwickelt worden war, wurde der Gesamtbevölkerung übergeben. Nach wie vor liegt die weltweite Kontrolle des *Netzes* in der Hand der Amerikaner. Spätestens hier wird deutlich, wie wichtig es ist, sich die historischen Bedingungen anzuschauen, im Rahmen derer sich gerade auch die neuesten *neuen Medien* entwickeln, dies nicht zuletzt mit Blick auf die Frage, wer denn jeweils die Macht über die Medien seiner Zeit hat.

Mediale Vorgeschichte – Gesprochene Sprache als Übergang vom Animalischen zum Humanen

Für eine eingehende Betrachtung der Vorgeschichte des Medialen ist es von Bedeutung, dass es letztlich der Entwicklung des aufrechten Ganges zu verdanken ist, dass für die menschliche Kommunikation zwei entscheidende Körperteile in die Höhe beziehungsweise in den Vordergrund gerückt sind und somit eine privilegierte Position eingenommen haben: einerseits das Gesicht, insbesondere der Mund, und andererseits die oberen Extremitäten, vor allem die Hände. Die auf diese Weise *frei* werdenden Körperteile haben die den Menschen auszeichnende Wort- und Bildsprache hervorbringen können. Die Ausbildung der Sprache, das heißt die Befähigung der Stimme zum Formen von Wörtern, wird auf etwa 100.000 bis 40.000 vor Christus datiert. Vergleichsweise wenig später, am Ende der letzten Eiszeit etwa 30.000 vor Christus, entstanden die ersten Bilddarstellungen. Diese Reihenfolge verwundert insofern, als dass davon auszugehen ist, dass sich bei den animalischen Vorfahren des Menschen vor der Stimmbildung eine Gebärdensprache entwickelt haben dürfte. Zu der Entwicklung von Wort- und Bildsprache gehörten allerdings auch die Ausbildung und Verfeinerung der empfangenden Sinnesorgane des Kopfes, der Ohren und Augen. So wurden bei den ersten Vertretern derjenigen Spezies, die wir heute Menschen nennen, die Gesichtssinne des Hörens und Sehens von Anfang an gegenüber den animalischeren Sinnen, dem Riechen und Schmecken, privilegiert.

In der medialen Vorgeschichte vollzieht sich also die Entwicklung von der Stimme zur Sprache und von der Geste zum Bild, woran abzulesen ist, wie sich das Mediale ursprünglich aus den Funktionen der physischen Ausdrucksorgane – Mund und Hand – und der Wahrnehmungsorgane – Ohr und Auge – heraus entwickelt hat. Der Medienhistoriker Helmut Schanze beschreibt dies so: »Medien gehen vom Körper des Menschen aus, von menschlicher Wahrnehmung und Erfahrung. Sie heben die Grenzen des Körpers auf, sie organisieren Übergänge: von der Sinnlichkeit zur Geistigkeit, von der Zeit zur (künstlichen) Dauer, von Raum zur (künstlichen) Aufhebung von Distanzen. Mediengeschichte ist als Wahrnehmungs- und Erfahrungsgeschichte zu konzipieren« (2001, S. 210). Die Medienvorgeschichte markiert und illustriert also vor allem den paradigmatischen Entwicklungssprung vom

Tier zum Menschen beziehungsweise vom Animalischen und Animierten zum Geistigen und Humanen.

Schriftsprachliche Wende – Von der Schrift zum Kultobjekt Buch

Von der medialen Vorgeschichte bis zur schriftsprachlichen Wende ist es ein großer Sprung. Das alles entscheidende Buch steht nicht am Beginn der mit der Herausbildung der Schrift eingeleiteten Epoche, aber in der Retrospektive ganz im Zentrum des sogenannten *linguistic turns*. Bemerkenswerterweise gilt es als das erste industriell hergestellte Massenprodukt überhaupt, wobei das ausschlaggebende Moment weniger in der technischen Reproduktion als vielmehr in der Vervielfältigung von Inhalten lag, welche die Erschließung von Fakten und Fiktionen für prinzipiell alle Menschen möglich werden ließ. Die rasante Verbreitung des Buchs rief dann auch gleich die ersten Medienkritiker auf den Plan. Allerdings muss in diesem Zusammenhang erwähnt werden, dass nicht nur technische Medien, sondern auch andere neue Technologien, wie zum Beispiel die Eisenbahn, kurz nach ihrer Verbreitung in den Verdacht gerieten, abhängig und krank zu machen. Idealisierungen und Diabolisierungen von neuen (Kultur-)Techniken halten sich zumeist die Waage, um nach einer Adaptionsphase in eine rationalere Phase der Kritik einzumünden und bisweilen auch auszulaufen. Wenn es sich um Medienentwicklungen handelt, wird die Übergangsphase zwischen Sensation und Adaption in der Regel kritisch von Medientheorien begleitet.

Eine negative psychotrope Wirkung wurde daher bereits dem ersten Massenmedium, dem Buch, zugesprochen. Wenngleich die Verbreitung von Wissen durch Bücher vor allem von denjenigen als bedenklich propagiert worden sein mag, denen die Bewegung der Aufklärung ein steter Dorn im Auge gewesen sein muss, so gab es doch auch ernsthaft kritisch urteilende Zeitgenossen, die befürchteten, dass das Buch einsam, süchtig oder gar verrückt mache. Aus dieser Zeit sei ein Zitat des Pädagogen Joachim Heinrich Campe (1746–1818) eingebracht, welches im Jahre

1789 auf psychische Probleme als Folge des exzessiven Lesens hinzuweisen versucht:

»Das unmäßige und zwecklose Lesen macht zuvörderst fremd und gleichgültig gegen alles, was keine Beziehung auf Literatur und Bücherideen hat; also auch gegen die gewöhnlichen Gegenstände und Attribute des häuslichen Lebens; also auch gegen das frohe Gefühl der Kleinen um uns her. […] Hierzu gesellt sich nicht selten träge Unlust zu jedem anderen hausväterlichen und hausmütterlichen Geschäfte. […] Hat [das Lesen] durch einseitige Beschäftigung Seelenkräfte bei unnatürlicher körperlicher Ruhe, erst vollends seine Säfte verdickt, seine Nerven geschwächt und zur Ungebühr reizbar gemacht: dann fahre wohl, häusliche Glückseligkeit« (S. 60). Dass das Lesen Individuen tatsächlich psychisch krank machen könnte, dafür hat sich allerdings in der gesamten Psychiatrie- und Psychotherapiegeschichte bisher kein stichhaltiger Hinweis ergeben. Dies dürfte in der Retrospektive für jeden Leser ebenso nachvollziehbar sein wie die Feststellung, dass es durchaus Bücher gibt, die Kollektive und damit den Gang der Geschichte auf mehr oder weniger dramatische Art und Weise negativ beeinflusst haben. Die Sorge, dass Medien abhängig machen können, dürfte dem heutigen Medienkonsumenten hingegen wohl kaum mehr gegenüber dem Buch als vielmehr gegenüber den neueren Medien Fernsehen, Computerspiel und Internet einleuchten. Dass die Bilder, die laufen gelernt haben, zum Problem werden können, darauf können sich in aller Regel Eltern und Pädagogen einen Reim machen.

Bildsprachliche Wende – Von der Fotografie zum Massenmedium Fernsehen

Der Meilenstein der Mediengeschichte, der die bildsprachliche Wende, den sogenannten *iconic turn* eingeleitet hat, ist die Erfindung der Fotografie. Die Erfindung der Kinematografie – der Moment, als sich die Bilder in Bewegung setzten und *laufen* lernten – erregte jedoch deutlich mehr Aufsehen und geriet damit ins Zentrum dieser Medienepoche. Die Bezeichnung dieser Medien als *Grafien* hängt mit der Vorstellung, dass Bilder auf Trägermedien festgeschrieben und dadurch festgehalten werden, zusammen und deutet auf die gemeinsamen medialen Wurzeln in der Schrift hin. In Analogie zur Gravur von Sprache in Stein oder auf Papier ließen sich nun Bilder von der konkreten Wirklichkeit auf Grafit oder Celluloid bannen und beliebig häufig reproduzieren.

Das Medium Film stand wegen seiner Ursprünglichkeit im Hinblick auf die audiovisuelle Entwicklung, angesichts seiner künstlerischen Potenz und auch wegen seiner zumindest anfänglich noch theatralen Aufführungspraxis vergleichsweise wenig in Verdacht, gefährliche Wirkungsweisen zu entfalten. Insbesondere in den 1920er und 1930er Jahren gab es aber durchaus auch eine kritische Rezeption, so beispielsweise von Walter Benjamin in seinem epochalen Werk »Das Kunstwerk im Zeitalter seiner Reproduzierbarkeit« aus dem Jahre 1936. Einerseits zielte die Kritik darauf ab, dass das Medium Film besonders effektiv für Propagandazwecke missbraucht werden könne, andererseits wurde in Frage gestellt, ob ein Film ein Kunstwerk sein könne.

Heute bezieht das Medium Film sein verbleibendes Existenzrecht indessen gerade aus seinem ästhetischen und kritischen Potenzial. Der verbleibende Einfluss des Kinos und seine bisweilen geradezu revolutionären Kräfte kommen besonders dann zum Ausdruck, wenn auf internationalen Festivals Filme gezeigt und ausgezeichnet werden, die von ebenso künstlerischer wie politischer Relevanz und Brisanz sind. Darüber hinaus lebt die Filmkunst von der Abgeschlossenheit ihrer Aufführungspraxis, einerseits öffentlich auf Großleinwänden in Kinos und andererseits auf Großbildschirmen in Wohnzimmern. Das Medium Film hebt sich in der Hingabe seiner Zuschauer an die bloße Rezeption von der zunehmenden medialen Interaktivität des Fernseh-Zappers und Internet-Surfers immer mehr ab. Allerdings gilt der Film als eine Art mediale Übergangsform beziehungsweise Überschneidungszone zwischen den analogen Grafien Foto- und Kinematografie und den schon verschlüsselten Audiovisionen Fernsehen und Video. Der Unterschied liegt darin, dass sich der Bildinhalt eines Films auf Zelluloid noch als Abbild, also Bild für Bild nachvollziehen lässt, dass aber die Bilder für Fernsehen und Video bereits zerlegt und verschlüsselt werden, wenn auch noch nicht gemäß dem digitalen Code. Längst hat man jedoch begonnen, auch die Lichtspielhäuser auf digitale Technik umzustellen.

Das Medium Radio ist in diesem Zusammenhang insofern von Bedeutung, als dass es neben dem Film das zweite Vorläufermedium für das Fernsehen darstellt. Wie so viele Medientechniken fußt auch das Radio auf einer militärischen Entwicklung, nämlich der Funktechnologie. Mit dem Rundfunk konnten in den 1920ern erstmals viele Menschen in Echtzeit medial erreicht werden. Diese Synchronisierung von Empfängern medialer Botschaften, die uns heute als ebenso selbstverständlich wie anachronistisch erscheint, war damals eine bahnbrechende Neuerung. Ähnlich wie beim Film zeigte sich schnell, welche propagandistische und revolutionäre politische Kraft dem Radio innewohnt. Bertolt Brecht (1898–1956) beispielsweise beschrieb dieses Potenzial 1932 und wusste es darüber hinaus mit den künstlerischen Möglichkeiten des Rundfunks zu verbinden (Brecht, 1977). Seiner zunehmenden Privatisierung und Marginalisierung durch andere Medien zum Trotz hat sich das Radio bis heute eine Qualität und Relevanz erhalten.

Im Fernsehen schließlich haben sich der Echtzeit-Sendebetrieb des Radios und die Audiovisionen des Films in einem ersten Konvergenzmedium miteinander verbunden. Der erste Fernsehprogrammbetrieb wurde im nationalsozialistischen Deutschland des Jahres 1935 aufgenommen, wobei man auf die innovative Technik des Berliners Paul Nipkow zurückgriff, der bereits 1884 das Patent für eine Abtastscheibe zur mechanischen Bildzerlegung erhalten hatte. Zu dieser Zeit fanden in der Nachfolge des Kinos Fernsehübertragungen hauptsächlich im öffentlichen Raum in sogenannten *Fernseh-Salons* statt, da es kaum private TV-Geräte gab. Der Grund dafür, dass sich das Fernsehen in Deutschland zunächst nicht durchsetzte, dürfte neben diversen technischen und ökonomischen Schwierigkeiten wohl vor allem darin gelegen haben, dass die Nationalsozialisten dem neuen Medium skeptisch gegenüberstanden. Nachdem in Großbritannien im Jahre 1936 und in den Vereinigten Staaten im Jahre 1939 die ersten englischsprachigen Stationen erfolgreich auf Sendung gegangen waren, reüssierte das Fernsehen im Nachkriegsdeutschland erst mit dem zweiten Versuch im Jahre 1952. Schon in den 1960er Jahren war annähernd jeder westdeutsche Haushalt mit einem Fernseher ausgestattet. Weitere Meilensteine des deutschen Fernsehens waren die Einführung des Farbfernsehens (1967), der Videotechnik (1969), der Fernbedienung (1972) und des Privatfernsehens (1984). Mit heute durchschnittlich mehr als zwei Fernsehstunden pro Tag ist das Fernsehen in der deutschen Erwachsenenbevölkerung zum meist benutzten, aber auch meist kritisierten Medium geworden. So sorgte es jahrzehntelang dafür, dass Mediensoziologen, Medienpsychologen und Medienpädagogen Stoff für Forschung und Kritik erhielten.

Mit der Durchsetzung digitaler Medien erleben wir nun eine Wachablösung sondergleichen. Den Niedergang des Fernsehens in seiner bisherigen Form kann man auch daran ablesen, dass es bereits auf verschiedenste Art digitalisiert wird. Dies zeigt sich nicht nur darin, dass die Übertragung von Fernsehen mittlerweile auch digital und auf immer mehr computerisierten Endgeräten erfolgt. Fernsehsender etablieren eigene Webseiten und bieten immer größere Teile ihres Programms auch im Internet an. Immer mehr Fernsehserien und Filme werden zudem als DVDs und als über das Internet herunterladbare Dateien vertrieben, sodass der Zuschauer sich von der störenden Werbung befreien kann. Es besteht kein Zweifel, dass Fernseh- und Computerbildschirme eins werden und sich das Internet das Fernsehen einverleiben wird.

Digitale Wende – Vom binären Code zum medialen Großraum des Cyberspace

Im Hinblick auf die digitale Zeitenwende kann man die Mediengeschichte auch als Entwicklung zu einem immer höheren Abstraktionsniveau verstehen. Dies trifft im Grunde auf alle Medien, ganz besonders jedoch auf die digitalen Medien zu, deren Wurzeln einerseits in der abstrakten Rechenkunst und andererseits in der konkreten militärischen Produktionsgeschichte liegen.

Da der Computer mit Hilfe eines binären Zahlensystems operiert, können die erstmals im 5. vorchristlichen Jahrhundert in Griechenland verwendeten Rechentafeln als Vorläufer der digitalen Technik verstanden werden. Dies erklärt, warum noch heute Computer als »Rechner« bezeichnet werden. Unabhängig davon, ob wir mit arabischen Zahlen, die sich erst im 11. und 12. Jahrhundert nach Christus in Europa durchsetzten, oder mit Tönen, Bildern oder Buchstaben operieren, für den Computer sind sie alle nichts anderes als Berechnungen. Da sich die medien- und kulturübergreifende, zentrale Sprachform, die Schriftsprache, ursprünglich aus einer Kombination von gesprochener Sprache und Rechenleistungen heraus entwickelte, könnte man konstatieren, dass sich die Geschichte hier in verwandelter Form wiederholt. Das binäre Zahlensystem, mit dem alle digitalen Medien operieren, wurde erst im 17. Jahrhundert erfunden. Einen Vorläufer hatte Francis Bacon 1605 entwickelt, indem er nachwies, dass sich jede Zahl und jeder Buchstabe mit einer Folge von nur zwei Buchstaben, der Buchstaben A und B, abbilden lässt. Einem ähnlichen Prinzip folgend entwickelte Leibniz um 1675 ein etwas ökonomischeres System mithilfe der Zahlen 0 und 1, welches noch heute seine Gültigkeit besitzt. An der Zahlen- beziehungsweise Rechenlastigkeit der digitalen Vorgeschichte lässt sich ablesen, dass die Geschichte des Computers einer ökonomischen Entwicklungslinie folgt. Neben der durchaus philosophischen Interessenlage der Griechen und später desgleichen von Leibniz an Zahlen- und Rechenkünsten mag dies ebenso für die Entwicklung der Rechenmaschinen als Vorläufer des Computers gelten. Die entscheidenden Impulse für *dessen* konkrete Erfindung und Entwicklung kamen allerdings vom Militär.

Als erster Computer mit sowohl mechanischen als auch elektronischen Schaltungen gilt die Enigma-Chiffrier-Maschine, deren Urmodell von Arthur Scherbius 1918 in Deutschland entwickelt wurde. Die *Enigma* – griechisches Wort für Rätsel – wurde vor allem im Zweiten Weltkrieg benutzt und dadurch berühmt, dass die Briten 1941 ein Exemplar erbeuten konnten, welches sie mit Hilfe eines anderen Computervorläufers, der *Universal Discrete Machine,* dechiffrieren konnten. Dieser Kampf der (De-)Chiffrier-Maschinen, der Vorläufer unserer postmodernen Computer, bedeutete für die Deutschen nicht nur die Niederlage der Enigma, sondern auch der deutschen Seemacht. Gleichzeitig baute Konrad Zuse auf deutschem Boden mit seiner Entwicklung der Z3 im Jahre 1941 den ersten vollautomatischen, programmgesteuerten und frei programmierbaren, in binärer Gleitpunktrechnung arbeitenden Computer der Welt.

Die weitere Entwicklung der Computer war allerdings eine Angelegenheit der angloamerikanischen Länder. Auch deren erste Großrechner standen allesamt im Dienste militärischer Operationen. Der Röhrenrechner *Colossus* diente in England der beschriebenen Entschlüsselung von Kodierungen der Enigma. Der Großrechner Mark 1 wurde im amerikanischen Harvard 1944 verwandt, um Konstruktionsberechnungen für die Atombombe durchzuführen. Und der erste US-amerikanische Nachkriegscomputer *ENIAC* half dabei, andere militärische Neuentwicklungen zu konstruieren, insbesondere Raketentechnologien und die Wasserstoffbombe. Die zunehmende Verkleinerung von Computern, die ab Ende der 1950er Jahre mit der Entwicklung von Transistoren bis hin zu Mikroprozessoren erst denkbar und möglich wurde, machte Computer ab Ende der 1970er Jahre auch für eine zivile und private Nutzung interessant.

Schon 1969 begann – wiederum einem militärischen Impuls folgend – eine weitere auf der Computertechnik basierende Revolution, die Entwicklung des Internets, die unter anderem von dem Science-Fiction-Autor und Denker Stanisław Lem schon 1964 vorausgesehen worden war. Um größere Rechenoperationen vornehmen zu können, als sie bisher mit nur einem Rechner möglich gewesen waren, und um wichtige Daten dezentralisiert besser absichern zu können, errichtete eine US-amerikanische Hochschulinitiative in Kooperation mit dem Pentagon das sogenannte *ARPANET* (Advanced Research Projects Agency Network), wobei am Anfang nur vier Rechner zusammengeschlossen wurden. Als sich dieses Netz langsam, aber zunehmend ausbreitete und am Ende doch zu unsicher wurde, schuf sich das Militär ein neues, in sich geschlossenes Netzwerk und überließ das ARPA-Netzwerk zunächst den US-amerikanischen Universitäten und schließlich der ganzen Welt. Als entscheidender Entwickler gilt der Psychologe und Informatiker Joseph Licklider (1915–1990), der seit dem Jahre 1962 an der Spitze der Datenverarbeitungsabteilung der damals noch jungen Militärforschungsagentur ARPA stand. Das heutige globale Internet geht also auf militärische und universitäre Impulse der US-Amerikaner und ein von ihnen errichtetes System zurück, was dazu geführt hat, dass die Selbstverwaltung des World Wide Web (WWW) bis heute von US-amerikanischen Interessenvertretern dominiert ist. Das heutige World Wide Web ist als eine Anwendung des Internets zu verstehen, welche von Tim Berners-Lee und Robert Caillou im Jahre 1990 von der Europäischen Organisation für Nuklearforschung, genauer gesagt dem CERN in Genf, entwickelt wurde und auf einem von ihnen geschaffenen, allgemein zugänglichen HTML-Code basiert. Erst mit Hilfe dieser einheitlichen Kodierung und immer schneller werdenden Telefonleitungen und Funkverbindungen konnte das Internet seinen rasanten Siegeszug als neues, digitales Großmedium antreten.

Noch eine weitere bahnbrechende Erfindung digitaler Technik geht in nicht unerheblicher Weise auf das US-amerikanische Militär zurück: das Computerspiel. In seinem Buch »On Killing« (1995) beschreibt der umstrittene Militärpsychologe Dave Grossman eindrücklich, wie die bekannt gewordenen First-Person-Shooter zum Teil auf Simulationsprogrammen des amerikanischen Militärs beruhen. Das Militär hatte in Studien entdeckt, dass Soldaten im Rahmen kriegerischer Auseinandersetzungen mit ihren Schusswaffen nur zu einem sehr geringen Prozentsatz Gegner trafen, obwohl sie das Schießen auf Ziele im Rahmen von Schießübungen nachweislich gut beherrschten. Man erklärte sich dies mit einer natürlichen Hemmung des Menschen, seine Artgenossen zu töten. Vor allem, um diese Hemmung zu dekonditionieren – und nicht, um technisch noch treffsicherer zu schießen –, wurde versucht, den Rekruten mit Hilfe von Vorläufern der

First-Person-Shooter, auch Ego-Shooter genannt, entsprechende Reiz-Reaktions-Schemata anzutrainieren.

Noch heute lassen sich in einigen gewalthaltigen Spielen Anteile militärischer Software nachweisen. In Kollaboration von Militär und Softwareindustrie – zum Beispiel zur Vorbereitung auf den zweiten Irakkrieg – wurden solche militärischen Simulationen, die man kaum als Spiele bezeichnen mag, entwickelt und in Teilen auch der Allgemeinheit zur Verfügung gestellt. Das militärische Wissen um diese Wirkzusammenhänge hat bedauerlicherweise noch nicht zu nachhaltigen zivilen Einsichten geführt, wenn solche Spiele nach wie vor und in weltweit zunehmendem Maße in Kinder- und Jugendzimmern anzutreffen sind. In diesem Zusammenhang ist aber zu bedenken, dass gewalthaltige Spiele nur einen Teil der auf dem Markt befindlichen Computerspiele ausmachen. Als erstes Computerspiel beziehungsweise Videospiel gilt das von dem amerikanischen Physiker William Higinbotham im Jahre 1958 entwickelte »Tennis for Two«. Und auch das bisher erfolgreichste Computerspiel der Welt, »Die Sims«, aus dem Jahre 2000, welches weit über hundert Millionen Mal verkauft wurde, ist ein gewaltfreies Spiel.

Aber auch über die Computerspiele hinaus bleibt die enge Verquickung zwischen Militär- und Computergeschichte, die »Konversion ursprünglich militärischer in zivile Medientechnologie«, wie sie Jochen Hörisch (2004, S. 387) beschreibt und wie sie oben nachdrücklich dargestellt wurde, bedenkenswert. Dies trifft noch dann zu, wenn in Diskussionen eingeworfen wird, dass nicht nur viele Medientechnologien, sondern gleichermaßen viele andere technologische Entwicklungen auf militärische Innovationen zurückgehen, wie es der Medienphilosoph Paul Virilio erstmals 1977 in »Geschwindigkeit und Politik« herausgearbeitet hat.

Virilio ist seit dieser Veröffentlichung vor allem der Begründer der sogenannten *Dromologie,* einer Geschwindigkeitslehre, die besagt, dass sich alle postmodernen Phänomene immer mehr beschleunigen. Dies gelte, laut Virilio, ganz besonders für die multimediale Entwicklung.

Betrachtet man die in der digitalen Welt kulminierende Mediengeschichte von einer anthropologischen Warte aus, eröffnen sich neben der Beschleunigung allerdings noch andere Perspektiven auf die Besonderheiten des Internets und seiner Derivate. Diese erschließen sich vor allem mit der Erkenntnis, dass im Cyberspace alle analogen Vorläufermedien miteinander konvergieren und interagieren. Das Besondere an Computer und Internet ist nicht ihre schier unendliche Speicherkapazität, sondern, dass wir alle medialen Inhalte, das heißt alle gespeicherten Schriften, Musiken, Filme und Bilder, jederzeit verändern und beliebig zueinander in Beziehung setzen können. Wir sind nicht mehr nur passive Zuhörer oder Zuschauer, sondern nehmen aktiv und interaktiv am virtuellen Geschehen teil. Der Unterschied zwischen Sender und Empfänger hebt sich zugunsten des *Users* auf. Jenseits von professionellen Medienmachern versetzt sich der Medien nutzende Mensch selbst in die Lage, zum jederzeit medial Handelnden zu werden und mit allen medialen Inhalten, die der Mensch jemals geschaffen hat, spielerisch umzugehen. Ob eine solche Interaktivität eine Aktivität im eigentlichen Sinne oder vielleicht nur eine Simulation von Aktivität sein kann, sei hier im Vorgriff auf die folgenden medientheoretischen Überlegungen in Frage gestellt.

Allen berechtigten Bedenken zum Trotz scheinen die analogen Vorläufermedien durch die digitale Entwicklung nicht vollständig verdrängt oder abgewertet zu werden, zumal im Wesentlichen ein Roman im Internet immer noch ein Roman bleibt und ein Foto ein Foto. Hörisch führt hierzu aus: »Auch in Hinsicht auf das Jenseits der Gutenberg-Galaxis gilt der Trost McLuhans: Es bleibt immer das Diesseits. Nicht etwa das Diesseits der Medienlosigkeit, sondern das Diesseits der alten Medien. Neue Medien haben alten Medien noch nie ein irreversibles Ende bereitet. […] Mit jedem Fortschritt der Mediengeschichte steigt der Wert der alten Medien als Träger authentischer Wahrnehmung und Erfahrung« (2001, S. 173). Allein die körperlichen Bedingtheiten des Menschseins sorgen dafür, dass die Existenz älterer Medienformen, insbesondere derjenigen, die noch andere Sinne ansprechen als die audiovisuellen, nicht ernsthaft gefährdet wirkt. So lässt zum Beispiel die physische Beschaffenheit von Lesern und Lesesituationen ein

Buch nicht gänzlich obsolet werden. Im Hinblick auf den Umgang mit Kunst und Kunstwerken im engeren Sinne scheint die ubiquitäre und synchrone Verfügbarkeit von Mediendarstellungen ältere Darstellungsformen sogar aufzuwerten. Diese retrograde Aufwertung des Originalen vollzieht sich gerade auch in der Digitalisierung von Kultur, wobei ganz am Ende dieser Kette in Richtung Ursprünglichkeit und Originalität die Natur steht, der wir bald vielleicht mehr denn je unsere Aufwartung machen werden.

Explosion und Implosion der Geschichte im Cyberspace

Für eine medienhistorische Einschätzung der heutigen Situation ist es von eminenter Wichtigkeit, das Tempo zu erfassen, mit dem die Mediengeschichte voranschreitet. Die Zeiträume zwischen den medialen Entwicklungssprüngen der Menschheit haben sich geradezu dramatisch verkürzt. Die Geschichte des Menschen und der Medien beginnt mit der Geburt der gesprochenen Sprache. Bis zur Erfindung der Schriftsprache vergingen Jahrtausende, und ebenso noch einmal bis zur Erfindung des Buchdrucks. Jahrhunderte später wurden die Audiovisionen – Fotografie, Film und Fernsehen – entwickelt. Nur Jahrzehnte verstrichen, bis mit der Erfindung von Computer und Internet das digitale mediale Zeitalter eingeläutet wurde. Hörisch beschreibt diese exponentielle Beschleunigung in der Verbreitung medialer Technologien in Zahlen: »Der Zeitraum, den Massenmedien in den USA brauch[t]en, um massenhaft Nutzer zu erreichen, wird immer kürzer. Das Radio brauchte 38 Jahre, das Fernsehen 13 Jahre, das Kabelfernsehen 10 Jahre, das Internet gerade 5 Jahre, um 50 Millionen Rezipienten beziehungsweise User zu erreichen« (2004, S. 388). Diese mediale Revolution, die mehr zu sein scheint als eine bloße Evolution und die parallel zur Bevölkerungsentwicklung auch eine Vermehrung von Medialität bedeutet, birgt ein explosives Potenzial.

Wie bereits angedeutet, beschreibt der Philosoph Paul Virilio die Menschheitsgeschichte insgesamt als die Geschichte einer Beschleunigung. Seiner Ansicht nach handele es sich bei dieser zuletzt weniger um eine Evolution als vielmehr um eine *Involution,* welche letztlich auf eine Implosion, ein In-sich-Zusammenfallen des Menschseins hinauslaufe. Hierbei spielen für Virilio die neuen Medien eine ganz besondere Rolle: »*Die Maschine zur Verkürzung der Zeit* ist nicht mehr das Automobil, sondern von nun an werden es die Audiovisionen und die Techniken der Realzeit sein« (1993, S. 33). Über diese Techniken stelle sich eine Gleichzeitigkeit ein, die für das Selbstverständnis des aufgeklärten Menschen als historisches Wesen ein Problem darstelle. Denn das Ziel dieser zeitverkürzenden Bewegung beinhalte zugleich das Ende der Geschichte und das Zurückfallen des Menschen auf das Momentane und zeitlich Unbezogene: »In unserem normalen alltäglichen Leben *gehen wir* tatsächlich *von der extensiven Zeit der Geschichte zur intensiven Zeit der geschichtslosen Augenblicklichkeit über,* ermöglicht durch die gegenwärtigen Technologien. […] Man vollzieht plötzlich den Übergang von der Ordnung der *Sukzession* zur Unordnung der *Simultaneität*« (1989, S. 49). – Mit der von Virilio prognostizierten Implosion ist gemeint, dass der Mensch ohne eine Kenntnis von seiner Vergangenheit und ohne einen Plan für die Zukunft nicht mehr wissen kann, wer er ist und was er tun soll, wenn er alle Medien weglegt oder alle Medien abgeschaltet werden.

Folgen wir Virilios Schlussfolgerungen und denken sie ohne Gegenbewegung weiter, läuft die Mediengeschichte darauf hinaus, dass der Mensch nicht(s) mehr ist, wenn er es nicht *durch* beziehungsweise *in* Medien ist. Dies führt an den Ausgangspunkt von Menschheits- und Mediengeschichte zurück und wirft fundamentale Fragen auf. Es ist eine existenzielle Erfahrung, ganz auf sich selbst und seine Körperlichkeit zurückgeworfen zu sein, wenn alles Mediale erlischt und schweigt. Prototypenhaft leben uns dies diejenigen Menschen vor, die bereits hier und heute derart vom Cyberspace abhängig geworden sind, dass sie mit massiver Angst und Verzweiflung reagieren, wenn sie im Medienentzug diesem Nichts ausgeliefert sind, das die Reste ihrer konkret-realen leiblichen Existenz ausmacht. Hier wird medienpsychologisch erfahrbar, worauf die mediengeschichtliche Entwicklung implosiv hinausläuft.

Explosion und Implosion sind als zwei Kehrseiten einer Medaille zu verstehen. In Virilios Augen sind sie die konsequente Folge und der Höhepunkt einer sich ins Unendliche beschleunigenden militärischen, technologischen und medialen Entwicklung. Man muss nicht gleich das Ende der Menschheit als Antwort auf die Frage fürchten, worauf die zweifelsfrei zu konstatierende Beschleunigung der Geschichte hinauslaufe. Der Mensch scheint jedoch unweigerlich auf einen neuralgischen Punkt zuzusteuern, an dem er sich einem Scheideweg konfrontiert sieht. Er wird sich damit auseinandersetzen müssen, in was für einer Welt er eigentlich leben möchte. Sherry Turkle formuliert diese Frage so: »Wird es eine abgeschlossene Welt sein, in der wir uns in den Oberflächen verirren, oder werden wir lernen, dafür zu sorgen, dass das Reale und das Virtuelle füreinander durchlässig werden und sich so wechselseitig befruchten und erweitern?« (1999, S. 437).

An diesem Punkt scheiden sich die Geister bereits bei den einfachsten Entscheidungen des Alltagslebens. Entscheidungen, denen Fragen zugrunde liegen, die sich ein jeder täglich neu stellen kann und an denen sich die tiefere Bedeutung des hier angesprochenen Phänomens ablesen und praktisch erfahren lässt: Schalten wir das Handy auch einmal aus, wenn wir in einem unmittelbaren Kontakt nicht gestört werden wollen? Wie oft am Tag will ich meine E-Mails überprüfen und beantworten? Wann habe ich zum letzten Mal einen richtigen Brief mit der Hand geschrieben? Sehen wir uns eine DVD an, wenn die Freunde kommen, oder reden wir einfach nur? Wie viel Zeit spielen wir heute mit unseren Kindern und wie viel Zeit lassen wir sie Computerspiele spielen? Wollen wir beim Essen Musik hören oder werden wir danach noch miteinander musizieren? Wollen wir vor dem Schlafengehen noch miteinander schlafen oder wird gemeinsam geschaut und gelesen, bis uns die Augen zufallen?

Wer für sich überprüft, wie viele Stunden er am Tag ganz ohne Medieneinwirkung verbringt, stellt fest, dass erschreckend wenig Zeit übrigbleibt, auch dann, wenn man die nichtdigitalen Medien gar nicht mitberücksichtigt. Das heißt, dass es eine Analogie gibt zwischen den immer kürzer werdenden medienfreien Zeiträumen, der individuellen Mediennutzung und den immer kürzer werdenden Zeiträumen zwischen historischen medialen Neuentwicklungen.

Es sieht tatsächlich so aus, dass wir individuell wie kollektiv auf eine Zeit- und Geschichtsvergessenheit hinsteuern. Denn wenn alle Medien, insbesondere die Kommunikationsmedien, digitalisiert werden, um über das Internet in einem riesigen Cyberspace miteinander zu konvergieren, dann wird bald jeder Raum, ja jede Wand, mit einem Computer, einer Kamera, einem Mikrofon, einem Lautsprecher und vor allem mit Beamer oder Flachbildschirm ausgestattet sein, sodass wir schließlich, wo wir auch immer sind, einen Übergang, einen Zugang, ein Tor zu einer immer größer werdenden virtuellen Welt haben, die in ihrer Gleichzeitigkeit so ahistorisch ist, wie Virilio es voraussagt. Im besten Fall adaptiert sich der Mensch an diese Situation und lernt, in zwei Welten zu leben, in einer ahistorischen, virtuellen und einer historischen, konkreten Realität. Im schlimmsten Fall jedoch implodiert die analoge, konkret-reale Welt hinter beziehungsweise unter der virtuellen Welt. Neben Virilio gab und gibt es viele weitere Medientheoretiker, deren bisweilen ähnlich apokalyptische Prognosen im Hinblick auf die Entwicklung des Cyberspace auf erstaunliche Art und Weise zu- und eintreffen zu scheinen, wenngleich sie diese zu ihrer jeweiligen Zeit nicht notwendigerweise vorhersehen konnten und können.

ein junges stadtprogramm
medienzentrum: Zieglergasse 49/II
A – 1070 Wien
tel. 01 4000 - 83444

*Das Spektakel ist der schlechte Traum
der gefesselten, modernen Gesellschaft,
der schließlich nur ihren Wunsch zu schlafen ausdrückt.
Das Spektakel ist der Wächter dieses Schlafs.*

Guy Debord, Die Gesellschaft des Spektakels,
1967, S. 21

Von den Prophezeiungen der medialen Omnipräsenz

Medientheorie weist stets einen engen Bezug zur Mediengeschichte auf, denn sie befasst sich mit dem Wesen und dem Sinn des Medialen in seiner Zeit. Die Medientheorie, deren Vorläuferdisziplinen Linguistik und Kommunikationswissenschaft bilden, kann als eine übergeordnete Geisteswissenschaft verstanden werden, die die Bedeutung der Medien für die jeweilige geistige Verfasstheit einer Kultur zu analysieren und zu bewerten versucht. In den 1960er und 1970er Jahren erlebte die spät- beziehungsweise postmoderne Medientheorie ihre einflussreiche Hochblüte. Während Medientheoretiker dieser Zeit Fragen nach der Medialität stets als fundamentale Gesellschafts- und Zeitkritik aufwarfen, dürfen ihre Prognosen im Hinblick auf die Zukunft der Medien als visionär betrachtet werden. In einem spezifischeren und aktuelleren Sinne fragen Medientheorien, was den Menschen als Individuum und im Kollektiv dazu bewegt, seine Existenz auf eine virtuelle Ebene zu verlagern. Wie kommt der Mensch dazu und wie wirkt es auf seine konkret-realen Lebensbedingungen zurück? – Um sich der Beantwortung dieser Fragen anzunähern, müssen Medientheorien stets vorgreifen. Es scheint zu ihrem Wesen zu gehören, dass sie dabei bisweilen über ihr Ziel hinausschießen. Dies gilt schon für die ersten medientheoretischen Ansätze, von denen wir Kenntnis haben.

Angefangen bei Platon stehen Medientheorien immer am Übergang paradigmatischer Transformationen von Medialität. Sie sind einerseits in einer Theorie verwurzelt und greifen andererseits auf kritische Weise auf das jeweils neue Medium voraus. In diesem Sinne sind sie immer modern und radikal, obwohl sie zumeist einer eher konservativen, medienkritischen und bisweilen geradezu antiquierten Haltung verpflichtet sind. Dies mag die Hybris erklären, die Medientheorien mit dem Gegenstand ihrer Betrachtung gemein haben und die ihnen nicht selten zum Vorwurf gemacht wird.

Insofern ist Medientheorie auf verschiedene Art und Weise per se kritisch. Neue Medientheorien sind dementsprechend stets dann aufgekommen, wenn ein Funktionswandel von Medien oder neue Medien entstanden sind. Heute allerdings erscheinen einseitiges Idealisieren der Massenmedien wie beispielsweise bei Marshall McLuhan oder Dämonisieren wie bei Max Horkheimer und Theodor Adorno als nicht mehr zeitgemäß. So wird nachvollziehbar, warum das, was früher Medientheorie genannt wurde, sich zunehmend zu einer weniger wertenden Medienphilosophie wandelt, welche sich ihrerseits anschickt, eine neue Hauptdisziplin der Philosophie zu werden. Kritische Medientheorie hat sicherlich nach wie vor und immer dann eine Berechtigung, wenn sie gedanklich dort im Sozialen eingreift, wo im Individuellen eine klinische Medienpsychologie eingreifen sollte. Vor dem Hintergrund der sich gerade abspielenden medialen Revolution fehlt es beiden an dem gesellschaftlichen Einfluss, der ihnen gebührte. Während die Medientheorie des vergangenen Jahrhunderts ihrer Zeit voraus war, scheinen die geisteswissenschaftlichen Disziplinen der Medienforschung den medientechnologischen Entwicklungen mittlerweile hinterherzuhinken. Um diesen Entwicklungsrückstand nachvollziehen zu können, bedarf es einer näheren historischen Betrachtung der Medientheorie.

Mit dem Medienwissenschaftler Dieter Mersch (2006) kann von drei geistigen Hauptsträngen der Medientheorie gesprochen werden, die sich allerdings nur bedingt auf die einzelnen Phasen der Mediengeschichte und ihre Umbrüche beziehen lassen, zumal sie allesamt bis heute eine Virulenz und Gültigkeit genießen.

Erstens wurde ausgehend von der Antike bis ins 18. Jahrhundert hinein die Betrachtung des Phänomens Medialität von der Wahrnehmungstheorie beziehungsweise der Ästhetik dominiert. Entsprechend einem noch elementar-materiellen Medienbegriff wird unter einem Medium ein Stoff verstanden, in dem sich Anschauung ermöglicht. Protagonist dieser Anschauungslehre war Platon, der 427–347 vor Christus lebte und quasi als erster Medientheoretiker schon den *linguistic turn* kritisch antizipierte, indem er im »Phaidros« der Verschriftlichung von Sprache eine entfremdende Wirkung auf ihren Urheber und seine Aussagen zuschrieb (Platon, 370 v. Chr./1957).

Der zweite medientheoretische Hauptstrang entspringt der Sprachtheorie des 18. Jahrhunderts, in welcher Sprache selbst als Medium erkannt und verstanden, wenn auch noch nicht als solches benannt wurde. Dieser erkenntnistheoretische Fortschritt war nur möglich, da sich Sprache als Darstellungsmedium durch ihre Niederlegung und Vervielfältigung in gedruckter Schrift mit Distanz anschauen ließ. In diesem Sinne erkannte Hegel (1770–1831), dass ein bestimmter Ausdruck von Geistestätigkeit überhaupt erst dadurch ermöglicht wird, dass er sich eines stofflichen Mediums bedient, welches am Ende gegenüber seinem Inhalt in den Hintergrund tritt. Da sich aber die Stoffgebundenheit des Medialen nie ganz überwinden lässt, da »das Geistige und Wahre« stets »durch das unmittelbar Sinnliche verunreinigt und versteckt« werde, deklarierte Hegel in Ambivalenz zu seiner eigenen Theorie gleich das »Ende der Kunst« (1835–38/1970, S. 205), womit er die Kritik am *iconic turn* im Grunde vorweggenommen hat.

Und drittens herrscht seit der Mitte des 19. Jahrhunderts ein Medienbegriff vor, der sich auf kommunikationstechnologische Theorien gründet, die die Funktionalität des Medialen betonen. Der physiologisch-sinnliche Ursprung des Medialen hat sich in audiovisuelle Medientechnologie übersetzt, welche nun aber vor allem das Sinnliche und damit das vermeintlich »Dumme« ins Zentrum beziehungsweise in den Vordergrund rückt. Es ist eine zunehmende Operationalisierung und Ökonomisierung von Medialität zu beobachten. Dies erklärt, warum Theorien gegenwärtiger Zeit häufig die Entdifferenzierung und Loslösung des Medialen von der Kunst und in diesem Zusammenhang die Entfremdung des Menschen von sich selbst zum Gegenstand haben. Als die äußerst kritischen Vorreiter dieser medientheoretischen Bewegung seien hier noch einmal Walter Benjamin (1892–1940), Max Horkheimer (1895–1973) und Theodor Adorno (1903–1969) benannt, die den *digital turn* nicht wirklich vorausahnen konnten, wenngleich die Anhänger ihrer Theorien heute einwenden mögen, dass das Internet letztendlich nur eine graduelle Weiterentwicklung, um nicht zu sagen Verschlimmerung der audiovisuellen Massenmedien darstelle. In der Tradition dieser kommunikationstechnologischen Medienkritik haben schließlich Medientheoretiker wie Jean Baudrillard (1929–2007) und Paul Virilio (*1932) im Negativen und Marshall McLuhan (1911–1980) und Vilém Flusser (1920–1991) im Positiven den dritten paradigmatischen Sprung, den *digital turn,* vorweggenommen und dem Cyberspace nach seiner Geburt noch ein wenig auf seinem Weg ins menschliche Alltagsleben begleitet. Dass wir es in diesem Zusammenhang entweder nur mit Skeptikern oder Enthusiasten zu tun haben, mag erklären, warum die medientheoretische Analyse und Evaluation dessen, was dem Menschen nun im Cyberspace widerfährt, noch in einem Anfangsstadium steckt. Die einzelnen medientheoretischen Entwicklungsphasen und ihre Wendepunkte werden im Folgenden in Analogie zu den mediengeschichtlichen Überlegungen vertiefend dargestellt.

Die Erhabenheit des gesprochenen Wortes gegenüber medientheoretischen Zugriffen

Insofern man die Menschheit nicht generell in einer Sackgasse der Evolution verortet, entzieht sich die Vorgeschichte des Medialen einer kritischen Medientheorie. So kann der Mensch wohl kaum dafür haftbar gemacht werden, dass er aus sich heraus das gesprochene und geschriebene Wort entwickelt hat, wenn er es denn wirklich selbst gewesen sein sollte. Im Widerspruch zu Goethes Diktum »Im Anfang war die Tat« (Faust, 1808) könnte der Bibelsatz »Am Anfang war das Wort« insofern doch stimmig sein, dass zumindest der Anfang der Menschheit mit der Geburt der Sprache zusammenfällt. So oder so setzt die Entwicklung von Sprache die Anerkennung, wenn nicht einer herausragenden, so doch eines vom Tier verschiedenen Wesens voraus. Oder um es mit Aristoteles (384–322 v. Chr.) einfacher zu sagen: »Nun ist aber einzig der Mensch unter allen animalischen Wesen mit der Sprache begabt« (1995, S. 4). Auch wenn die Entstehungsgründe von Sprache kaum auszumachen sind und ihre Entwicklung vermutlich auch einer im biologischen Sinne evolutionären Konsequenz folgt, bedeutet Sprache nicht weniger als den paradigmatischen Sprung vom vermeintlich beseelten Tier hin zum mit Bewusstsein begabten Menschen. Mit Hilfe seiner zunächst körpereigenen Medien ist er in die Lage versetzt, auf sich und den Anderen zu zeigen, »Ich« und »Du« zu sagen und damit auch *(s)Ich* und *Du* zu denken (Buber, 1923).

Bezeichnenderweise hat die Erkenntnis, dass der Ursprung des Medialen im Biologischen zu verorten ist, wesentlich später mit einem der berühmtesten Medientheoretiker, Marshall McLuhan, eine neue Bedeutung bekommen. Für McLuhan sind Medien generell als »Körperextensionen« zu verstehen, als Erweiterungen der Ausdrucks- und Wahrnehmungsorgane des Menschen (McLuhan, 1968/1992, S. 109). Seine idealistische Medientheorie schließt quasi nahtlos an die mediale Vorgeschichte an, die sich gleichsam einer kritischen Betrachtung entzieht. Das Mediale musste sich vielleicht in der eigentlichen Mediengeschichte, die erst mit der Schriftsprache begann, vom Körperlichen lösen und außerhalb dessen manifestieren und materialisieren, um zu einer kritischen Masse zu werden.

Die zwiespältige Erhabenheit von Schrift und Buch

Medientheorien bewerten in seltener Einigkeit die Erfindung von Schrift als *die* Medienrevolution der Menschheitsgeschichte schlechthin und dies in aller Regel im positiven Sinne. Platon allerdings, der, wie bereits gesagt, damit als der erste Medientheoretiker beziehungsweise Medienkritiker gelten darf, sah in der schriftlichen Niederlegung der freien Rede und der mit ihr verbundenen medialen Loslösung der Botschaft vom Urheber eine Gefahr. Im Moment, in dem sich beispielsweise eine Aussage durch ihre Verschriftlichung von ihrem Verfasser löse, verselbstständige sie sich und entfremde sich von ihm, da er nun nicht mehr von jedem nach ihr befragt werden könne (Platon, 1957). Diese Entfremdung zwischen Boten und Botschaft, die sich aus der Materialisierung von geistigen Inhalten ergibt, welche die eigentliche Geburt von Medialität markiert, ist für die gesamte Medientheorie bis heute von besonderer Bedeutung. Sie enthält die fundamentale Medienkritik, dass sich mediale Inhalte notwendigerweise verselbstständigen und damit auch verfälschen, verfremden und negativ auf den Menschen zurückwirken können, sich also quasi gegen ihn richten. Erst mit der weit nach Platon erfundenen Druckpresse wurde aber die Frage nach der Rückwirkung der vervielfältigten Schriftsprache wirklich virulent.

Diese Verselbstständigung des Medialen, die sich aus der Verbreitung von Büchern und den darin enthaltenen Informationen ergab, wurde insbesondere von den damaligen Machtträgern kritisch beäugt, so beispielsweise von der katholischen Kirche. Diese sah sich nicht nur von der Reformation durch Martin Luther (1483–1546) angegriffen, der die neue Drucktechnik rasch für seine Sache zu nutzen verstand, sondern attestierte der Verbreitung des Buches, dessen Inhalte zunächst häufig religiöser Natur waren, eine gefahrenvolle Wirkung: Die Übersetzung und Vervielfältigung religiöser Texte verfälsche, verschandele und inflationiere heilige Schriften, die damit einer Entweihung anheimfielen. Ein nicht unerheblicher Grund für die fundamentale Kritik am Buch wird aber die Tatsache gewesen sein, dass das Buch gegenüber seinen Vorläufern, also gegenüber der Rede beziehungsweise der Predigt, eine ernstzunehmende Konkurrenz darstellte. Gerade aus der Loslösung einer vervielfältigten Schrift vom Autor ergibt sich eben nicht nur ein Kontrollverlust, sondern auch ein emanzipatorisches Potenzial. Dass ein neues Medium im Sinne eines Konkurrenzgebarens aus der Sicht und unter Verwendung seines Vorläufermediums angegriffen und diffamiert wird, lässt sich letztendlich für alle medialen Entwicklungssprünge nachweisen: Redner und Prediger kritisierten das Buch; Buch und Presse kritisierten und kritisieren zum Teil noch immer das Fernsehen; Fernsehen und Hörfunk kritisieren das Internet.

Allerdings kann erst mit dem Beginn des 19. Jahrhunderts expressis verbis von einer Medientheorie gesprochen werden. Diese war im Hinblick auf das Buch alles andere als kritisch. Sie war getragen von einer idealistischen Sprachtheorie, die in Johann Gottfried Herder (1744–1803) und Georg Wilhelm Friedrich Hegel (1770–1831) ihre bedeutendsten Vertreter hatte. Während sich Herder, der die Sprache als Ursprung allen Denkens identifizierte, noch viel mit der gesprochenen Sprache beschäftigte (Herder, 1772), setzte Hegel vornehmlich auf die Schriftsprache und deren positive Auswirkungen auf den Menschen. Im Sinne einer modernen Auslegung postulierte Hegel, dass die Existenz einer selbstbewussten Subjektivität im Menschen quasi ein medial vermitteltes Produkt sei, indem er schrieb: »Die Buchstabenschrift ist an und für sich die intelligentere, dass Lesen- und Schreibenlernen einer Buchstabenschrift für ein nicht genug geschätztes, unendliches Bildungsmittel zu achten ist, indem es den Geist von dem sinnlich Konkreten zu der Aufmerksamkeit auf das Formellere, das tönende Wort und dessen abstrakte Elemente bringt und den Boden der Innerlichkeit im Subjekte zu begründen rein zu machen ein Wesentliches tut« (Hegel, 1835–38/1970, S. 235). In der Tradition von Herder und Hegel hat sich die euphorische Behandlung des Mediums Buch bis in die heutige Zeit fortgesetzt. Das Buch gilt als die Grundlage eines befreiten und damit natürlich auch potenziell in die Irre führenden Denkens, für das Diskursive schlechthin also. Die Buchkultur lieferte quasi den lebendigen Beweis dafür, dass die Welt geistig durchdrungen werden kann, sei es im spirituell-religiösen, im prosaisch-künstlerischen oder im nüchtern-wissenschaftlichen

Sinne. Vielleicht ist es kein Zufall, dass sich Medientheorie auf alle drei Aspekte versteht und formal nie ganz einer Disziplin angeschlossen hat.

Wie aber lassen sich die im negativen wie im positiven Sinne kritischen Theorien über die Schriftsprache miteinander in Einklang bringen? – Das bereits mit der Schriftsprache und dem Buchdruck einhergehende Paradoxon, dass sich eine Botschaft von einem Verfasser löst und damit ihren Empfänger ebenso erreicht als auch auf Distanz hält, charakterisiert letztlich das Mediale schlechthin. Rein phänomenologisch betrachtet lässt sich diese interpersonale Funktion mit Aleida Assmann so beschreiben: »Durch das Medium des Drucks verschränken sich die älteren Begriffe von Einsamkeit und Geselligkeit zu einem neuen Begriff der Öffentlichkeit« (1994, S. 10). Das allgemeingültig Verbindende wie Trennende des Medialen zeigt sich also bereits in der Phänomenologie des Lesens: Zu lesen bedeutet einerseits das sich Zurückziehen aus konkreten interpersonellen Kontexten und andererseits die Teilhabe an kollektiven Inhalten. Dieses Auseinanderdriften von Vereinzelung und Bezogenheit auf unterschiedlichen Ebenen hat sich auf spektakuläre Weise mit der Durchsetzung der audiovisuellen Medien verschärft, um schließlich im Cyberspace auf einen Höhepunkt zuzusteuern.

Das Zurückbleiben des Fernsehens und seiner Zuschauer

Das Fernsehen darf zumindest für sich verbuchen, dass es Mitte des 20. Jahrhunderts zum ersten und bisher größten Angriffspunkt von Medientheorie geworden ist. Früher wie heute wird es von vielen Medienkritikern als Zumutung gegenüber einer sich auf Sprache und Schrift, Kunst und Wissenschaft begründenden Kultur empfunden. Unterscheidet man Kunstwerke eindeutig von Medien, so kann Medientheorie insofern als per se kritisch bezeichnet werden, wenn mit dem Medienwissenschaftler Hörisch geltend gemacht wird, dass sich »Kultur und Hochkultur […] nicht zuletzt über ihre Verachtung von Medien« (2004, S. 70) definieren. Insofern sind zwei Wegbereiter der postmodernen Medienkritik, Theodor Adorno und Günther Anders (1902–1992), Verfechter und Verteidiger einer sprachlastigen Hochkultur, die sich in ihren Werken freilich auch in der eigenen sprachlichen Brillanz ausdrückt. Sie wenden sich insbesondere gegen eine Abhängigkeit und Manipulierbarkeit des Menschen, die sich in den sogenannten zivilisierten Gesellschaften nicht zuletzt durch das Massenmedium Fernsehen ergeben würden.

In diesem Sinne befürchtet Adorno eine Betäubung des Menschen durch dasjenige, was er bereits 1953 als »Kulturindustrie« gebrandmarkt hat: »Dem Ziel, die gesamte sinnliche Welt in einem alle Organe erreichenden Abbild noch einmal zu haben, dem traumlosen Traum, nähert man sich durchs Fernsehen und vermag zugleich ins Duplikat der Welt unauffällig einzuschmuggeln, was immer man für der realen zuträglich hält« (1974, S. 507). So führe die Abschwächung des Realitätsbezugs gleichsam in individueller und soziologischer Dimension zu einer Arrosion geistiger Freiheit: »Die Grenze zwischen Realität und Gebilde wird für das Bewusstsein herabgemindert« (S. 69). In diesem Zusammenhang spricht Adorno 1974 auch von einer »Regression« auf eine niedrigere Entwicklungsstufe des Menschen, in die wahlweise auch eine kollektive Depression und ein allgemeiner Bewusstseinsverlust hineingelesen werden kann. Diese Regression würde in eine verstärkte Abhängigkeit von den Produzenten und ihren machtvollen Medien führen. Wenngleich sich hier bereits auch individualpsychologische Abhängigkeitsphänomene andeuten, sind Adornos Medientheorien vor dem Hintergrund einer soziologischen Kritik an ökonomischen Abhängigkeitsbeziehungen zu verstehen.

Günther Anders' Charakterisierungen des Fernsehens aus dem Jahr 1956 und die sich darin niederschlagende, sich für das Fernsehen ergebende veränderte Welterfahrung beinhalten Ansätze einer Medientheorie im engeren Sinne, auch wenn hier der ökonomiekritische Duktus überwiegt: »Wenn die Welt zu uns kommt, statt wir zu ihr, so sind wir nicht mehr ›in der Welt‹, sondern ausschließlich deren schlaraffenlandartige Konsumenten« (1956/1994,

S. 107). Hierin deuten sich schon die Kritiken an, die sich erst mit Medientheorien wie die von Guy Debords »Gesellschaft des Spektakels« (1967), Jean Baudrillards »Agonie des Realen« (1978) und Paul Virilios »Ästhetik des Verschwindens« (1986) beziehungsweise mit dem konkreten Herannahen der digitalen elektronischen Techniken ergeben haben: Die Ablösung der konkret-realen Umwelt des Menschen durch die künstlichen Parallelwelten der Massenmedien Fernsehen und Internet, die am Ende ineinander übergehen, um schließlich zu einem Großmedium mit quasi totalitären Ausmaßen zu verschmelzen. Günther Anders hat seine radikale Kritik am Medium Fernsehen allerdings später relativiert und ihm in einem späteren Vorwort zur »Antiquiertheit des Menschen« von 1979 sogar ein gewisses, wenn nicht aufklärerisches, so doch antiautoritäres Potenzial zugesprochen: »Unterdessen hat es sich nämlich herausgestellt, dass Fernsehbilder doch in gewissen Situationen die Wirklichkeit, deren wir sonst überhaupt nicht teilhaftig würden, ins Haus liefern und uns erschüttern und zu geschichtlich wichtigen Schritten motivieren können« (1994, S. VIII).

Überhaupt darf nicht unterschlagen werden, dass das Fernsehen weniger individuell als vielmehr kulturell durchaus eine emanzipatorische Funktion haben kann, wie sich insbesondere im Nachkriegsdeutschland gezeigt hat. Auch der durchaus medienkritische Soziologe Niklas Luhmann (1927–1998) räumt dem Fernsehzuschauer in seinem Werk »Die Realität der Massenmedien« zumindest das Angebot einer »kognitiven und motivationalen Freiheit [...] ohne Realitätsverlust« ein (1996, S. 112), also einen potenziell emanzipatorischen Impuls. Kurz gesagt, aus kritischer Distanz und mit historischem Abstand erscheint das Medium Fernsehen für die Menschheitsentwicklung in seiner Ganzheit als weniger schadvoll, als es zunächst anmutete.

Die verbleibende, nachhaltige Kritik am Fernsehen gründet auf zwei Beobachtungen, welche Neil Postman in seiner vor allem medienpädagogischen Streitschrift »Wir amüsieren uns zu Tode« aus dem Jahre 1985 anstellte. Recht überzeugend wies er nach, dass das Fernsehen eher verdumme, als dass es der Kindererziehung und Erwachsenenbildung diene. Das Problem sei vor allem, dass die Audiovisionen des Fernsehens dem Zuschauer nicht notwendigerweise eine Bildung abverlangen würden, weder inhaltlich im Hinblick auf kulturelle Wertvorstellungen noch formal im Hinblick auf erlernte Kulturtechniken wie Lesen und Schreiben. Was die Frage nach der Vermittlung von kulturellen Werten angeht, betont Postman, dass die eigentümliche Eigenschaft des Fernsehens, subkulturelle Grenzen auflösen zu können, ein als negativ einzuschätzendes Potenzial berge. Den Grund hierfür sieht er in einem ganz einfachen Sachverhalt, der auch für einen Niedergang sozialer und politischer Wertvorstellungen spreche: »Problematisch am Fernsehen ist nicht, dass es uns unterhaltsame Themen präsentiert, problematisch ist, dass es jedes Thema als Unterhaltung präsentiert« (1985/1997, S. 110). Und was die Frage nach den Kulturtechniken angeht, kritisiert Postman, dass das Fernsehen im Gegensatz zu seinen Vorgängern nicht gleichermaßen auf all seinen Vorläufermedien aufbaue, zumindest nicht in dem Sinne, dass es von seinen Nutzern einen höheren Bildungsgrad und eine höhere Abstraktionsfähigkeit einfordere.

Der fernsehende Mensch bleibt vermutlich nur dann nicht hinter seinen intellektuellen Möglichkeiten zurück, wenn er Lesen und Schreiben zuvor nicht nur gelernt, sondern auch intensiv angewandt hat. So darf es heute als allgemeingültige Auffassung gelten, dass Menschen in unserer Gesellschaft, die ohne oder mit wenig Fernsehen aufwachsen und leben, durchschnittlich bessere Bildungschancen haben. Hierfür sprechen auch wissenschaftliche Ergebnisse, beispielsweise von Thomas Mößle und Kollegen (2007), die zeigen, dass die Ausstattung von Kinderzimmern mit Fernsehern und anderen Bildschirmmedien ein unabhängiger Prädiktor für schlechte Schulleistungen darstellt. Dies mag darauf hindeuten, dass die Ein- und Ausübung analoger Kulturtechniken ein entscheidendes Kriterium dafür zu sein vermag, ob der Umgang mit einem später entwickelten, also neueren Medium gelingt oder nicht. Dies mag in besonderem Maße für dasjenige Großmedium gelten, welches alle Vorläufermedien in sich zu vereinen vermag.

Digitale Medien als Träger der virtuellen Dimensionen des Menschseins

Viele Medientheoretiker des 20. Jahrhunderts haben in ihren Werken diejenige mediale Revolution antizipiert, die mit dem *digital turn,* also mit der Errichtung des Internets, erst richtig Gestalt angenommen hat. Vier von ihnen sollen in diesem Zusammenhang zu Wort kommen. Zwei von ihnen, Vilém Flusser und Marshall McLuhan, können mit Einschränkung als Enthusiasten gegenüber diesem Paradigmenwechsel und zwei von ihnen, Jean Baudrillard und Paul Virilio, als Apokalyptiker verstanden werden. Die Werke dieser Medientheoretiker beziehungsweise Medienphilosophen können als prägnante Belege dafür dienen, wie umfassend die heute zu beobachtende Medienrevolution bereits von diesen klugen Köpfen der 1960er und 1970er Jahre vorausgesagt und diskutiert worden ist.

Marshall McLuhan (1911–1980) und Vilém Flusser (1920–1991) sahen in dem, was sie als Vorboten des Cyberspace erkannten, das Potenzial, mit dem der Mensch seine geistigen Fähigkeiten vergrößern und verbessern könne. McLuhan sah in Medien im Allgemeinen und in den Digitalmedien im Besonderen Ausweitungen des Menschen und seiner Sinnesorgane, welche seine Fähigkeiten mit sich, dem Anderen und der Welt in mannigfaltige Interaktion zu treten, immens vergrößern würden. Flusser glaubte vor allem an die Chance, dass der Mensch, indem er sich geistig über die Externalisierung von Hirnfunktionen, insbesondere der alten Medienfunktionen – Speichern, Übertragen und Bearbeiten – entlaste, mehr Freiheitsgrade für emotionale, kreative und interpersonelle Potenziale erlange und somit auch neuartige Lebens- und Kunstformen oder gleich eine neue Lebenskunst entwickeln könne. Die Cyberspace-Enthusiasten formulieren also vor allem die Hoffnung, dass sich der Mensch mit Hilfe seiner medialen Schöpfungen perfektionieren und transformieren, sich also nicht nur weiter-, sondern über sich hinaus entwickeln könnte.

Jean Baudrillard (1929–2007) und Paul Virilio (*1932) machen demgegenüber in der medialen Veräußerung allen Seins in erster Linie eine Tendenz des Menschen aus, sich – im Sinne einer Fluchtbewegung vor sich selbst – im Medialen zu verlieren. Baudrillard betrachtet die Multimedialität grundsätzlich als Welt des Scheins und der Verstellung, hinter der der Mensch beziehungsweise das spezifisch Menschliche zurückbleibe oder gar restlos verschwinde. Virilio sieht, wie bereits gezeigt, in der medialen Revolution vor allem eine immense Beschleunigungstendenz, eine Fluchtbewegung, die das spezifisch Menschliche letztlich in sich zusammenfallen lasse. Die Cyberspace-Apokalyptiker weisen also vor allem auf die Gefahr hin, dass sich der Mensch von seinen medialen Schöpfungen abwerten und ablösen lassen könnte.

Ausweitung versus Implosion, Perfektionierung versus Extinktion, die frühen Theoretiker der im Cyberspace kulminierenden multimedialen Revolution stellen also das spezifisch Menschliche zur Disposition, wenn sie es entweder über sich hinauswachsen sehen oder es sich selbst zerstören lassen. Nun könnte man hoffen, dass die Medientheorie nach diesen postmodernen Medienexegeten einseitiges Idealisieren und Diabolisieren hinter sich lässt, was manchen Medienphilosophien heute durchaus gelingt. Geändert hat sich aber an der Einschätzung, dass wir es hier mit einer fundamentalen Infragestellung dessen zu tun haben, was der Mensch durch Medien ist, sein kann und sein wird, nichts.

In ihrem immer komplexer werdenden Zusammenspiel konstituieren Medien eine oder mehrere virtuelle Wirklichkeiten parallel zur konkret-leiblichen Wirklichkeit. Virtualität und Realität sind in diesem Zusammenhang jedoch nicht einfach als konträr gegenübergestelltes Konzeptpaar zu verstehen. Auch die Welt eines Romans, in die der Leser – sogar über das Leseereignis hinaus – gedanklich eintauchen kann, ist letztendlich virtuell, ebenso wie die Phantasie- und Traumwelten, in die sich der Mensch bereits hineinzuversetzen verstand, bevor die ersten eigentlichen Medien in der Weltgeschichte auftauchten. Gerade auch für die Frage nach der etwaigen pathogenetischen Potenz des Medialen ist folgende einfache Erkenntnis von entscheidender Bedeutung und deshalb noch einmal hervorzuheben: Der Mensch lebte vom Anbeginn seiner Existenz immer auch in einer geistigen beziehungsweise virtuellen Dimension.

Solche Überlegungen führen allerdings in die Irre, wenn die geistige Realität des Menschen mit Intelligenzfunktionen gleichgesetzt und damit das Seelische außer Acht gelassen wird. Diese Feststellung ist noch dann gültig, wenn man die aufkommende Erkenntnis berücksichtigt, dass es auch so etwas wie emotionale, soziale und moralische Intelligenz gibt. Eine Gleichsetzung von menschlichem Geist und Intelligenzfunktionen ist insofern problematisch, als man davon ausgehen muss, dass die sogenannte artifizielle Intelligenz (A. I.) der Computer die Rechen- und Speicherleistung des Gehirns bei weitem übertreffen kann. Bereits 1999 rechnete beispielsweise Ray Kurzweil (2000) vor, dass die Speicherkapazität eines menschlichen Gehirns schon lange von einem 1000-Dollar-Rechner übertroffen werde. Im Jahre 2020 werde es möglich sein, auch die intellektuellen Fähigkeiten eines Menschen mit einem 1000-Dollar-Rechner zu simulieren und zu übertreffen. Wenn sich die Entwicklung so fortsetze, werde im Jahre 2060 ein 1000-Dollar-Rechner die Rechnerkapazität aller menschlichen Gehirne zusammengenommen erreichen. Gedächtnis und Intelligenz können aber nicht mit dem menschlichen Geist gleichgesetzt werden, wie John R. Searle 1999 in direkter Reaktion auf Kurzweil formulierte: »Kurzweil confuses the computer simulation of a phenomenon with a duplication or re-creation of that phenomenon. [...] Actual human brains cause consciousness by a series of specific neurobiological processes in the brain. What a computer does is a simulation of these processes, a symbolic model of the processes. But the computer simulation of the brain processes that produce consciousness stands to real consciousness as the computer simulation of the stomach process that produce digestion stand to the real digestion« (1999). Kurz: Einem Computer fehlen Geist, Bewusstsein und Seele, um menschlich zu sein. Wie mediensoziologische Überlegungen zeigen können, ist die Angelegenheit aber wesentlich komplexer, wenn man sich anschaut, was durch die Vernetzung mehrer Computer möglich wird.

Vom Mittler zur Mitte des Menschen

Sicherlich besteht eine Gefahr darin, allem und jedem einen medialen Charakter zuzuschreiben. Umgekehrt ist das Mediale tatsächlich allgegenwärtig, sodass es als unerlässlich erscheint, nicht nur uns und die Welt durch das Mediale hindurch zu betrachten und zu erleben, sondern das Mediale selbst unter die Lupe zu nehmen. Fakt ist, dass es sich nicht nur einfach vermehrt und ausgebreitet, sondern in einer globalen Konvergenzbewegung zusammengeschlossen hat, ähnlich wie es von Paul Virilio vorausgesagt wurde. Virilio (1980) machte in der postmodernen Menschheitsentwicklung drei historische Tendenzen aus: die Beschleunigung der Geschwindigkeit, die Zunahme der Bedeutung medialer Vermittlung und die sukzessive Verkleinerung im Sinne einer Konvergenzbewegung. Alle diese drei Phänomene lassen sich als Funktion der digitalen Virtualisierung von Welt verstehen.

Der Mensch überzieht seine Welt mit einem medialen Film. Er scheint allem, mit dem er umgeht, einen medialen Charakter zu verleihen. Das beginnt mit seiner eigenen Haut, die er mit Tattoos, Schönheitsoperationen, Brandings und Piercings überzieht, und hört selbst bei seiner Architektur nicht auf, deren Innen- und Außenfassaden er immer mehr zu Benutzeroberflächen macht. Alles, auch die eigene Natur und die Natur um ihn herum, verleibt sich der Mensch mit Hilfe seiner konkreten, analogen und digitalen Werkzeuge ein. Selbst wenn er auf fremden Planeten landet, besteht der erste Akt darin, sich diese mit Hilfe eines Mediums, beispielsweise einer Fahne, anzueignen. Die Suche nach einem medienfreien Raum bleibt in der Regel erfolglos. Die Vermehrung von Kameras und Bildschirmen schreitet exponentiell voran. Bald wird jede Wand zu einem Bildschirm oder einer Leinwand und damit zu einem Fenster zu einer anderen Welt. Jeder noch so entlegene Ort wird vielleicht irgendwann von einem Satelliten oder einer Webcam unter allgemeiner Dauerbeobachtung stehen. So wird es Zeit, das Wesenhafte des Medialen genauer unter die Lupe zu nehmen, nicht zuletzt deshalb, weil nicht nur die Vermehrung der Bildschirme, sondern auch die allgegenwärtige Beobachtung durch Kameras etliche Gefahren mit sich bringt.

Wenn alles Irdische bald vom medialen Raum einverleibt sein wird, dann kann seine virtuelle Dimension gar nicht mehr erkennbar bleiben. Das Internet ist das erste Medium, das einen Raum bietet, in dem sich seine Benutzer scheinbar frei und losgelöst von den Grenzen der Zeit, des Raums, der Geografie, der Gattung und des Geschlechts bewegen können. Zusammenfassend lässt sich über die virtuelle Welt der digitalen Medien sagen, dass sie sich zwar aus der Masse aller konvergierenden Medien und deren Inhalten zusammensetzt, dass sich aber erst aus ihren interaktiven Verbindungen zwischen ihren Nutzern und den von ihnen generierten Inhalten dasjenige Netz aufspannt, das wir in seiner ganzen Weite auch als Cyberspace bezeichnen. Dieses faszinierende, lebendige Mosaik ist uns zu einer zweiten Heimat geworden. So sind Medien nicht länger nur *Mittler* zwischen Mensch und Welt, sondern werden dem Menschen selbst zur *Mitte,* sind selbst Welt geworden. Das Mediale bildet also einen Raum, der dem Menschen eine neue Mitte eröffnet, in der er sich in seiner psychischen Realität bisweilen eher wiederfindet als in seiner konkret-realen Umwelt von Natur, Kultur und Zivilisation.

Diese neue Mitte ist deshalb so attraktiv, weil sie sich den Begrenzungen der realen Welt entzieht. Das Bezwingen aller Natur, der überbordende Materialismus in Naturwissenschaft und Medizin, in Technik und Wirtschaft scheint auf diesem Hintergrund nicht mehr als ein letztes Aufbäumen vor dem bevorstehenden Abschied des Menschen von seiner körperlichen Daseinsform zu sein. Der Virtualisierung ist mit dem Materialismus das Ziel der Überwindung biologischer Grenzen gemeinsam, auch wenn sich beide ansonsten noch so stark voneinander unterscheiden. Es scheint plausibel, dass sich die Virtualisierung gegenüber dem Materialismus als der nachhaltigere und langlebigere Impuls darstellt, da der neue Lebensraum des Menschen *in Wirklichkeit* längst die virtuelle Welt geworden ist und nicht etwa eine materielle Welt, die ihm beispielsweise ein anderer Planet als die Erde bieten könnte. Allerdings fungiert der Cyberspace vielleicht nur als eine Zwischenwelt, als eine Welt im Übergang, letztlich als eine lebendige Metapher für eine paradigmatische Transformation des Menschseins. Diese Transformation, die letztendlich auf eine Metamorphose des Menschen hinauslaufen und ihm im konkreten Sinne erst noch bevorstehen mag, hat eine lange anthropologische Vorgeschichte.

Was zuvor bereits in den mediendefinitorischen, medienhistorischen und medientheoretischen Ansätzen entwickelt worden ist, soll hier noch einmal kurz zusammengefasst und auf den Punkt gebracht werden. Wie bereits angedeutet, lebt der Mensch seit langem nicht mehr in seiner ursprünglichen Lebenswelt, seinem Ausgangspunkt, der Natur. Mit dem Übergang vom Tier zum Menschen traten die ersten Werkzeuge in Erscheinung, die im Sinne eines weit gefassten Medienbegriffes als Medien bezeichnet werden können und die den ursprünglichen Menschen, der zunächst noch in der Natur verwurzelt war, zu einem Kulturwesen machten. Mit dem Buchdruck und seiner exemplarischen Fähigkeit maschineller Vervielfältigung kam die Zivilisation. Nun bereiten die elektronischen Medien dem Cyberspace den Weg zur Virtualisierung des Menschseins. Im Zuge der Kultivierung und Zivilisierung des Menschen war die Geschichte der Werkzeuge und Medien zunächst vor allem eine Geschichte der Unterwerfung und Beherrschung von Natur, zuletzt aber wesentlich eine der Imitation und Transformation von Natur. Während am Anfang der Schritt von der Natur zur Kultur – vom Tier zum Menschen – paradigmatisch war, ist es nun der von der Zivilisation zu dem, was mit Medialisation gemeint ist. Hier kündigt sich in den bisherigen Bestimmungs- und Deutungsansätzen der letzten Jahrzehnte zur Medialität eine neue Medientheorie an. Vielleicht lässt sich allerdings einfach nur feststellen, dass sich die ehemals visionären Medientheorien nun erfüllen. Dass es solange brauchen würde, erkannte der vielleicht radikalste Medientheoretiker Guy Debord schon, als er 1967 schrieb: »Die über das Spektakel hinausgehende Kritik muss vielmehr zu warten verstehen« (S. 186).

Medien als psycho-technologische Prothesen des Menschen

Medientechnologien werden bisweilen wichtiger genommen als die von ihnen zu vermittelnden Inhalte. Im globalen und historischen Sinne ist dies noch nie so sehr der Fall gewesen wie heute. Bereits im Jahre 1967 sagte der einflussreiche Medienwissenschaftler Marshall McLuhan voraus, wie sich der Mensch in Abhängigkeit von den sich rasant vermehrenden elektronischen Medientechnologien dramatisch verändern werde: »The medium, or process, of our time – electric technology – is reshaping and restructuring patterns of social interdependence and every aspect of our personal life. It is forcing us to reconsider and reevaluate practically every thought, every action, and every institution formerly taken for granted. Everything is changing – you, your family, your neighbourhood, your education, your job, your government, your relation to ›the others‹. And they are changing dramatically« (S. 8). In diesen Ausführungen deutet sich an, dass die technologischen Bedingungen die inhaltlichen Aussagen der Medien an Einfluss überrunden.

Die Botschaft ist mehr als das Medium

Dieser Titel führt weiter, was McLuhan mit seinem ebenso enig-
matischen wie apodiktischen Ausspruch und Buchtitel »Das
Medium ist die Botschaft« gemeint hat. Zur Erklärung dieses
nicht leicht verständlichen Ausspruchs führt Jürgen Hörisch
treffend aus: »Die Welt des Analphabeten ist eine andere als die
des Bewohners der Gutenberg-Galaxis als die des Televisionärs
[…]. Dass jemand liest und nicht fernsieht, macht einen größeren Unterschied, als dass A dieses und B jenes Buch liest beziehungsweise C im Fernsehen lieber Sportübertragungen und D
lieber Gameshows sieht« (2004, S. 72). An dieser Stelle ließe sich
kritisch anmerken, dass diese Erklärung versäumt, dem Pluralis-
mus im Hinblick auf die individuelle Nutzung medialer Formate
und Inhalte Rechnung zu tragen. Das heißt: Ein Liebhaber phi-
losophischer Literatur kann gleichzeitig Fan einer bestimmten
Quizshow sein, ein Kinofan mit einer Schwäche für Horrorfilme
mag ein besonderes Interesse an historischen Dokumentationen
im Fernsehen haben, ein leidenschaftlicher Spieler von Online-
Rollenspielen liest vielleicht genauso gerne Gedichte, und dann
gibt es mit großer Wahrscheinlichkeit den Krimiliebhaber, der
seiner Leidenschaft in Büchern, Filmen, Serien und auch Computerspielen nachgeht. Im Einzelfall sagen die genutzten medialen
Formate also mitunter wenig über ihren Nutzer aus. Vielleicht ist
es gerade die besondere Vielfalt an Formaten und Inhalten, die
heute einen gelungenen, um nicht zu sagen gesunden Umgang
mit Medialität ausmacht.

Und dennoch ist die Bedeutung des Einzelmediums und seiner
technischen Bedingungen nicht zu unterschätzen. Das Medium
selbst trägt eine Botschaft in sich und erzielt mit dieser eine Wirkung. Dies lässt sich einigermaßen einfach an der Technik des
Schreibens ablesen. Es wird jedem einleuchten, dass es ein Unterschied ist, ob ich einen Text mit der Hand, an einer Schreibma-
schine oder an einem Computer schreibe. Friedrich Nietzsche
(1844–1900) formulierte es so »Unser Schreibzeug arbeitet mit an
unseren Gedanken« (1882/1975, S. 172). Wenngleich man diesen

Ausspruch auf jede Art von Medien beziehen kann, ist hervorzuheben, dass unser Denken insbesondere von denjenigen Darstellungs- und Kommunikationsweisen beeinflusst, ja getragen wird, die auf Sprache basieren, sei sie gesprochen oder geschrieben. Sprache und Denken bedingen sich gegenseitig. Ohne Sprache ist kein bewusstes Denken vorstellbar.

Mit den neuen Medien hat sich unser Umgang mit geschriebener Sprache stark verändert, und dies nicht nur im Zuge der zeitlichen, räumlichen und sprachlichen Ver- beziehungsweise Abkürzungen, welche sich aus den verschiedenen Nachrichtenformaten digitaler Geschwätzigkeit im Cyberspace, wie Blogs, E-Mails und SMS, ergeben. Auch wenn wir einfach nur einen Text schreiben, spielt die Wahl des Mediums eine Rolle. Der in seinen Einschätzungen und Bewertungen vielleicht differenzierteste und ausgewogenste aller Medientheoretiker, Vilém Flusser, charakterisierte die qualitative Verbesserung beim Verfassen eines Textes am Computer wie folgt: »Zweifellos hingegen ist, dass das Schreiben durch Computer die Einstellung des Schreibenden und des Empfängers zum Text radikal verändert. Das schöpferische Engagement wird anders erlebt als vorher. Es ist eine neue Art von Selbstkritik und von Verantwortlichkeit dem anderen gegenüber hinzugekommen, und der Text hat eine neue Art von Eigenleben gewonnen. Kurz, man beginnt, wenn man auf diese Art und Weise schreibt, beim Schreiben dialogisch zu denken, zu schaffen, zu leben« (1995, S. 66). Diese optimistische Einschätzung Flussers läuft darauf hinaus, dass sich das Diskursive als entscheidendes Charakteristikum, wenn nicht sogar als übergeordnetes Prinzip der digitalen Medien auch da auswirkt, wo ein Mensch allein für sich einen Text an einem Computer schreibt. Genau diese Art der Rückwirkung unseres »Schreibzeugs« hat Friedrich Nietzsche (1882/2002) gemeint.

In diesem Zusammenhang wäre allerdings von Interesse, ob diese Art von Interaktivität beim Schreiben in der Folge tatsächlich dialogischer, dialektischer, bezogener, das heißt interpersoneller ist. Kann sie es überhaupt sein, wenn man allein vor seinem Computer sitzt und den Anderen nur in Gedanken bei sich hat?

Hier wird deutlich, wie mit der Ankunft der digitalen Interaktiv-medien die Frage nach dem Zwischenmenschlichen aufgeworfen wird, eine Frage, die uns im Weiteren immer wieder beschäftigen wird. Festzuhalten sei hier, dass sich die dem Medialen innewohnende Botschaft aus ihren Technologien heraus ergibt und dass diese eine besondere Eigendynamik entwickelt haben.

Die Eigendynamik des medialen Fortschritts

Die Medientechnologie, welche in den letzten Jahrzehnten eine ebenso globale wie exponentiell beschleunigte Entwicklung entfaltet hat, bildet die technische Grundlage für das, was hier im Großen und Ganzen mit Medialisation gemeint ist. Es ist überaus erstaunlich, wie viel von dem, was uns die digitale Revolution an faszinierenden medialen Neuerungen bietet, von wegweisenden Medientheoretikern wie McLuhan, Flusser, Baudrillard und Virilio vorhergesagt wurde. Bisweilen müssen wir uns selbst kneifen, um uns nicht in einem Science-Fiction-Film zu wähnen. Wir haben zur Kenntnis zu nehmen, dass unsere Welt in dem angekommen ist, was wir als Kinder noch als ferne und unerreichbare Zukunft empfunden haben.

Diese medientechnologische Entwicklung hat sich vom physisch Werkzeughaften der ersten Medien zu immer abstrakteren Formen von Medialität hin bewegt. Wie noch auszuführen ist, werden selbst die Träger von Medialität immer virtueller. Indem sie die Wirklichkeit immer besser abzubilden und neue Wirklichkeiten zu generieren vermögen, scheinen sich Medien von ihren physischen Grundlagen beziehungsweise Trägern immer mehr zu lösen. Das zeigt sich beispielsweise darin, dass wir dabei sind, Trägermedien wie CD und DVD in der technologischen Weiterentwicklung digitaler Medien ganz hinter uns zu lassen. Auf dem Weg von den Analog- zu den Digitalmedien tritt die Hardware gegenüber der Software immer mehr in den Hintergrund, was nicht zuletzt an der Einfachheit des binären Codes liegt.

Wenn die Sprache das erste und ursprünglichste Medium darstellt und quasi den Menschen als Gattung gegenüber dem Tierreich mit Geist auszeichnet, dann kann der Körper des Menschen letztlich als erstes Medium angesehen werden. Die erste Medientechnologie ist also vor allem physiologisch zu beschreiben. Ein von Muskeln umspannter und mit Lungen versehener Brustkorb atmet – vom Hirnstamm unbewusst gesteuert – Luft aus, sodass mit Hilfe von Stimmbändern und Zunge gesprochene Sprache erzeugt und auf diese Weise mit Stimme und Artikulation das ausgedrückt wird, was in den höher liegenden Arealen, das heißt im Gehirn, bewusst gedacht wird. Der Begründer der Anthroposophie, Rudolf Steiner (1861–1925), sieht im die Stimmbänder tragenden Kehlkopf das am höchsten entwickelte Organ des Menschen, von dem auch seine weitere Fortentwicklung ausgehen werde, dies sowohl im körperlichen als auch im geistigen Sinne. Hier deutet sich vielleicht auf der körperlichen Ebene des Sprachorgans das an, was sich auf der geistigen Ebene in der medialen Zukunft abzeichnet.

Mit der Bild- und Schriftsprache wurde Sprache dann durch Symbole externalisiert, also nach außen gekehrt. In der Menschheitsgeschichte entstanden Werkzeuge deutlich vor den ersten Bild- und Schriftsprachen, zumal auch höher entwickelte Tiere Werkzeuge benutzen. Im Sinne eines sehr weit gefassten Medienbegriffs haben manche Medienwissenschaftler auch Werkzeuge als Medien bezeichnet. Wenn nicht als frühe Medien, dann sind Werkzeuge zumindest als Vorläufer von Medien anzusehen. In der Entwicklung der Analogmedien haben sich auf der Grundlage aller menschlichen Techniken die verschiedensten Medienformen herausgebildet. In diesem Zusammenhang fällt es uns heute beispielsweise überhaupt nicht schwer, einen Stift und eine Tafel als Werkzeug zu begreifen. Ein Stein, der vielleicht zunächst nur zum Mörsern von Kräutern verwendet worden war, wurde irgendwann funktionell umgewidmet, beispielsweise zum Schlagen von Rhythmen, welche den Ursprung der Musik bilden. Hier wird nicht nur die Nähe von Werkzeug und Medium, sondern ebenso von Medien- und Kunsttechnik deutlich. Letztlich gibt es kaum technische Errungenschaften, die nicht in der einen oder anderen Form auch künstlerisch, kunsthandwerklich oder medial angewandt worden sind. Entscheidend ist aber, dass die jeweils entstandenen Werke bis zur digitalen Revolution mehr oder weniger fest an ihre Trägermedien gebunden waren, sei es an Kunstmaterial wie Leinwand, Farbe und Stein oder an Künstlern und deren Körperlichkeit wie im Theater, in der Oper und im Ballett. Wir hatten es stets noch mit der Einmaligkeit von Originalen zu tun.

Von der Unsterblichkeit des Buches und seinen digitalen Nachkommen

Wie alle originären Analogmedien wird uns das Buch als solches erhalten bleiben. Aber nach gewissen Anfangsschwierigkeiten lassen sich seine digitalen Versionen inzwischen offensichtlich nicht mehr aufhalten. Ihr Siegeszug vollzieht sich mittel- und langfristig aller Wahrscheinlichkeit nach nicht über die Entwicklung einer spezifischen Hardware, den digitalen Lesegeräten, wie sie zunächst auf den Markt gekommen sind, sondern in Form der sogenannten Hand- und Table-Computer, die wie altertümliche Schreib- und Rechentafeln aus Schiefer daherkommen. Diese virtuellen Schiefertafeln sind nicht nur dazu in der Lage, Bücher *abzuspielen,* sondern zeigen das ganze Repertoire an Darstellungsmedien, die ursprünglich auf analogem Wege verbreitet wurden: also Bilder und Filme, Musik und Hörbücher. Das Buch wird das beste Beispiel dafür sein, wie sich Leser vor die fundamentale Entscheidung gestellt sehen, zwischen zwei Varianten der Rezeption ein und desselben Inhaltes zu entscheiden. Selbstverständlich ist es eine noch viel grundsätzlichere Entscheidung, ob ich überhaupt elektronische Technologien nutzen will. Allerdings ist schon jetzt absehbar, dass die elektronischen Bücher und Zeitschriften ebenso zu einer Erfolgsgeschichte werden wie der mittlerweile erfolgreiche Vertrieb von Musik im Internet. Es ist tröstlich zu wissen, dass dabei Lesen Lesen bleibt und Zuhören Zuhören.

Die Digitalisierung von Musik hat jedoch dazu geführt, dass das zu einem bestimmten Zeitpunkt jeweils erhältliche Repertoire – zunächst an Schallplatten und später an Compact Discs –

immer kleiner und die Bandbreite der Musik-, Hörbuch- und mittlerweile auch Filmdateien im Cyberspace gleichzeitig immer größer geworden ist. Der Vertrieb trägerloser Dateien mit künstlerischen Inhalten ermöglicht schier unendlich viele, also auch seltene alte und neue Titel anzubieten, da Herstellung, Lagerung und Versand wegfallen. Die Titel werden einfach über den Cyberspace heruntergeladen. Zumindest für den Musikmarkt hat es sich gezeigt, dass ein nicht unerheblicher Teil der Verkäufe mit wenig bekannten und alten Titeln gemacht wird. Dieser Effekt wurde von dem Medienjournalisten Chris Anderson im Jahre 2007 als »Long Tail«- Effekt bezeichnet und kann im Grunde nur als positiv erachtet werden. Er wird mit Sicherheit auch für den Buchmarkt von Bedeutung sein. Einerseits wird es ein schmerzlicher Verlust sein, dass die Zahl verfügbarer Buchtitel immer weiter schrumpfen wird, wovon vermutlich gerade diejenigen betroffen sein werden, die es am Buchmarkt ohnehin schon schwer haben, weil sie angesichts ihres Anspruchs oder ihrer Spezialisierung immer nur auf eine begrenzte Zahl von Lesern abzielen. Andererseits werden über einen rein digitalen Vertrieb wieder Bücher lieferbar, die schon lange keine neue Auflage beziehungsweise keinen neuen Verleger gefunden haben, weil eine Neuauflage nicht mehr als rentabel erschien, und nicht mehr antiquarisch zu beziehen sind. In diesem Sinne sind auch die diversen Versuche von Medienkonzernen und Bibliotheken zu verstehen, alle vorhandenen Bücher dieser Welt zu digitalisieren, sei es quasi fotografisch als reine Kopie oder als digitaler Transfer, der auch eine neue Formatierung möglich macht.

Abgesehen von den urheberrechtlichen Übergriffen, die nicht zu tolerieren sind, ist die elektronische Archivierung und Zugänglichmachung des kulturellen Erbes, welches in allen Büchern dieser Welt enthalten ist, durchaus ein wünschenswertes Projekt. Die Frage, wer denn im Einzelfall und im Kollektiv die geistigen und monetären Erben sind, spielt aber so oder so eine wichtige Rolle. Dabei muss es darum gehen, die rechtlichen und ökonomischen Grundlagen für Kunst und Kultur zu erhalten. Dies kann nur dann gelingen, wenn einerseits die Urheberrechte als Existenzgrundlagen von Künstlern und Kulturschaffenden geschützt werden und andererseits jegliche Monopolbildung im Hinblick auf den Vertrieb künstlerischer Inhalte unterbunden wird. Beides kann nur durch eine globale Anstrengung funktionieren. In einem Land wie Deutschland, in dem sich die Unterstützung von Theatern und Museen bewährt hat, wird es vermutlich bald auch eine Subventionskultur von Buchhandlungen geben.

Nicht nur, was die Inhalte, sondern auch, was die Anwendbarkeit digitaler Bücher angeht, spricht allerdings einiges für die neuen Technologien. So dürfte es hilfreich sein, eine Auswahl von Büchern im Rahmen einer virtuellen Bibliothek stets bei sich zu haben, beispielsweise auf beruflichen oder privaten Reisen. Bei einem Ratgeber oder einem Nachschlagewerk findet man mit einer virtuellen Suchfunktion die entscheidenden Passagen schneller als in einem analogen Buch und kann für einen geringeren Betrag regelmäßig eine aktualisierte Auflage herunterladen. Und, solange die urheberrechtlichen Bedingungen geklärt sind, wird es auch viel einfacher sein, aus digitalen Büchern und Journalen zu zitieren, weil man die entsprechenden Passagen oder Bilder direkt in ein anderes Programm übertragen kann. Außerdem wird es zu neuen medialen Hybridformen kommen, beispielsweise wird es bald elektronische Bücher geben, die anstatt Bildern Videosequenzen zum Anklicken und Abspielen beinhalten. Dies wird insbesondere für Gebrauchstexte und Gebrauchsanweisungen sowie virtuelle Zeitungen und Magazine gelten. Tageszeitungen werden bald mit den einschlägigen Internetportalen von Nachrichtensendungen verschmelzen, sodass auch sie Berichte, Bild- und Filmreportagen nebeneinander zeigen.

Allerdings wird sich auch hier etwas durchsetzen, was schon für das Buch von ganz besonderer Wichtigkeit gewesen ist. Es geht im Zusammenhang der Digitalisierung von Büchern, Zeitungen und Zeitschriften weniger um die Hingabe an einen Autor und dessen Narrativ als vielmehr um Ansprüche, die journalistische Qualität und professionellen Standards der Veröffentlichungen betreffend. Zweifellos ist das Niveau medialer Formate immer wieder grundsätzlich zu hinterfragen. Wir müssen und wollen uns einem medialen Format anvertrauen und zumindest für eine Zeit lang darauf verlassen können, dass wir uns sowohl im Zustand passiver Empfänglichkeit als auch aktiver Aufmerksamkeit gut informieren, bilden oder unterhalten lassen. Wir entscheiden uns gewöhnlich nicht nur aus Bequemlichkeit für eine spezielle Tageszeitung, ein Buch oder eine Nachrichtensendung, sondern auch, weil wir der Auffassung sind, dass eine journalistische Professionalität oder schriftstellerische Begabung dafür sorgt, dass wir auf die eine oder andere Art und Weise *bewegt* werden. Tritt nun, befördert durch die Digitalisierung, der Fall ein, dass wir ausschließlich aus momentanen Bedürfnislagen heraus bestimmte Medienformen und -inhalte wählen, dann unterliegt diese Wahl quasi *naturgemäß* den Impulsen niederer Triebe und der Willkür desjenigen Mediums, das diese am direktesten zu befriedigen weiß. Werden wir in solch einem Fall nicht gerade diejenigen Informationen, die wir als Leser und Bürger unbedingt erfahren sollten, ausblenden, indem wir sie einfach *wegzappen* oder *wegklicken?* – Viele allgemeine Internetportale, die auf ihrer Homepage zunächst auch Nachrichtenseiten anzeigten, haben mit der Zeit immer mehr an Niveau verloren und sind auf das Yellow-Press-Niveau gesunken, weil sie sich stets dem momentanen Nutzerinteresse gebeugt haben, um die Aufmerksamkeit für Werbung lukrativ binden zu können. Gleichzeitig haben sich allerdings auch einige wenige Internetseiten von renommierten Nachrichtenmagazinen und Nachrichtensendungen erfolgreich etablieren können. Jedoch ist noch nicht ganz klar, wie sich diese langfristig finanzieren können, da es insbesondere den Ursprungsmedien im Print-Bereich, selbst ihren renommiertesten Vertretern, immer schlechter geht.

Unterm Strich wird es also darauf ankommen, dass das Bildungs- und Einkommensniveau einer Gesellschaft ausreichend hoch ist, damit ein Großteil der Bevölkerung interessiert daran sein kann, für Medienqualität auch Geld auszugeben. Dann besteht die Hoffnung, dass sich in Büchern und Zeitschriften Qualität auch noch durchsetzen wird, wenn diese zu einem Großteil in virtuellen Variationen weiterleben.

Die ungewisse Zukunft der Audiovisionen von Film und Fernsehen

Wenn man die Herstellung schriftlicher Sprachäußerungen und Zeichnungen im Buch- und Kunstdruck ausnimmt, dann beginnt nach Walter Benjamin das Zeitalter der technischen Reproduzierbarkeit von Kunst mit der Fotografie und anderen modernen Techniken, mit denen audiovisuelle Äußerungen in der konkreten Wirklichkeit aufgezeichnet und beliebig vervielfältigt werden konnten (Benjamin, 1936). Mit den analogen Aufnahmetechniken für Bilder und Töne erklomm das Phänomen Medialität eine erste Virtualisierungsstufe, wobei das Bild nicht ohne Grund im Zentrum des *iconic turns* stand. Viele von uns kennen noch Fotoabzüge vom Negativ und sich auf Plattentellern drehende Vinylschallplatten. Vielleicht haben wir sogar in der Schule gelernt, wie diese funktionieren, was darauf hindeutet, dass das Ausmaß ihrer Abstraktheit noch vergleichsweise gering ist. Durch eine erste Konvergenzbewegung entwickelten sich auf dieser Stufe des Medialen dann die ersten multimedialen Medien, die sogenannten *Audiovisionen,* Medien, die den Hörsinn und den Sehsinn gleichermaßen ansprechen und dies in einem zeitlichen Verlauf. Auf diese Weise entstanden nacheinander Film-, Fernseh- und Videotechnik, wobei die Entwicklung ihrer sehr unterschiedlichen Trägermedien schon eine erste Abstraktionsbewegung beschreibt. Die sequentielle Steigerung der Abstraktheit bildet den Vorlauf für die konsequente Loslösung von den Trägermedien, die sich schließlich mit der Digitalität realisiert.

Das zentrale Medium dieses *Vorspiels* ist sicherlich der Film, welcher zunächst sehr analog anmutet, weil sein Trägermedium als Material noch so greif- und nachvollziehbar ist. Die Grundlage einer Filmrolle bildet in der Regel das Zelluloid mit einer Bild- und einer Tonspur, die man quasi noch Bild für Bild, Ton für Ton durchgehen kann. Dass selbst die Kinos nun zu Beginn der zweiten Dekade ihren Betrieb auf digitale Apparaturen umstellen, mag in diesem Zusammenhang eine nachdenklich stimmende Randbeobachtung sein. Es bleibt zu hoffen, dass diese Umstellung die Aufführungspraxis des Kinos nicht fundamental verändern wird. Das Medium Film, welches ja dank Fernsehen, Video, DVD und Internet noch viele weitere Aufführungsarten kennt, war zwischenzeitlich schon totgesagt worden, nicht zuletzt, weil man in den Computerspielen, die mittlerweile wie interaktive Filme funktionieren und nicht selten mit demselben Aufwand wie die großen Blockbuster-Filme produziert werden, seine mehr oder weniger würdigen Nachfolger sah. Tatsächlich scheint sich aber nicht nur das Medium Film, sondern auch das Kino zu halten. Ebenso wie beim Leser eines Buches besteht also auch beim Zuschauer das Bedürfnis, sich für eine Zeit einem Geschehen anzuvertrauen, in das er nicht aktiv beziehungsweise interaktiv eingreifen kann und muss, wie es bei einem Computerspiel der Fall ist. Außerdem kann man auch dem Kinozuschauer eine aktive Rolle zusprechen, insofern er sich einer Geschichte hingibt, um sich dann ihr gegenüber zu *verhalten*. Im besten Fall verändert ein Film unser Leben. Neben dem eher inhaltlich motivierten Wunsch, sich einer Geschichte zu überlassen, begründet sich die andauernde Beliebtheit des Mediums Film in zwei digitalen Neuentwicklungen: Erstens werden immer mehr Filme mit digitaler Technik so produziert, dass sie nur in Großkinos mit Großleinwänden, 3-D-Technik und aufwändiger Tontechnik richtig zur Geltung kommen. Und zweitens besteht ein großer Bedarf an Filmen bei den Zuschauern, die sich inzwischen zu Hause Heimkinos mit aufwändiger Technik einrichten.

Unterm Strich ist die Filmindustrie mit allen ihren Vertriebswegen weiterhin gut im Geschäft, wobei zu bedenken ist, dass die DVD sowie ihre neuesten, nachgeschobenen Varianten bald überflüssig sein werden. Im Grunde gibt es schon seit geraumer Zeit keinen Grund mehr für die Verwendung solcher Trägermedien. Wir könnten längst alle Ton-, Bild- und Filmdateien über das Internet beziehen und werden dies wohl auch bald tun. Die elektronische Revolution läuft aber technologisch so schnell ab, dass die Industrie ihre produktionstechnische und -ökonomische Umsetzung künstlich hinauszuzögern versucht, um die finanzielle Gewinnausschöpfung der einzelnen Schritte ausreichend für sich zu verbuchen. Diese künstlichen Verzögerungen werden die Entwicklung aber nicht aufhalten. CDs und DVDs werden sich beispielsweise bald erübrigen. Eine gewisse Ironie der Mediengeschichte, die Bände spricht, wird vermutlich sein, dass die gute alte Schallplatte weiterexistieren wird, weil sie sich nicht in privaten Haushalten, aber in Clubs hartnäckig hält. Die dortige Aufführungspraxis von Discjockeys scheint ihren Bestand zu sichern. Ein harscher Zeitkritiker könnte anmerken, dass dies mehr darüber aussagt, wie unzeitgemäß Clubs sind, als darüber, wie zeitgemäß Vinyl noch ist. Wer trifft sich denn heutzutage noch *in Person?*

Die Anachronismen, die man in diesem Sinne bei der Aufführungspraxis von Tanz- und Live-Musik ausmachen kann, haben bei multimedialen Vorformen wie dem Theater, der Oper und dem Ballett bedauerlicherweise schon längst zu einer gewissen Marginalisierung geführt. Dies zeigt sich eben auch darin, dass sie subventioniert werden müssen, um als Kunstformen weiter fortleben zu können. Müssten sie auf rein kommerziellen Füßen stehen, so wäre ihr zeitgemäß-künstlerischer Anspruch – wie sich schon lange im angloamerikanischen Bereich beobachten lässt – dahin. Wenn es gute Gründe dafür gibt, Künste zu unterstützen, in denen wir noch leibhaftigen Künstlern mit körperlicher Präsenz und in Echtzeit bei ihrer Kunst zuschauen und -hören dürfen, dann liegt der Gedanke gar nicht so fern, dass wir bald auch Clubs zum Tanzen für förderungswürdig erachten. Aber erst einmal ist aller Wahrscheinlichkeit nach das Kino an der Reihe. Im deutschsprachigen Raum unterliegt die Filmkunst, auch *Arthouse-Kino* genannt, bereits seit langem einer Förderung. Wenn die kommunalen Kinos mit ihrem Programm für den anspruchsvolleren Kinozuschauer eine Zukunft haben sollen, dann werden sie einer Förderung bedürfen, wie sie auch anderen Kultureinrichtungen zuteil wird. Warum sollte das klassische Kino weniger förderungswürdig sein als das öffentlich-rechtliche Fernsehen?

Das Fernsehen ist nicht gerade das Medium, von dem man im positiven Sinne spricht, wenn es um Fragen der Kunst und Kultur geht. Es ist schon seltsam, dass es, obwohl momentan noch das mit Abstand erfolgreichste Massenmedium überhaupt, aus der Perspektive der Zukunft, wie sie sich mit der Digitalisierung des Medialen darstellt, doch als das Medium erscheint, von dem wir am ehesten ganz Abschied nehmen könnten. Im Lichte des Cyberspace wirkt das Fernsehen als ein einziger Anachronismus. Und mit seiner Digitalisierung schaufelt es sich gerade sein eigenes Grab.

Dabei hat das Fernsehen das, was mit Computerspiel und Internet ins Mediale eingeführt worden ist, andeutungsweise vorweggenommen: die Interaktivität. Beim Fernsehen ist heute das Publikum mehr denn je auf unterschiedliche Art und Weise beteiligt, und sei es nur als Zuschauer, der ständig hin und her *zappt*. Kaum ein Mensch schafft es mehr, nicht zumindest einmal im Leben ins Fernsehen zu kommen, auch wenn er dies aus freien Stücken überhaupt nicht anstrebt. Die meisten empfinden dies jedoch nach wie vor als eine Auszeichnung. Es sind die »15 Minuten Ruhm«, die Andy Warhol 1968 einem jeden Menschen zusprach (Keyes, 2006). An dieser Stelle seien nur die unzähligen Reality- und Casting-Show-Formate angeführt, in der sich zahllose Menschen ihre kleine Dosis Ruhm für ihr Leben abholen, auch wenn sie damit die schlimmsten Demütigungen riskieren.

Abgesehen davon, dass das Fernsehen zur Dauerwerbesendung geworden ist, besteht mittlerweile ein Großteil seines Programms darin, den Zuschauer zu Hause per Telefon, SMS oder inzwischen auch schon per Internet live zuzuschalten, also quasi interaktiv zu beteiligen. Diese Anstrengungen dürfen als hilflose Versuche gewertet werden, den Zuschauer krampfhaft mit demjenigen an sich zu binden, was er im Internet längst besser bekommen kann. Denn dem und seinen Derivaten gegenüber erweist sich das quasi erste Multimediamedium als geradezu antiquiert. Und da es nichts wirklich Originäres hervorgebracht hat, was nicht auch das Internet zu zeigen in der Lage wäre, wird dem Fernsehen auch kaum einer nachweinen, wenn es vom Cyberspace irgendwann gänzlich geschluckt worden ist. Zum Beispiel lädt sich ein jüngeres Publikum Serien bereits jetzt aus dem Internet herunter, anstatt sie sich im Fernsehen anzusehen. Und wer will sich in einigen Jahren noch vorschreiben lassen, wann eine Sendung oder ein Film anzuschauen ist? So ist das Fernsehen vermutlich das einzige analoge Vorläufermedium, das irgendwann ganz von der Bildfläche verschwindet. Und es stellt sich ernsthaft die Frage, welche künstlerischen und journalistischen Spuren es im Cyberspace hinterlässt.

Die Zukunft der Computer und ihrer allgegenwärtigen Projektionen

In einer Zeit zu leben, in der Unternehmungen und Reisen hauptsächlich immer mehr auf virtuellem Wege stattfinden und immer mehr Menschen auch von zu Hause aus arbeiten und einkaufen, kann dazu führen, dass wir uns immer mehr einnisten und abkapseln. Um die Jahrtausendwende sprach man in diesem Zusammenhang auch von *Cocooning,* wobei gleichermaßen der Wunsch nach Ruhe und Abschottung sowie die Angst und Unsicherheit gegenüber der urbanen Lebenswelt *da draußen* eine Rolle spielte. Der Begriff des Kokons und der sich darin abspielenden Verpuppung bis hin zu einer Metamorphose lässt aber noch viel tiefer gehende Zusammenhänge erahnen, auf die später noch einmal eingegangen wird. An dieser Stelle ist mit Cocooning vor allem der Rückzug aus der konkret-realen Öffentlichkeit ins Private gemeint, der mit einem Einzug in die virtuelle Öffentlichkeit des Cyberspace einhergeht.

Die Bildschirme, auf denen wir heute noch fernsehen, werden in nicht allzu langer Zeit ganz vom Internet und seinen Derivaten erobert werden. Dabei ist noch nicht ganz auszumachen, ob Bildschirme oder Beamer das Rennen machen werden. In jedem Fall wird jede Wand bildschirmfähig werden, sei es, indem sie selbst zum Display wird, sei es, indem sie einfach nur als Projektionsfläche dient. Und wir werden jeden dieser Bildschirme auf verschiedene Art und Weise bedienen können, um direkt mit dem Gesehenen, Gelesenen und Gehörten zu interagieren. Zum charakteristischen Vor-dem-Computerbildschirm-Sitzen wird sich das Liegen, Stehen und Bewegen vor dem Bildschirm hinzugesellen, wobei der Computer als Gerät selbst immer mehr in den Hintergrund rückt.

Die Kritiker dieser Entwicklung, in deren Rahmen Bildschirme immer mehr Lebensräume erobern, sehen vor allem die Gefahr, dass die Menschen immer passiver werden. Dem aufrechten Gang des Menschen, der seinen Gesichtssinn und seine oberen Extremitäten für höhere Tätigkeiten frei gemacht habe, drohe die Rückbildung hin zu einer erst sitzenden und dann liegenden Tätigkeit vor beziehungsweise unter den Computerbildschirmen. Paul Virilio sieht darin einen dramatischen Entwicklungsrückschritt: »Es besteht kein Zweifel daran, dass der Untergang der speziellen Ankunft, die im Akt des Aufstehens oder Abreisens noch eine physische Fortbewegung von oben nach unten, im Akt der Reise eine Bewegung von der Nähe in die Ferne erforderte, dass dieser Untergang für die Menschheit eine genauso grundlegende Veränderung bedeutet wie die Entwicklung des aufrechten Gangs. Nur dass es sich nicht mehr um eine ›positive Evolution‹ hin zu einer neuen Art von Beweglichkeit handelt, sondern gerade um eine ›negative verhaltensbezogene Involution‹, die die Gattung zu einer pathologischen Unbeweglichkeit führt: das Aufkommen des *sitzenden Menschen,* oder schlimmer noch, eines *liegenden Menschen*« (2002, S. 125). In der Bewegungslosigkeit vor dem Bildschirm, in seiner hypnotischen Starre wird dem *Nutzer* freilich eine zumindest geistig-emotionale Aktivität suggeriert.

Wie wir heute erkennen können, beinhaltet die Medialisation nicht notwendigerweise die völlige Immobilisierung, wie sie Virilio prognostiziert hat. Entweder die Computer bewegen sich mit uns aus dem Haus oder sie bewegen uns im Haus. Schon heute trägt fast jeder Mensch einen Rechner mit sich herum. Jedes Mobiltelefon ist mittlerweile ein kleiner Computer. Seine interaktiven Displays werden momentan immer größer, zumal bereits Mobiltelefone entwickelt werden, die auch als Beamer funktionieren. Aber wir werden uns nicht nur mit Computern bewegen, sondern auch zunehmend in den eigenen vier Wänden vor den Bildschirmen in Bewegung geraten, die bald in jedem Raum oder gar an jeder Wand unserer Wohnungen einen Platz finden werden. Bald werden alle unsere Bewegungen von den Computern, vor allem von Computerspielkonsolen, erfasst und digital in Aktionen auf den Bildschirmen umgesetzt. Dieser Entwicklung, die wir schon anhand der Sport-Simulationen und anderen Computerspielen beobachten können, sind im körperlichen wie im räumlichen Sinne physische Grenzen gesetzt. Die neuesten Entwicklungen der Computerspielindustrie lassen aber durchaus darauf schließen, dass der Mensch beim interaktiven Spiel mit digitalen Techniken in Zukunft mehr bewegt wird. Ob seine Aktivität dabei im engeren Sinne von körperlicher und seelischer Autonomie zeugt, steht auf einem anderen Blatt. Der Kulturwissenschaftler Robert Pfaller spricht in einem ähnlichen Zusammenhang anstatt von *Interaktivität* bezeichnenderweise von »Interpassivität« (2008).

Eine kritische Betrachtung dessen, was als Interaktivität nicht ganz zu Unrecht bisweilen als größte Errungenschaft und höchstes Gut des Cyberspace gehandelt wird, mag als verwegen erscheinen. Im Hinblick auf seine Rückwirkungen auf die vermeintlich Handelnden ist es aber so oder so einer der wichtigsten Aspekte, die es zu diskutieren gilt, wenn es um Fragen der digitalen Revolution geht. Die Einführung der Interaktivität ins Mediale, die Verschmelzung von Publikations- und Kommunikationsmedien stellen *das* wirklich Neue dar. Dies gilt insbesondere und gleichermaßen für die beiden einflussreichsten neuesten Technologien, die ihrerseits kaum noch getrennt voneinander betrachtet werden können: das Computerspiel und das Internet. Neben der Einführung und ständigen Ausweitung ihrer Interaktivität zeichnen sie sich vor allem durch erhöhte Realitätsnähe und Komplexität aus, welche zu einer erhöhten Immersivität und Intensität der medialen Erfahrung führen. Im Hinblick auf die immer interaktiveren, immersiveren und intensiveren Medienerfahrungen soll die Zukunft von Computerspiel und Internet im Einzelnen diskutiert werden. Hierbei gilt es vorauszuschicken, dass sich die Dinge momentan derartig rasch und vielfältig entwickeln, dass es völlig illusorisch wäre, der Vielschichtigkeit des Cyberspace vollständig gerecht werden zu wollen.

Die Zukunft als Computerspiel

Für die Zukunft des Computerspiels ist vor allem seine immer enger werdende Beziehung zum Film von Bedeutung. Während früher vor allem Filme als Vorlage für Computerspiele dienten, ist es heute nicht selten anders herum: Aus Computerspielen werden Filme gemacht. Manchmal wird auch beides gleichzeitig produziert, wobei dann eher der Film als Werbung für das Spiel gilt als umgekehrt. So ist es zu einer Wachablösung gekommen. Der Umsatz der Computerspielindustrie übertrifft den der Filmindustrie bereits um ein Vielfaches. Diese Überlegenheit erklärt sich vor allem aus dem Umstand, dass Computerspiele dank ihrer Interaktivität Zuschauer und Filmhelden miteinander verschmelzen lassen. Außerdem stehen Spiele, was die Komplexität der Spielhandlung und die Realitätsnähe ihrer Darstellung angeht, inzwischen den großen Kinofilmen kaum noch in irgendeiner Hinsicht nach, ganz im Gegenteil, sie übertreffen sie in mancher Hinsicht bisweilen sogar.

Der Siegeszug der Computerspiele hängt wesentlich damit zusammen, dass der Medien nutzende Mensch sich nicht mehr damit begnügt, sich der Handlung eines Buchs oder Films anzuvertrauen. Er will offensichtlich Teil des Geschehens sein und darin eingreifen können. Die hierfür entwickelte Software ist mittlerweile derart fortgeschritten, dass Lebensprozesse simuliert werden, die dann von Spielern individuell beeinflusst beziehungsweise manipuliert werden können. So gibt es mittlerweile Spiele, in denen der Spieler als kindlicher Avatar beginnt und sich aufgrund seines virtuellen Verhaltens entlang entwicklungsphysiologischer und -psychologischer Gesetzmäßigkeiten zu einem quasi individuellen erwachsenen Avatar mit bestimmten Fähigkeiten und Verhaltensmustern weiterentwickelt. Ähnliches gilt für Spiele, bei denen wir nicht nur Herr über eine einzelne oder zumindest eine umschriebene Zahl von Figuren werden, sondern über eine oder mehrere Kollektive oder Spezies, die sich entlang evolutionsbiologischer und sozialpsychologischer Prinzipien entwickeln. Auch hier können wir in mediale Schöpfungssimulationen eingreifen und sozusagen

Gott spielen. Den sich ergebenden Identifikationsmöglichkeiten in Computerspielen sind zwar innerhalb eines einzelnen Spiels Grenzen gesetzt, aber insgesamt gesehen sind sie unendlich groß, sei es, dass wir ein individuelles Wesen, das ja nicht notwendigerweise ein Mensch sein muss, sei es, dass wir ein Kollektiv oder gleich Gott *spielen.* Diese Identifikationsmomente mögen verführerisch sein, inwieweit sie in einem positiven Sinne auf inspirierende oder hilfreiche Weise persönlichkeitsbildend sind, darf bezweifelt werden.

Aus der Interaktivität der Computerspiele ergibt sich eine deutlich erhöhte interpersonale Ansprache ihrer Nutzer. Dies liegt vor allem daran, dass bald alle Computer und Konsolen ans Netz angeschlossen sind und prinzipiell alle Spiele auch über den Cyberspace auf die eine oder andere Art und Weise interaktiv gespielt werden können. Dies gilt insbesondere für die Online-Rollenspiele, in denen die eigentliche Spielwelt nicht mehr vom lokalen Computer zu Hause generiert wird, sondern dezentral im Internet und auf den riesigen Rechnern eines Computerspielherstellers stattfindet. Diese Art der Anwendung von Rollenspielen ist eines der frühesten und leicht verständlichsten Beispiele für das sogenannte *cloud computing,* dem Zusammenschluss von Rechnern für einen höheren oder besser gesagt komplexeren Zweck, der von einem einzelnen Rechner nicht geleistet werden könnte. In solchen Online-Rollenspielen interagieren zum Teil Millionen von Menschen in immer neuen Identifikationen miteinander, wobei gerade diejenigen Spiele besonders erfolgreich sind, in denen sie eben nicht als Menschen, sondern als Wesen aus einer wie auch immer gearteten *anderen Welt* auftreten. Wenn ich aber in einer oder mehreren von mir unterschiedlichen Identitäten auftrete und mit denjenigen anderer Nutzer nach den Regel eines industriell hergestellten Spiels im Cyberspace interagiere, dann stellt sich die Frage, wie personal und interpersonal sich die hier andeutende Identitäts- und Beziehungsformation tatsächlich gestaltet. – In jedem Fall aber werden sich die identifikatorischen und interpersonalen Momente der Computerspiele noch dramatisch steigern. Dies werden die Computerspielhersteller besonders dadurch erreichen, dass sie die Realitätsnähe und Komplexität ihrer Produkte weiter erhöhen.

Das heißt: Computerspiele werden, je ausgereifter die virtuellen Technologien voranschreiten, unabhängig davon, wie phantastisch die dargestellten Parallelwelten auch sein mögen, immer mehr Realitätsnähe suggerieren. Die Perfektionierung der virtuellen Realität wird so weit gehen, dass alles Dargestellte in seiner digitalen Visualisierung aussieht wie in einem Film mit realen Schauspielern und dies selbst dann, wenn darin überhaupt keine Darstellungen von Menschen vorkommen. Dies wird den Identifizierungsgrad mit den Darstellern beziehungsweise den Avataren noch erheblich erhöhen, was je nach Zusammenhang den einen faszinieren und den anderen abschrecken mag. Dies wird auch für andere Sinnesmodalitäten gelten. Beispielsweise ist es nur eine Frage der Zeit, bis Computer Sprache und Sprechen so realistisch und individuell generieren und simulieren können, dass es uns nicht mehr als unnatürlich erscheint. Spätestens dann werden wir im Cyberspace nicht mehr sicher unterscheiden können, ob wir es mit einem von einem Menschen gelenkten Avatar oder einem *Bot,* einem von einer Software gesteuerten Wesen, zu tun haben.

Das realitätsnahe Erleben von Computerspielern wird überdies dadurch erhöht, dass immer mehr Sinne angesprochen werden. Anfangs waren die Computerspiele fast ausschließlich audiovisuell. Die Bedienung der Spiele wird inzwischen jedoch immer komplexer, da weitere Sinnesmodalitäten mit einbezogen werden. Bei der Entwicklung von Sportspielen sind es momentan vor allem Bewegungs-, Tast- und Gleichgewichtssinn, die in die Steuerung der virtuellen Spielfiguren mit einfließen. Die Geräte sind bald in der Lage, jede Position des Spielers im Hinblick auf körperliche und räumliche Koordinaten zu erfassen und auf dem Bildschirm umzusetzen. Dies wird ganz besonders dann interessant, wenn uns die Bildschirme kraft der gerade wieder neu aufblühenden 3-D-Technik entgegenkommen und wir noch direkter in das Spielgeschehen eingreifen können. Sei es ein Wesen, das wir schlagen, ein Ball, den wir werfen, oder ein Instrument, das wir spielen. Hier wird deutlich, wie sich die fortwährend erhöhende Interaktivität, Komplexität und Realitätsnähe zu immer intensiveren Spielerlebnisweisen ergänzen.

Wie die digitale Entwicklung überhaupt vor allem eine Konvergenzbewegung beschreibt, so wird dies in zunehmendem Maße auch die Computerspiele ergreifen. Manch einer wird hoffen, dass das Computerspiel nicht zum Leitmedium der Zukunft wird, wie es leidenschaftliche Spieler und geschäftstüchtige Spielentwickler beschwören. Aber wenn es nur annähernd so erfolgreich und bedeutsam wird, wie es selbst skeptische Betrachter voraussagen, dann wird es die mediale Konvergenzbewegung in dem Sinne mitmachen, dass es nicht nur filmische, sondern zunehmend zum einen auch dramatische, literarische und musikalische, zum anderen wissenschaftliche und journalistische Inhalte und Formate ergreift und einbezieht. Dies wird auf eine Weise vonstatten gehen, die wir uns heute vermutlich noch gar nicht vorstellen können. Eine solche umfassende Konvergenz führt zu immer komplexer werdenden Simulationen und Spielen, die als solche schon gar nicht mehr nur als Spiel zu verstehen sein werden. Die Ansprüche des *homo ludens,* des spielenden Menschen, würden auf diese Weise zum Leitmotiv der jüngsten Menschheitsgeschichte.

Für die Spielformate im engeren Sinne – und offensichtlich auch für ihr Abhängigkeitspotenzial – ist es von entscheidender Bedeutung, ob es sich um abgeschlossene (Spiel-)Handlungen im Sinne klassischer Narrative handelt oder um offene Spielwelten, in denen sich die Spieler oder Nutzer prinzipiell unendlich lange aufhalten können, um mit anderen zu interagieren. Wenn man in der Einschätzung von künstlerischen Kategorien ausgehen wollte, dann entspricht die abgeschlossene dramatische Form eher einem klassischen künstlerischen Ideal und die offene Form eher einem postmodern amorpheren Kunstverständnis, im besten Fall dem der *sozialen Plastik* Beuys' (1978a und 1978b). Bislang können noch am ehesten einige Spiele mit variabler, aber abgeschlossener Handlung, einer Dramaturgie also, die einen Anfang und ein Ende hat, für sich einen Kunstanspruch geltend machen. Dieses Kriterium erfüllen in der Masse jedoch nur wenige Spiele, die in der Regel im Vergleich auch keinen großen kommerziellen Erfolg haben. Der Siegeszug der Computerspiele gründet sich bis auf Weiteres wohl auch in Zukunft eher auf die Online-Rollenspielwelten, die sich bislang hauptsächlich aus der Welt und den Figuren der Genre Fantasy und Science-Fiction speisen.

Ein weiterer wichtiger Aspekt der medialen Konvergenzbewegung darf in diesem Zusammenhang nicht übersehen werden. Computerspiele werden vermutlich bald in immer zunehmendem Maße auch aus dem Material unserer realen Lebenswelt generiert werden. Das heißt, dass wir immer mehr uns selbst und Menschen, die wir unmittelbar aus der uns verbliebenen Realität kennen, in unser virtuelles Spiel einbeziehen werden. Unter Verwendung von selbst aufgenommenen Bildern und Filmen werden wir mit Hilfe von spezieller Software in die Lage versetzt, in Simulationen uns selbst zu spielen, so absurd dies auch klingen mag. Die nach unserem Bilde erschaffenen Avatare können dann wiederum mit Avataren interagieren, die uns mehr oder weniger vertraute und vor allem mehr oder weniger sympathische Personen imitieren. Eine solche Entwicklung könnte einem Bedürfnis nach mehr Realität folgen. Es ist aber zu befürchten, dass es vor allem von dem Bedürfnis zeugt, die eigene Realität noch besser kontrollieren und manipulieren zu können. Richtig problematisch wird das, insbesondere im Hinblick auf Kinder und Jugendliche, wenn wir mit den virtuellen Stellvertretern real lebender Menschen ungefragt Dinge veranstalten, die beispielsweise auf Sexualität und Gewalt hinauslaufen. Wie werden wir damit umgehen, wenn im Internet virtuell erzeugte und lebensecht erscheinende Computerspiele und Videos kursieren, in denen beispielsweise Mitschüler gequält, Lehrerinnen vergewaltigt und Eltern getötet werden? Die immer realistischeren Darstellungen von abgründigen Varianten unserer Lebensrealität werden uns noch vor einige Fragen dieser Art stellen. Spätestens dann wird es jedem einleuchten, dass auch im Internet die eigene virtuelle Freiheit da aufhört, wo die virtuelle Freiheit des Anderen anfängt.

Die Zukunft im Internet und in seinen Derivaten

Auch das Internet wird immer interaktiver, komplexer und realitätsnäher. Und da Online-Spiele einen immer größeren Raum innerhalb des Cyberspace einnehmen werden und immer mehr in Verbindung mit anderen digitalen Formen und Inhalten stehen und angeboten werden, dürfte es zu einer immer größeren Hybridisierung und zu einer zunehmenden Ununterscheidbarkeit der Formate kommen. Das Internet scheint das implizite Versprechen zu bergen, das Leben sei einfach nur ein Spiel. Dies gilt bis zu einem gewissen Grade dann noch, wenn man sich die Global Player der Internetökonomie anschaut, die in ihren Aussagen und in ihrem Auftreten gerne einen verspielten Eindruck machen. Das trifft nicht nur für die Entwickler von Computerspielen, sozialen Netzwerken und Suchmaschinen zu, sondern ebenso für die beiden Gründer der größten Computerfirmen überhaupt, auch wenn sich die beiden gerne als Weltverbesserer *aufspielen*. Ihre Kritiker werden dementsprechend gern als Spielverderber wahrgenommen.

Die Übergänge von der Spielfigur zum virtuellen Stellvertreter sind mittlerweile fließend. Wenn man es sich recht überlegt, markiert bereits eine E-Mail-Adresse eine virtuelle Identität. Die meisten Menschen haben mindestens zwei davon, um einerseits in ihrer Identität als Privatmensch und andererseits in der Rolle des Professionellen aufzutreten. Nicht wenige haben noch mindestens eine weitere Adresse, mit der sie zum Beispiel vom aktuellen Arbeitgeber unbemerkt auf Jobsuche gehen können, oder eine, mit Hilfe derer sie ihre geheimen erotischen Phantasien ausleben können. Unsere virtuellen Identitäten erstrecken sich aber nicht nur auf E-Mail-Adressen, sondern immer mehr auf Profile, die wir in sozialen Netzwerken unterhalten. Auch hier gibt es Netzwerke, die eher in privaten oder eher in beruflichen Zusammenhängen operieren. In jedem Fall hat sich im Internet über ökonomische Zusammenhänge hinaus dasjenige realisiert, was Richard Sennett als den »flexiblen Menschen« (1998) beschrieben hat. Unabhängig davon, wo unsere virtuellen Identitäten zu finden sind, bilden sie in der Regel nicht nur die Realität oder einen Teil von ihr ab, sondern sind immer auch eine ausgewählte Repräsentation dessen, was wir in einem bestimmten Zusammenhang von uns zeigen mögen. Die virtuellen Partialidentitäten, mit denen wir im

Cyberspace agieren und interagieren, sind mehr oder weniger künstlich, eine mehr oder weniger künstliche Variante unserer selbst, aber – so sehr wir es uns vielleicht auch wünschen – niemals *wir selbst.* Ähnlich wie unser Selbst nicht gleichzusetzen ist mit unserer körperlichen Hülle, ist es nicht identisch mit unserer medialen Präsenz.

Wenn wir in unsere medialen Hüllen, in die Avatare, wie in einen Anzug und eine Rolle hineinschlüpfen, dann in aller Regel, um mit anderen Kontakt aufzunehmen. Wenn wir aber selbst unter dieser virtuellen Haut gar nicht mehr als Individuum mit Stärken und Schwächen erkennbar sind, vielleicht schon bis zur Unkenntlichkeit mit Prominenten, Fabelwesen oder Tieren Hybridformen gebildet haben, dann wird es fraglich, was die Interaktion mit einem Dritten noch ausmacht. Denn im Grunde ist es sogar die Interaktion mit einem Vierten, da ich – wenn ich nicht an einen *Bot* geraten bin, also an einen von einer Software gesteuerten Avatar – ja wiederum mit dem virtuellen Stellvertreter eines dahinter verborgenen, realen Menschen in Kontakt gerate. Wenn man sich die momentane Entwicklung der sozialen Netzwerke anschaut, dann besteht jedoch ein gewisser Grund zur Hoffnung. Viele ihrer Millionen von Teilnehmer scheinen nämlich durchaus daran interessiert zu sein, sich annähernd so darzustellen, wie sie *wirklich* sind. Dies gilt zumindest, wenn es ihnen darum geht, mit Menschen aus Fleisch und Blut in Kontakt zu treten, die sie bereits kennen oder die sie leibhaftig kennen lernen wollen.

Das Bild, das wir uns von uns selbst und von anderen im Internet machen können, wird aber in jedem Fall immer komplexer. Es liegt an uns, ob wir diesen Prozess für eine erhöhte Interpersonalität im Virtuellen oder eine erhöhte Bezogenheit im Realen nutzen wollen. Hieran mögen sich auch die Geister scheiden, wenn es um die Frage nach pathologischen Entwicklungen geht.

Das Internet verbindet also nicht nur mediale Inhalte miteinander, sondern vor allem Menschen und von Menschen gemachte Gegenstände. Im Internet konvergieren alle bisherigen analogen Medien. Bald findet sich dort jedes Bild und jedes Buch, jede

Musik und jeder Film wieder, und alles lässt sich untereinander in eine Beziehung bringen. Bald werden alle Trägermedien verschwunden sein, sodass sich die Medien als fließende Datenströme, die zwischen lokalen und zentralen Festplatten hin- und herkreisen, um nicht verloren zu gehen, quasi immaterialisieren. Denn es hat sich erstaunlicherweise herausgestellt, dass Daten im Sinne von Langlebigkeit sicherer sind, wenn sie nicht auf einer CD-ROM oder einer einzelnen Festplatte lagern, sondern quasi zwischen vielen Festplatten in Bewegung sind. Während also die physisch-materielle Grundlage des Medialen immer flexibler und abstrakter wird, werden seine Darstellungen und Kommunikationen immer realistischer, um nicht zu sagen mit der konkreten Wirklichkeit verwechselbarer.

Viel gewichtiger als die Tatsache, dass alle bisherigen Vorläufermedien zu einem Großmedium verschmelzen, wiegt die Fähigkeit des Internets, den Menschen samt all seiner ihm dienenden Maschinen zu vernetzen. Bald wird jedes seiner Geräte computerisiert und ans digitale Netz angeschlossen sein. Schon heute können Kühlschränke Lebensmittel bestellen und Mobiltelefone via Satellit und Internet unsere Kinder überwachen. Dass Kühlschränke und Mobiltelefone auch Fernsehfunktionen anbieten, erscheint angesichts der Überalterung des Fernsehens in seiner bisherigen Form und seiner Ablösung durch das Internet als ein geradezu amüsanter Anachronismus. Die einzelnen Medien werden in die Konvergenzbewegung des Cyberspace aufgenommen und darin transformiert, wenngleich aller Wahrscheinlichkeit und Hoffnung nach ihre analogen Vorläufer als mediale Originale weiter existieren werden.

Mit der entsprechenden Computersoftware wird es bald möglich sein, alle Schrift-, Ton-, Bild- und Filmdokumente eines Menschen in digitalisierter Form zusammenzuführen und damit einen Avatar zu kreieren, der dem Sprechen, Aussehen und Bewegen seines realen Vorbildes sehr nahe kommt. Euphorisierte Computerpioniere behaupten sogar, dass man dahin gelangen wird, diesen virtuellen Menschen auch denken und fühlen zu lassen wie seinen Vorgänger. Und manch einer würde die Hypothese vertreten, dass dieser Avatar in der Interaktion mit seinen realen Kommunikationspartnern ein Eigenleben entwickeln und diese in zunehmendem Maße mit autonomem Handeln überraschen würde, auch wenn dies stets nur eine Simulation sein würde. Wer aber würde mit solchen Wesen zu tun haben wollen?

Es erscheint nicht mehr als bloße Utopie, dass Menschen bald in jedem Raum, vielleicht sogar an jeder Wand Bildschirme anbringen, um mit ihren virtuellen Avataren und Partnern zu *leben.* Dies gilt für völlig fiktive Figuren, für Menschen, die wir kennen und lieben, die aber nicht leibhaftig bei uns sein können, aber auch für beliebte oder geliebte Menschen, die für uns nicht erreichbar sind, weil sie berühmt, tot oder auf andere Weise weit entfernt sind. Da jeder Mensch immer mehr biografisches Material hinterlässt, sollte es bald ein Leichtes sein, eine Person als komplexen Avatar wiederaufzuerstehen zu lassen. Ob das wirklich wünschenswert ist, steht auf einem anderen Blatt. Ökonomisch gesehen wird schon lange nicht mehr nur das gemacht, was gewünscht wird, sondern alles, was möglich ist, weil sich gezeigt hat, dass auch Wünsche hervorgerufen beziehungsweise produziert werden können.

Insofern macht es an dieser Stelle Sinn, sich an die Grenzen des Möglichen heranzuwagen, um die sich weiter fortsetzende digitale Revolution in ihren Ausmaßen besser abschätzen zu können. Wie nahe können sich konkrete und virtuelle Realität kommen? – Die Grenzen, an die diese Entwicklung stößt, ergeben sich insbesondere aus denen unserer Körper. Der konkret-reale Mensch stellt in seiner Leiblichkeit einen Störfaktor dar. Damit treibt er die Entwickler von Hardware geradezu in die Verzweiflung.

Das Interface, die Schnittstelle zwischen dem menschlichen Körper einerseits, speziell seinen Wahrnehmungs- und Ausdrucksorganen, und den Ein- und Ausgängen der elektronischen Medien andererseits, stellt das entscheidende Problemfeld dar. In Zukunft wird es darum gehen, den Austausch von Informationen im weitesten Sinne immer einfacher, fließender, um nicht zu sagen *unmittelbarer* zu gestalten. Dieses Ziel der Unmittelbarkeit meint im Grunde den Versuch, das Mediale als zwischengeschalteten

Vermittler zu überwinden und direkt mit Maschinen und über diese mit anderen Menschen zu kommunizieren. So erscheint das Verschwinden des Menschen im Medialen zumindest als denkbares, wenn auch ungeheuerliches Unterfangen.

Ganz konkret geht es insbesondere darum, bei der Interaktion mit der virtuellen Welt und ihren Vertretern Maus und Tastatur zu überwinden, sie geschmeidiger, organischer und damit vielleicht auf eine Weise auch menschlicher zu machen. Die Bildschirme werden zu diesem Zweck allesamt zu berührungsempfindlichen Benutzeroberflächen, die wir mit den Fingern intuitiv bedienen können. Auch werden die Techniken zunehmen, die alle unsere Bewegungen optisch empfangen, sodass wir Computer quasi mit unserem ganzen Körper bedienen können. Darüber hinaus wird die Spracherkennung und -steuerung eine immer größere Rolle spielen, sodass wir uns mit unseren Computern und Bildschirmen unterhalten können. – Wir werden also Computer, die bald in jedem Gerät und Vehikel die entscheidenden Steuerungsfunktionen übernehmen werden, immer intuitiver mit Bewegung und Sprache steuern können.

Die Grenzen unserer leiblichen Gebundenheit werden vor allem dadurch außer Kraft gesetzt, dass Computer in die Lage versetzt werden, unsere physisch-physiologischen und emotional-geistigen Ausdrucksmöglichkeiten genau wahrzunehmen, zu interpretieren und in Handlungen umzusetzen. Hier ist noch von einer expliziten Steuerung auszugehen, die der Mensch zumindest kontrollieren zu können meint, wobei es sehr interessant werden dürfte, zu sehen, *was* wir in der virtuellen Welt mit *welchen* realkörperlichen und -sprachlichen Manövern steuern werden. Auch hier liefert uns die Science-Fiction relativ sichere Prognosen.

Der nächste Schritt wird eine bislang noch als unüberwindbar geltende Grenze überschreiten. Es gibt mittlerweile erste erfolgreiche Versuche, das menschliche Gehirn mehr oder weniger direkt an den Computer anzuschließen. Das heißt, dass erste konkrete Verbindungen zwischen neuronalen Bahnen und Computerchips existieren, wenn man so will, neuronale Netzwerke im engeren Sinne. Darüber hinaus ermöglichen bereits Computerscanner über die Aufzeichnung von Hirnaktivitäten erste intentionale virtuelle Handlungen durch reine Denkkraft. So kann mittlerweile eine Computer-Maus beziehungsweise ein Cursor und sogar ein Auto mit Hilfe der Aufzeichnung durch Willenskraft gesteuerter Hirnströme gelenkt werden.

Was aber geschieht mit uns, wenn wir die virtuelle Welt direkt mit unseren Gedanken beeinflussen können, diese aber auch umgekehrt Bilder, Gedanken und anderes direkt in unser Gehirn einspeisen kann. Spätestens dann sind virtuelles und konkretreales Handeln gleichgesetzt. Aber handeln wir in dem Moment noch als Ich in einem Selbst und in einem Körper? Und was ist das für eine Art von Beziehung, wenn wir einem Anderen in völliger Körperlosigkeit oder in der Simulation von Körperlichkeit begegnen? Sind wir dann noch im engeren Sinne Handelnde oder *werden wir gehandelt,* und dies nicht zuletzt in einem ökonomischen und politischen Sinne?

Die Virtualisierung des Menschen, seine umfassende Medialisation wird auf diesem Wege möglicherweise zum Ausdruck eines vermeintlich ins Gegenteil verkehrten extremen Materialismus. Vielleicht kann die sogenannte *Antimaterie,* die energetisch hoch aufgeladen ist und in natürlichen Zusammenhängen gar nicht vorkommt, als eine ebenso wunderbare wie erschreckende physikalische Metapher dieser Art von extremer medialer Daseinsentfaltung angesehen werden.

Die zeitliche und räumliche Allgegenwart des Cyberspace

Spätestens mit der Ankunft des Cyberspace scheint die mediale die materielle Welt förmlich zu verschlingen, wie Hannah Arendt es bereits für die audiovisuellen Massenmedien in einem bei Flusser zitierten Ausspruch formulierte: »Der Apparat verschlingt gegenwärtig allen öffentlichen Raum, um ihn in den Privatraum des Konsumenten zu speien« (Flusser, 2005, S. 127). Was sich hier noch auf das Fernsehen bezieht, hat für den Raum des Internets unter Umständen noch eine größere Bedeutung.

Nun zeichnet sich dieser virtuelle Raum nicht nur dadurch aus, dass er die Gesetze der Zeit aushebelt, sondern auch die Grenzen des Ortes. Wir können quasi immer überall sein, beziehungsweise alles und jeder kann ständig bei uns sein. Paul Virilio beschreibt dies so: »Die Direktübertragung der Erscheinungen der Dinge wird in Zukunft die alte Transparenz des Realraums der Luft, des Wassers oder der Linsengläser ersetzen. [...] Als ›tele-präsentes‹ Wesen befindet sich der Bewohner der Orte telematischer Bequemlichkeit in der Position eines Wundertäters: der Allsichtbarkeit der plötzlichen Hindurch-Sichtbarkeit der Dinge fügt sich ein anderes göttliches Attribut hinzu, die Allgegenwart aus der Ferne, eine Art elektromagnetische Telekinese« (2002, S. 99/118). Neben der Synchronizität der Welt wie sie zu uns durch das Mediale hindurchscheint, leben wir nun zunehmend auch in einer Omnipräsenz von Welt.

Es ist überaus fraglich, ob wir uns in einer solchen Synchronizität und Omnipräsenz überhaupt noch gegenüber einer Geschichte und einer Geografie von Welt in der Verantwortung sehen und fühlen. Es spricht einiges dafür, dass die Wahrnehmung und Wahrung dieser Verantwortung von unserem Umgang mit Medialität abhängt, davon, wie wir die neuen digitalen Medien nutzen, insbesondere mit Blick darauf, ob sie am Ende noch einem im konkreten Sinne existenziellen Zweck dienen und inwiefern sie der Menschheit zum Nutzen oder zum Schaden gereichen. Dazu müssen wir unser mediales Klima laut Virilio überhaupt erst einmal besser verstehen: »Nunmehr setzt sich die elektro-optische Umwelt gegen die klassische ›ökologische‹ Umwelt durch; auf diese Weise wird eine ›elektronische Meteorologie‹ unbedingt notwendig, ohne die diejenige der Erdatmosphäre bald unverständlich werden würde« (2002, S. 17). Hier deutet sich bereits die wichtige Erkenntnis an, dass wir im Hinblick auf die Frage, wie wir überhaupt mit Technologie umgehen können, ohne der Natur und damit uns selbst zu schaden, einer Medienökologie oder Medienhygiene bedürfen.

Modell der Sinnesaufnahme ist heute weder,
wie in der griechischen Tradition, das Sehen;
noch, wie in der christlich-jüdischen Tradition, das Hören,
sondern das Essen.
Wir sind in eine industrielle Oralphase hineinlarviert worden,
in der der Kulturbrei glatt heruntergeht.
In dieser Phase soll das Gelieferte
gar nicht mehr wahrgenommen,
sondern eben nur noch aufgenommen werden.

Günther Anders, Die Antiquiertheit des Menschen,
Band 2, 1980, S. 254

Medialisation als Kehrseite des Materialismus

Medienökonomie kann den stetig wachsenden Anteil der Wirtschaft beschreiben, der sich allein mit der kommerziellen Herstellung und Verbreitung von Medienformaten und -inhalten beschäftigt. Geld kann auch als Medium verstanden werden. Das Geld und
die Zeit, die der Mensch heute für die Medien im engeren Sinne
aufwendet, sind immens hoch, und dies betrifft nicht allein die
Mediennutzer in den sogenannten zivilisierten Ländern. Einerseits
wird das Geld für Hardware wie zum Beispiel Computer, Flachbild-
schirme, DVD-Spieler, Kameras, Mobiltelefone, MP3-Player und
andererseits für *Software* in Form von Programmen und Computerspielen, CDs und DVDs, Musik- und Filmdateien ausgegeben.
Schaut man sich beispielsweise in den deutschsprachigen Ländern die Ausgaben für Medien und andere Mittel an, die ebenfalls
nicht im engeren Sinne lebensnotwendige *Lebensmittel* sind, so ist
der Anteil der Kosten für existenziell notwendige Bedürfnisse im
Durchschnitt sehr gering. Dies gilt selbst dann noch, wenn man die
stetig wachsende Kluft zwischen Arm und Reich berücksichtigt.

Oder muss man hier gar den Umkehrschluss in Erwägung ziehen, dass unsere Bedürfnisse nach Information und Unterhaltung quasi existenziell geworden sind? Zumindest fühlen wir uns in gewisser Weise abhängig von unseren Medien, und dies ebenso im individuellen wie im kollektiven Sinne. Was die professionellen Zusammenhänge angeht, die eine fortschrittliche oder zumindest fortschrittsgläubige Gesellschaft heute zusammenhalten, ist diese Abhängigkeit noch gut nachvollziehbar, insbesondere, wenn man die Kommunikationsfunktionen von Telefon und Internet in den Vordergrund rückt. Wie aber ist das Wachstum des jetzt schon immensen Ausgabenanteils für Unterhaltungsmedien am Bruttosozialprodukt zu bewerten? In einer letztlich satten Gesellschaft ist weit über das existenzielle Maß hinaus ein offensichtlicher Überschuss an Kapital zu verzeichnen, der zu einem Großteil in die Befriedigung medialer Bedürfnisse fließt.

Spiele, Brot und andere mehr oder weniger existenzielle Bedürfnisse

Nun könnte man meinen, dass die Grundlage unserer Gesellschaft ohnehin zuallererst eine ökonomische ist. Wenn über unser Gesellschaftssystem gesprochen wird, fällt den meisten Menschen als Erstes der Begriff *Kapitalismus* und als Zweites erst der der *Demokratie* ein. Mit der vermeintlichen Niederlage des Sozialismus, mit der sowohl ein als grundsätzlich wahrgenommener Sieg des Kapitalismus wie die maßgebliche Selbstverständlichkeit unserer Demokratie einhergegangen ist, ist zu befürchten, dass den Menschen nichts mehr auf die Frage nach dem Wertesystem ihrer Gesellschaft einfällt, solange ihre *unmittelbar* existenziellen und *mittelbar* medialen Bedürfnisse ausreichend gestillt sind. Verkürzt gesagt: Haben nur solche Dinge oder Dienste einen Wert und leisten etwas Wesentliches, die zu einer möglichst unmittelbaren Bedürfnisbefriedigung führen? Es gilt also immer noch (oder wieder?), was in längst untergegangenen Epochen Geltung hatte: Hauptsache, für *Brot und Spiele* ist gesorgt. Dass sich eine demokratische Gesellschaft durch ein solches Prinzip allein kaum langfristig zusammenhalten lässt, dürfte sich von selbst verstehen. Eine Demokratie braucht die Gaben und Eingaben erwachsener Menschen mit sublimeren Interessen. Der Kapitalismus erscheint hier nicht nur in seinen medialen Ausformungen und Auswüchsen als allzu kindlich. In seiner Kritik der neuen Medien kommentiert dies Uwe Jochum wie folgt: »Mag sein, dass es dann wirklich möglich sein wird, alles zu tun, was man will; aber es bliebe ein durch und durch narzisstisches Wollen, das, indem es den Widerstand der Welt und der anderen Menschen nicht mehr kennen würde, auch ohne Entwicklung bleiben müsste, so dass die Existenzform der postbiologischen Wesen wahrscheinlich als ein immerwährendes Kleinkindstadium zu beschreiben wäre, indem die geringste Regung eines Triebes sich unmittelbar technisch gestillt findet« (2003, S. 115).

Das Problem könnte sich dadurch verschärfen, dass die sich entwickelnde Medientechnologie zu immer kürzeren Wegen zwischen den Menschen und Medieninhalten führt. Das bedeutet nämlich, dass der Mensch seine medialen Bedürfnisse immer unmittelbarer virtuell ausleben und befriedigen kann, was vor allem im Hinblick auf Kinder und Jugendliche und im Zusammenhang mit expliziten Darstellungen von Gewalt und Sexualität bedenklich ist. Wenn die Folge dieser Entwicklung nun tatsächlich ein ungezügelter Kapitalismus ist, der sich aus möglichst direkter und hemmungsloser Bedürfnisbefriedigung speist und dies insbesondere, indem er *Sex and Crime* serviert, dann droht ein kultureller und zivilisatorischer Ernstfall. Dass Darstellungen von extremer Sexualität und Gewalt in Form von First-Person-Shootern und Hardcore-Pornografie nicht nur einen riesigen Markt mit hohen Gewinnen darstellen, sondern mittlerweile sogar in breiten Kreisen als alltagstauglich gelten und immer mehr Zimmer, Computer und Mobiltelefone auch von Kindern und Jugendlichen erreichen, spricht in diesem Zusammenhang Bände.

Der kritische Aspekt des überbordenden Medialen ist darin zu sehen, dass es im Begriff ist, sich auf die Befriedigung fast aller Bedürfnisse auszuweiten. Solange wir genügend zu essen haben und uns noch etwas bewegen, werden wir physisch überleben. Und die Zeugung, Geburt und Aufzucht von Menschen werden wir wohl ohnehin bald outsourcen. Alles andere können wir uns im Cyberspace holen, wenn auch bisweilen auf arg sublimierte beziehungsweise pervertierte Art und Weise. Abgesehen davon, dass es gar nicht funktionieren kann, dass wir auf diese Weise unsere Leiblichkeit völlig ausblenden, erscheint der Versuch im Hinblick auf die Abhängigkeit, die wir gegenüber dem Medialen entwickeln, als eine Gefahr. Das Leben ist kein Film und kein Spiel. Wenn wir das dennoch glauben wollen, dann machen wir uns von der Unterhaltungsindustrie und ihren inszenierten Skandalen und Spektakeln abhängig, und das ohne Not, aus Bequemlichkeit und in geistig-emotionaler Armut. Am Ende hat das Mediale die kleinen und großen Sensationen körperlicher Erfahrungswerte durch seine Simulationen ersetzt.

Kritische Medientheorie als Kapitalismuskritik

Bereits 1967 brachte Guy Debord die oben beschriebene Entwicklung auf den Punkt: »Das Spektakel ist die Ideologie schlechthin, weil es das Wesen jedes ideologischen Systems in seiner Fülle darstellt und zum Ausdruck bringt: die Verarmung, die Unterjochung und die Negation des wirklichen Lebens. Das Spektakel ist materiell der ›Ausdruck der Trennung und der Entfremdung zwischen Mensch und Mensch‹. Die ›neue *Potenz* des wechselseitigen Betrugs‹, die sich in ihm konzentriert hat, hat ihre Grundlage in dieser Produktion, durch die ›mit der Masse der Gegenstände das Reich der fremden Wesen wächst, denen der Mensch unterjocht ist‹. Es ist das höchste Stadium einer Expansion, die das Bedürfnis gegen das Leben gewendet hat« (1967, S. 182 f.). Auf diese Weise wird die unmittelbare Bedürfnisbefriedigung zu einer Gefahr für den Menschen, in Abhängigkeit zu geraten, einen Autonomieverlust zu erleiden und sich gegenüber seinem Mitmenschen zu entfremden. Die Entfremdung des Menschen von sich selbst und dem Anderen gilt ja als eines der Argumente der Kapitalismuskritik schlechthin.

Nach dem Wandel der Industriegesellschaften in Dienstleistungsgesellschaften, der ja einen Abstraktions- und Immaterialisationsprozess von Produkten markiert, spinnen nun die medien-ökonomischen Verhältnisse die Entfremdung fort, so sehr wir uns auch suggerieren mögen, dass wir im Medialen ganz besonders gut *wir selbst* sein können. »Denn aus der Unterstellung, wir, ausschließlich mit Ersatz, Schablonen und Phantomen genähr-ten Wesen wären noch Iche mit einem Selbst, könnten also noch davon abgehalten werden, ›wir selbst‹ zu sein oder zu ›uns selbst‹ zu kommen, spricht vielleicht ein heute nicht mehr gerechtfer-tigter Optimismus. Liegt nicht der Augenblick, in dem ›Entfrem-dung‹ als Aktion und Vorgang noch möglich ist, bereits hinter uns?« Mit diesen Worten wirft Günther Anders 1956 in seinem Werk »Die Antiquiertheit des Menschen« (1956/1994, S. 128) einen düsteren Blick auf die Lebensverhältnisse, der aktueller denn je erscheint. Die Abhängigkeit des Menschen von seinen Techno-logien, insbesondere von seinen Medientechnologien und deren wachsender wirtschaftlicher Macht, ist groß.

Virtuelle Daseinsformen als Indikator für ökonomische Armut

Wenn Huxleys Prognose zutrifft, dass der Mensch eines Tages in Abhängigkeit *gehalten* werde, indem er *unterhalten* werde, also eine Abhängigkeitsbeziehung zum Medialen und seinen Machern unterhalte, dann wird dies vermutlich eher Menschen betreffen, die in Bezug auf Wohlstand und Bildung benachteiligt sind. Das »Opium fürs Volk«, das ist – so könnte man sagen – heute die Macht der Medien.

Die Abhängigkeit vom Medialen wird also zunehmend in einem Zusammenhang mit Armut stehen. Medienabhängig-keit wird sich vermutlich sogar als ein Armutsrisiko darstellen. Interessanterweise kursierte zu Beginn der digitalen Revolution die Legende vom Auseinanderdividieren von Arm und Reich im Cyberspace mit umgekehrten Vorzeichen. Man dachte, dass gerade wohlhabende Bevölkerungsschichten für eine Medien-abhängigkeit anfällig wären, da sie es wären, die sich immer die neuesten Technologien leisten könnten, diese am schnellsten zu nutzen wüssten und ihnen damit eher verfallen würden. Nun aber wird deutlich, dass es sich genau umgekehrt verhält. Weil Computer und Internetzugänge immer kostengünstiger geworden sind, können sich zumindest in den deutschsprachigen Ländern in der Regel auch Menschen, die von Sozialhilfe leben, einen Computer und einen Internetzugang leisten, ganz davon abgesehen, dass eine solche Ausstattung mittlerweile zu einem Existenzminimum zugerechnet werden dürfte.

Man geht heute im Grunde davon aus, dass das Internet vor allem ein Ort der Teilhabe ist, der interaktiven Partizipation, um nicht zu sagen, der Verortung demokratischer Prozesse. Die Überbewertung des Partizipationsbegriffs darf mit Robert Pfallers kritischen »Ästhetik der Interpassivität« wenn nicht bestritten, so doch angezweifelt werden: »Es könnte auch sein, dass dieser Begriff […] auf praktischer Ebene eine Falle ist, insofern er genau das als Lösung und Befreiung ausgibt, was in Wahrheit das Problem selbst ist – nämlich eine Form der perfiden Indienstnahme von Individuen unter spätkapitalistischen Bedingungen« (2002, S. 308).

Die Krux liegt allerdings tatsächlich darin, dass für immer mehr Menschen, die als arm zu bezeichnen sind, das Internet der entscheidende Zugang zur Welt wird. Die materielle Grundlage lässt sich reduzieren auf einen Stuhl, einen Computer, einen Bildschirm, eine Maus, eine Tastatur und einen Internetzugang. Es gibt mittlerweile viele Beispiele von Menschen, gerade auch in der sogenannten zweiten Welt, die auf so kleinem Raum nicht nur arbeiten, sondern auch leben müssen. Man stelle sich anstatt eines Stuhls noch einen Sessel vor, in dem man auch schlafen kann. In China gibt es beispielsweise Menschen, die auf diese Weise arbeiten und leben müssen, quasi wie Sklaven gehalten werden. Die sogenannten Chinafarmer beispielsweise arbeiten in einem Online-Rollenspiel, an dem über zwölf Millionen Menschen weltweit teilnehmen. In unmenschlich langen Arbeitszeiten und für einen Hungerlohn erspielen sie mit ihren Avataren virtuelle Belohnungen und spielen diese auf ein möglichst hohes Spiellevel hoch, damit ihre Arbeitgeber dann beide in virtuellen Online-Börsen gewinnbringend verkaufen können. Für den

Zugangscode einer solchen virtuellen Spielfigur werden nicht selten mehrere hundert Euro bezahlt. So befremdlich dies noch für viele Menschen wirken mag, virtuelle Identitäten können eine teure und ernsthafte Angelegenheit sein. Festzuhalten ist hier, dass sich, ähnlich wie bei konkret-realen Waren, wohlhabende Menschen ein komplexes Freizeitprodukt ohne existenziellen Gegenwert kaufen, das ärmere Menschen mühsam erarbeiten müssen, um überhaupt existieren zu können.

Beispiele für solche schrecklich entfremdeten Wohn- und Lebensverhältnisse finden sich aber auch in demokratischen Ländern, wo diese aus unterschiedlichen Gründen mehr oder weniger frei gewählt werden. Die sogenannten Kapselhotels in Tokio sind so ein Beispiel. In Zeiten globaler Wirtschaftskrisen sind sie zum Zufluchtsort von Arbeitslosen geworden, die sich keine Wohnung mehr leisten können und ständig auf der Suche nach Arbeit sind. Ansonsten beschränkt sich ihr physisches Dasein auf eine Kapsel, eine Art Kokon, der vor allem aus einer Liege besteht, auf der man nicht stehen kann, sondern lediglich lesen, Radio hören oder auf dem in der Decke eingelassenen Bildschirm Fernsehen schauen. Virilios Prognose von der »liegende[n] Stellung« des Menschen, seiner »Nullstellung« (2002, S. 126) scheint sich hier bereits zu bewahrheiten. Wenn nun in die übereinander gestapelten Waben der Kapselhotels die Computer einziehen, dann wird sich ihr Erfolg in völlig überbevölkerten Regionen vermutlich noch vergrößern. Eine Vorstellung, die an die Kapseln erinnert, in denen die Menschen von der *Matrix* gehalten und unterhalten werden.

Das mehr oder weniger ununterbrochene Arbeiten und Leben in virtuellen Parallelwelten wird vielleicht nicht notwendigerweise in einer neuen Form globalen Sklaventums enden. Es steht aber zu befürchten, dass es im Zuge der Medialisation zu einer neuen Form von medial kultivierter Armut kommt, dies eben in Abhängigkeit von dem einen Großmedium, das uns über seine apparativen Ausgänge versorgt. Der auf diese Weise nicht nur körperlich, sondern auch physisch satte Mensch steht in krassem Gegensatz zum hungernden Menschen der dritten Welt. Arm ist er auf andere Weise.

Konkrete Realität als Luxusgut

Die verbleibende Welt aber in ihrer konkreten Realität – wenn es nicht die für uns so unfassbare Realität der Armen der dritten Welt ist, die hungern und kaum Medien kennen – wird gleichzeitig immer mehr zum Luxusgut. Dies gilt ebenso für die unmittelbare Erfahrung von Natur wie von Kultur. Angesichts der Überbevölkerung unseres Planeten und der zunehmenden Begrenztheit unserer Räume und Ressourcen ist es längst zum Distinktionsmerkmal des Wohlhabenden geworden, sich räumlich auszubreiten und zumindest privat in der konkret-realen Welt zu agieren, sei es beim Sport, im Urlaub oder bei anderen Freizeitaktivitäten. Alle anderen, die sich das nicht mehr leisten können, mögen doch bitte Konsolen-Tennis spielen, vor den Bildschirmen tanzen und auf virtuelle Reisen gehen.

Aber was seine ökonomische Existenzgrundlage betrifft, wird auch der Reichtum abhängig von der Medialisation sein. Professionell muss es dem Reichen darum gehen, die digitalen Welten möglichst gewinnbringend zu nutzen, um nicht zu sagen, sie zu beherrschen. Wer bis jetzt noch nicht wahrhaben wollte, dass auch Geld ein Medium ist und das Geldgeschäft eine rein virtuelle Arbeit mit echten Gewinnern und Verlieren, der wird es spätestens dann glauben, wenn es länder- und spielübergreifende virtuelle Währungen sowie die dazugehörigen virtuellen Banken geben wird. Der Wohlhabende wird sich den Spagat zwischen virtueller und realer Welt leisten können. Sein Materialismus in der konkret-realen Zivilisation bildet die Kehrseite des Virtualismus der Medialisation. Sie sind letztendlich nur zwei Kehrseiten einer Medaille, sie zeugen nämlich beide von der Losgelöstheit von den existenziellen Bedingungen des Irdischen.

Enhanced Reality als Übergangsraum zwischen konkreter und virtueller Realität

Zwischen konkreter Realität und virtueller Realität im engeren Sinne bildet sich so etwas wie eine Zwischenschicht aus, die auch als *Enhanced Reality* bezeichnet wird. Auch darin zeigt sich eindrücklich, dass uns diejenige Realität, in die wir hineingeboren sind und aus der wir stammen, im wahrsten Sinne des Wortes *beileibe* nicht ausreicht.

Hier geht es darum, dass unsere Wahrnehmung von Welt permanent elektronisch unterstützt wird. Ganz konkret heißt das, dass unsere auditorischen und visuellen Wahrnehmungen ständig nach bestimmten, von uns festgelegten Regeln mit Informationen angereichert werden. Über die Mini-Computer unserer sogenannten Smartphones werden wir beispielsweise über Kleinstkopfhörer oder Spezialbrillen darüber informiert, ob das Restaurant, an dem wir gerade vorbeigehen, von Menschen, die ein ähnliches Profil haben wie wir, für empfehlenswert gehalten wird oder ob einer unserer Freunde gerade in der Nähe in einem Cafe sitzt oder ob das Kleidungsstück, das wir in unserem Lieblingsgeschäft bestellt haben, eingetroffen ist. Diese Entwicklung, die unsere alltägliche Umwelt mit Informationen ergänzt und damit quasi hyperreal macht, betrifft innerhalb der ständigen Vernetzung gerade auch lokale ökonomische Zusammenhänge, die bei den ersten Entwicklungen des Internets kaum von Bedeutung waren und erst mit den neuen Satellitenortungssystemen möglich geworden sind.

Ginge es nach der Medienindustrie, würden wir bald alle permanent von Satelliten erfasst, geortet und für andere zu wandelnden Informationsträgern, während uns gleichzeitig stets alle Informationen aus dem Internet zur Verfügung ständen. Dass wir dabei ständig werberelevante Informationen an Konzerne weitergeben würden, die – sollten sie in die falschen Hände fallen – auch politisch missbraucht werden könnten, wird uns allmählich bewusst. Bemerkenswert ist zudem, dass auch die konkrete Realität, indem wir durch die Lokalisationssysteme fortwährend private und öffentliche Nachrichten vor Ort hinterlassen, mit einem medialen Film überzogen wird. Oder vielmehr: Wir machen uns selbst zu diesem Film, werden eins mit dieser dritten menschlichen Haut, die sich über unseren Alltag gelegt hat. »Ein Film zu werden«, so Paul Virilio, »das scheint also unser gemeinsames Schicksal zu sein« (2002, S. 46).

Ursprünglich handelte es sich bei den inneren Bildern
um nicht mehr als in Form innerer Muster entstandene
und verankerte Hypothesen bestimmter Lebensformen
über die Beschaffenheit der Welt und über die sich in dieser Welt
bietenden Möglichkeiten zur Lebensbewältigung.
Jetzt sind die von der höchsten entwickelten Lebensform
generierten Bilder zu deterministischen Instrumenten
der Welt- und Selbstgestaltung geworden.
Die Folgen dieser Entwicklung sind noch nicht absehbar.

Gerald Hüther, Die Macht der inneren Bilder, 2006, S. 47

Das menschliche Gehirn und der Cyberspace als soziale Organe und Netzwerke

Mediensoziologie befasst sich mit den Wechselwirkungen zwischen Medium und Gesellschaft. Eine nicht unerhebliche Rolle spielen für die Mediensoziologie – neben den bereits angeführten medienwissenschaftlichen Disziplinen – auch medienpsychologische Erkenntnisse, die Rückschlüsse vom Individuellen auf das Kollektive zulassen.

Nun neigt gerade die Soziologie dazu, besonders kritische Fragen aufzuwerfen. Und die Domäne desjenigen, was als Medientheorie bezeichnet wird und in der zweiten Hälfte des 20. Jahrhunderts in Nordamerika und Europa seine Hochblüte hatte, ist vor allem von Sozialwissenschaftlern geprägt worden. Vieles von dem, was wir heute in der rasanten digitalen Revolution zu bezeugen haben, wurde von diesen Medientheoretikern vorweggenommen, unabhängig davon, ob die Prognosen in ihrer Wertung gut oder schlecht ausfielen. Allen gemein allerdings war die zutreffende Einschätzung, dass die sich beschleunigende mediale Entwicklung der Weltgeschichte, insbesondere die sogenannten zivilisierten Gesellschaften bahnbrechend, paradigmatisch und fundamental verändern würde.

Als umstritten darf in der Zusammenschau dieser soziologischen Medientheorien gelten, ob der Mensch in seiner Gesellschaft im Zuge der Medialisierung von sich und dem Anderen entfremdet wird oder ob er eher näher an seine Bestimmung und den Anderen heranrückt. Wenn man davon ausginge, dass sich der Mensch als Gattungswesen im Zuge dieser Entwicklung entscheidend verändern würde, müssten diese beiden Interpretationen einander nicht notwendigerweise völlig ausschließen. Denn dann wäre zu konstatieren, dass der Mensch sich multimedial vielleicht wirklich psychisch besser entfalten könnte, dies aber auf Kosten seiner körperlichen Existenz, von der er sich immer weiter abwenden würde. Dieser Spagat erscheint allerdings als schmerzlicher Irrweg, und das nicht nur für den individuellen Menschen, der sich seiner Leibgebundenheit eben nicht entledigen kann.

Global gesehen wirkt der krampfhafte Versuch, seine psychische Existenz von realweltlichen Zusammenhängen loszulösen und in virtuellen Parallelwelten zu entfalten, als ebenso irrwitzig wie zynisch, weil dem Großteil der Weltbevölkerung nicht nur kaum eine Teilhabe an dieser Entwicklung eingeräumt wird, sondern eine Leibgebundenheit in Armut und Hunger auf viel existenziellere Weise als bisher zugemutet wird. Man darf nicht vergessen, dass es nicht die Not an unserer physischen Existenz ist, die uns in die virtuelle Parallelwelt namens Cyberspace treibt. Diejenigen, die diese Bewegung betreiben, leiden keinen Hunger.

Wir fliehen weder vor Naturkatastrophen noch antizipieren wir die versprochenen ökologischen Katastrophen, die wir uns selbst eingehandelt haben. Nein, wir würden wohl kaum auf die Idee kommen, uns selbst unserer weltlichen beziehungsweise irdischen Lebensgrundlage zu berauben oder zu entledigen, wenn wir ein existenzielles Problem mit ihr hätten. Es ist genau umgekehrt: Weil wir aufgrund der Zivilisation keine existenziellen Probleme mehr kennen, wagen wir es, uns an den vermeintlich nächstliegenden Schritt zu machen, die Medialisation: Warum stellt sich uns aber gerade diese als nächstliegender Schritt dar? Was bewegt eine

Gesellschaft dazu, sich auf diese Weise so dramatisch zu verändern? Wir müssen zugeben, dass wir keine wirklich gute Antwort auf diese Fragen haben. Am ehesten und positivsten erscheint uns noch die Erklärung, dass die Menschheit hofft, über die Einführung der Beziehungsdimension ins Mediale, der Interaktivität, näher zusammenzurücken, verständnisvoll und empathisch zusammenzuwachsen als ein Menschenvolk. Dass dem einen oder anderen bei diesem Gedanken fröstelt, dürfte nachvollziehbar und notwendig sein. Die Utopie, dass im Cyberspace alle Menschen zu einer einzigen digitalen Nation zusammenfinden, ist allerdings wenig wahrscheinlich, da es auch dort Tendenzen gibt, sich in Peergroups zu differenzieren und in virtuelle Reservate zurückzuziehen. Bei diesen Zusammenschlüssen spielen in der Regel persönliche Interessen eine größere Rolle als nationale oder ethnische Herkunft. Auf diesem Wege könnten sich also tatsächlich einige Barrieren zwischen Völkern überwinden lassen, die bisher als unüberbrückbar galten.

Babylonisches Leben zwischen den Zeilen

Bevor die offensichtliche Ausuferung des interaktiven Medialen zu einem Mehr an Gemeinschaftlichkeit führen kann, scheint sie erst einmal zu einer lähmenden Verwirrung und Betäubung zu führen. Vor einer Neuordnung herrscht eine Art intermediales Chaos. Die sogenannten Intermedialitätsdebatten beziehen sich auf etwas, das mit Schanze im Allgemeinen unter Interdisziplinarität und im Besonderen unter Interpersonalität verstanden wird: »Intermedialität wird dabei als ein Gegenstandsbereich konstituiert, der zu umfassend ist, als dass er innerhalb der Einzelmedientheorien erfasst werden könnte, und der gleichzeitig zu handgreiflich ist, als dass er von den generellen Medienontologien aufgrund ihrer mangelnden Konkretisierungsleistung begriffen werden könnte. […] Es handelt sich also um einen Zentrierungs- oder Vermittlungsversuch gemäß einem Modell, demzufolge in der Mitte auch das Wesen zu finden sei« (2001, S. 37). Dieses Wesen ist am Ende der Mensch selbst, der das Mediale zu seinem neuen Lebensraum gemacht hat, zu seiner Mitte. Intermedialität manifestiert sich also im Zwischenzeiligen und im Zwischenbild. Noch etwas kryptischer formuliert dies Paech: »Das Bild zwischen den Bildern ist im elektronischen Zeitalter der Mensch selber« (1994, S. 176). Hiermit deutet sich an, dass der Mensch inmitten der sich weiter medialisierenden und damit transformierenden Welt selbst eine Art medialen Charakter annehmen wird.

An dieser Stelle mag das Internet vielleicht wirklich auch einen transformativen Fortschritt im Sozialen darstellen: Während nämlich der Materialismus zu einer Atomisierung und Vereinzelung führt, geht es im Cyberspace um ein Höchstmaß an Verbundenheit untereinander, allerdings mit dem Preis der Loslösung von der Welt und der eigenen Körperlichkeit. Es lässt vielleicht den Menschen der Wunscherfüllung ein Stück weit näherkommen, die viele Religionen versprechen, nämlich dem Wunsch, miteinander zu verschmelzen und über Zeit und Raum hinweg eins zu werden. Solange wir aber immer wieder auf unsere physische Existenz zurückgeworfen werden, kann der Cyberspace nur ein metaphorischer Versuch dieser Utopie sein, sei sie auf das Einswerden der Menschheit, sei sie auf das Einswerden der Menschen in Gott gerichtet. Erfüllen muss sich der Menschheitstraum der Immaterialisierung auf andere Weise.

Vielleicht sollte man in dem sich im Cyberspace manifestierenden Zwischenraum zunächst gar nicht nach dem Transzendentalen suchen, sondern nach dem einfach Bezogenen, dem Sozialen. Das Internet stellt weniger einzelne Produkte, sondern vielmehr Beziehungsfunktionen her. McLuhan hat das Mediale einmal als Zentrum historischer Entwicklung und sozialer Existenz beschrieben. Im Internet scheint sich diese seine Vorhersage nicht nur im konkreten Sinne sozial zu verdichten. Sein Diktum »Das Medium ist die Botschaft« kann auch auf einer Metaebene verstanden werden: Das verbindende Element, die Bezogenheit, letztlich sogar die Liebe unter den Menschen beinhalten die eigentliche Botschaft des Mediums. In dieser Lesart stellt das Internet eine Art mediale Metaebene dar, da es als Konvergenzmedium aller Medien *mit Medien* handelt. Bald werden wir alle reproduzierbaren Medien über das Internet beziehen. Damit ist das Internet sozusagen eine abstrakte Erscheinungsform des Medialen selbst geworden.

Der Cyberspace lässt sich also auch als Manifestationsort alles Zwischenzeiligen verstehen, als Zwischenraum, in dem Wissen und Kultur, Erkenntnisse und Ideen, Individuen und Kollektive einander begegnen und Verbindungen miteinander eingehen können. Das Phänomen, dass die Einzelerscheinungen gegenüber den sie verbindenden Beziehungen in den Hintergrund rücken, lässt sich auch bei den neuesten neurowissenschaftlichen Erkenntnissen über das menschliche Gehirn beobachten.

Das Internet als globales neuronales Netzwerk

Die Neurowissenschaften wissen bereits viel über die Makro- und über die Mikroebene des menschlichen Gehirns, kaum jedoch etwas über die spezifische Art der Vernetzung seiner Millionen und Milliarden Hirnzellen. Was fehlt, ist das Wissen um die Vermittlung, die Mitte zwischen Makro- und Mikroneuroanatomie. Man weiß nicht, wie es aus der Orchestrierung dieser Hirnzellen untereinander zu dem kommt, was den Geist des Menschen ausmacht. Allerdings wird davon ausgegangen, dass auch hier das Phänomen der Kommunikation die entscheidende Grundlage für das Bewusstsein bildet. In einem Manifest führender deutscher Neurowissenschaftler (Elger et al., 2004) ist von einem »Gespräch« der Nervenzellen untereinander die Rede, das gerade das Besondere des menschlichen Gehirns beziehungsweise des menschlichen Geistes ausmache. Das Gehirn fungiert in dieser Sichtweise als ein Modell für die Kommunikation innerhalb großer Kollektive, nicht aber für einen einzelnen Computer. In seinem Buch »Identität als Prozeß« erläutert Hinderk Emrich, warum sich das Gehirn des Menschen noch aus anderen Gründen nicht wirklich mit einem Computer vergleichen lasse: »Heute halten wir die Geistesfunktion im Gehirn für einen ›Computer‹, weil wir im derzeitigen Durchgangsstadium unserer Kultur dies für die angemessenste Metapher für Geistigkeit halten. Die Metapher des ›Computer[s]‹, einer Rechenmaschine, für Geistigkeit ist aber deswegen ganz ungeeignet, weil im Computer Information lediglich prozessiert wird ohne Rücksicht auf ›Bedeutung‹. Das Charakteristische an Gehirnen ist dagegen gerade die Ausbildung einer subjektiven Sphäre, innerhalb derer und für die alles Informationshaltige bedeutungshaft wird, d. h. in seiner Kontextualität einen besonderen Status von ›Ereignishaftigkeit‹ hat, die im Informationsbegriff nicht aufgeht« (2007, S. 208). In diesem Sinne könnte man sagen, dass das eigentliche Ereignis die Begegnung ist und diese wiederum der Ausgangspunkt für die Ausbildung von Bewusstsein, das eben wesentlich mehr ist als die Summe von Informationen.

Anders formuliert, legen die Soziätet des Nervenzellverbandes und ihre mannigfaltigen Beziehungen untereinander, die immer wieder neu unterbrochen, geknüpft und gestaltet werden können, den Schluss nahe, dass das dem Menschen ureigene Bewusstsein etwas mit Beziehung zu tun hat, also immer etwas mit einer dritten Dimension, die mehr ist als bloß die Addition zweier Variablen wie dem Ich und dem Du. Mit Martin Buber (1878–1965) kann das Ich von einem Ich nur im Zusammenhang mit einem Du reden, so wie die Identitätsbildung im psychologischen Sinne nur im intersubjektiven Miteinander vonstatten gehen kann. Hierbei geht es – wenn man genau hinhört – immer auch um Sprache, also um das erste sich auch extrapsychisch manifestierende menschliche Medium als *dem* Bewusstseinsträger überhaupt.

Die für den Menschen paradigmatische Beziehungsdimension manifestiert sich auf zwei Ebenen: Neurobiologisch hat sich gezeigt, dass das den Menschen auszeichnende Bewusstsein im Wesentlichen das Phänomen einer Beziehungsfunktion ist, nämlich der funktionellen Kopplung von innerer und äußerer Wahrnehmung. Medienphänomenologisch lässt sich erkennen, dass die Konvergenz und Verbindung aller Medien, sowohl der Distributions- als auch der Kommunikationsmedien, über das Internet zu einer globalen Beziehungsstiftung im digitalen Raum führt, analog zur Neurobiologie vermutlich auch zu einer Art globalem Bewusstsein. Der Begriff der neuronalen Netzwerke verbindet diese beiden Phänomene, das menschliche Gehirn und den

Cyberspace, die beide nicht nur als Metapher von Verbundenheit und Sozietät erscheinen, sondern ihren Manifestationsort oder zumindest ihren stofflichen Ausgangspunkt bilden. Auf der physischen Ebene treten bei beiden die zu verbindenden Elemente zugunsten der Verbindungsstrukturen zurück, ähnlich wie in René Girards Mimesistheorie die vermittelten Personen gegenüber dem Vermittler zurücktreten. Dies gilt für den Computerchip ebenso wie für das Gehirn, in dem wesentlich mehr Raum von den Nervenfasern als von den Nervenzellen in Anspruch genommen wird. Die Beziehungsdimension tritt also beim Menschen in den Vordergrund, sowohl in seinem intrapsychischen Medium, dem Gehirn, als auch in seinem extrapsychischen Medium, der digitalisierten virtuellen Welt. Der Cyberspace, der ja permanent von lebendigen Wesen mit Informationen gefüttert wird, bekommt dadurch quasi einen organischen Charakter. Er existiert nicht nur, sondern scheint geradezu ein Eigenleben zu führen, dies aber eher im sozialen Sinne und nicht im Sinne eines individuell Wesenhaften.

Dieser Eindruck verstärkt sich, wenn man sich klar macht, dass mittlerweile Computerprogramme derart groß und selbstständig geworden sind, dass sie nicht mehr richtig zu durchdringen sind. Solche Computerprogramme werden in aller Regel nicht mehr selbst von Grund auf neu geschrieben, sondern sind immer Zusammenstellungen und Fortentwicklungen bestehender Software. Sie haben quasi ihre eigene Evolution, als würden sie organisch wachsen und sich die DNA von anderen Wesen auf ihrem Weg in den eigenen Code einverleiben und einarbeiten. Es gibt auch längst Softwareprogramme, die selbst Software programmieren, so wie es Roboter gibt, die Roboter produzieren. Es ist uns mittlerweile auch völlig vertraut, dass Musik, Bilder und Filme an Computern in Büros produziert werden. Dies empfinden die meisten von uns nicht mehr notwendigerweise als seelenloses Geschäft. Spätestens mit dem Internet, in dem ja auch auf interaktive Weise Bücher, Theaterstücke, Musik, Filme und andere Kunstwerke entstehen, haben wir den Eindruck, dass dieses scheinbar ultimative Großmedium und damit das Mediale an sich einen organischen Charakter hat. Ihm wird ein Eigenleben zugeschrieben, das uns völlig fasziniert. Im besten Fall ist es ein sozialer Organismus. Das Mediale hat sich also vom Individuellen zum Kollektiven hin entwickelt, was aber eben auch bedeutet, dass es sich vom Biologischen fort und zum Technologischen hin gewandelt hat. War früher noch der Körper der Träger des Geistes, so scheint dieser nun auf Festplatten umzuziehen.

Zu dieser Verselbstständigung unserer virtuellen Stellvertreter passt auch die Beobachtung von Softwareentwicklern, dass sich Programme aufgrund von sogenannten digitalen Mutationen überraschend verändern und verhalten können, sodass sie selbst so etwas wie eine Evolution durchlaufen. Man muss sich die Programmierung von Software heute so vorstellen, dass sie sich nicht mehr *de novo* vollzieht. Stets wird auf vorhandene Programme zurückgegriffen, die wiederum andere Programme zum Ursprung haben oder selbst in der Lage sind, Unterprogramme zu programmieren. Dies erklärt, warum sich zwischen den für die Funktion der Programme notwendigen Teilen immer auch Material findet, das längst seine Funktion verloren oder verändert hat. Die Parallele zur Genetik als Ausgangspunkt der Evolution ist an dieser Stelle unübersehbar. Auch das menschliche Genom beinhaltet in großen Teilen genetisches Material, das keine Funktion mehr hat, aber ein Zeugnis seiner evolutionären Entstehung abgibt. – So gesehen erfüllen Computerprogramme längst die von den sogenannten *Artificial Life Sciences* aufgestellten vier Kriterien, die künstliche Organismen aufweisen müssen, um als *lebendig* klassifiziert zu werden: Evolutionsentwicklung, genetisches Programm, hohe Komplexität und Selbstorganisation.

Die Analogie zwischen der Evolution irdischer und virtueller Lebensformen bekommt eine besondere Relevanz, wenn man sich die Frage nach ihrer jeweiligen Zielrichtung stellt. Hier wird die Meinung vertreten, dass sie letztendlich ein und demselben Impuls folgen. Worauf nämlich läuft die Entwicklung der Erscheinungen in Mineralien-, Pflanzen-, Tier- und Menschenreich hinaus? Antwortet man auf diese Frage im Sinne von Rudolf Steiner (1861–1925), erfährt man, dass dieser die zukünftige Existenzformen dessen, was heute der Mensch ist, in einer Lebensform sah, die losgelöst ist von der Materie und in kontinuierlichem Bezug und Austausch zu anderen Wesen steht, eine so weit wie möglich vorstellbare geistige Existenz also (Steiner, 1911). Genau diese scheinen die digitalen Avatare prototypenhaft zu *verkörpern*. Sie sind aus der Kommunikation heraus *geboren* und *leben* losgelöst von irdischen Bedingtheiten. Die Frage ist nur, ob diese Avatare schon diese Wesen selbst sind oder lediglich vorbereitende metaphorische Gestalten, Vorboten der Zukunft, Medien im engeren Sinne, die uns die zukünftige Existenzform dessen, was heute der Mensch ist, ahnen lassen.

Das individuelle Gehirn als soziales Netzwerk

Eine Art der Annäherung an die Fragen, die sich mediensoziologisch stellen, ist über den Weg der Neurobiologie möglich. Freud, der Urvater der Psychoanalyse, welche für die Entdeckung narzisstischer und hysterischer Phänomene maßgeblich ist, war ursprünglich ein Neurowissenschaftler. Er verließ die neurobiologische Erforschung der menschlichen Psyche schließlich, weil er aufgrund fehlender technischer Mittel nicht weiterkam. Stattdessen verlegte er sich auf einen erfahrungswissenschaftlichen und geisteswissenschaftlichen Zugang zum Psychischen, den er unter anderem auch auf anthropologische und soziologische Fragestellungen ausdehnte. Mittlerweile – und darauf hatte Freud zu Lebzeiten ausdrücklich gehofft – ist die neurobiologische Wissenschaft ansatzweise in der Lage, viele geisteswissenschaftliche Erkenntnisse im Rahmen der Hirnforschung in Einklang mit ihren Erkenntnissen zu bringen beziehungsweise sie neurobiologisch zu begründen oder gar nachzuweisen.

In diesem Zusammenhang spielt vor allem die Erkenntnis eine Rolle, dass das Gehirn ein sehr wandelbares, soziales Organ ist. Rein anatomisch gesehen, sind die Verbindungen zwischen den kleinsten Funktionseinheiten des Gehirns zahlenmäßig und volumenmäßig bedeutsamer als seine Zellen. Die typisch menschlichen Funktionen lassen sich im Hirn kaum anatomisch lokalisieren, sondern vielmehr als organisch-physiologische Erregungskreise beschreiben, die zum Teil auch von anderen Hirnregionen übernommen werden können. Das menschliche Gehirn gleicht also einer Sozietät. Nur in sozialen Zusammenhängen kann es als solche heranreifen, woran sich zeigt, dass der Mensch sich in erster Linie im Rahmen von Beziehungserfahrungen entwickelt. Die gesamte Entwicklungspsychologie lässt sich als interpersonale Funktion beschreiben. Auf diese Weise wird das Gehirn im doppelten Sinne zum Beziehungsorgan.

Nun glauben Neurowissenschaftler vor allem diese mittlere, die *mediale* Ebene des menschlichen Gehirns ins Visier nehmen zu müssen, um besser zu verstehen, wie der menschliche Geist und sein physisches Korrelat miteinander zusammenhängen. Hierzu bedienen sie sich sinnigerweise der Informatik, genauer gesagt, der neuronalen Netzwerkforschung, die sich von der medialen Seite her der anvisierten Entschlüsselung des Gehirns zu nähern versucht. Darin lässt sich eine interessante Parallele zur Genomforschung ausmachen, welche zunächst ebenso monistisch, materialistisch und deterministisch an die Sache herangegangen ist. Die Genetik hat mit dem genetischen Code ebenso eine eigene Sprache hervorgebracht, hat in dieser ihren eigentlichen Gegenstand stark abstrahiert und ist gleichfalls auf die Verwendung von Computern angewiesen. Die deterministische Reduzierung des Menschen auf einen genetischen Code oder eine neurobiologische Disposition, mit der seine freie Willenskraft in Zweifel gezogen wird, greifen viel zu kurz. Neuere epigenetische Forschung und neuronale Netzwerkforschung zeigen, wie sehr der Mensch von seiner Umwelt, vor allem von seiner sozialen Umwelt geprägt wird. Insofern mag sogar eine Gefahr darin gesehen werden, den menschlichen Geist mit einem Computer zu verwechseln.

Das den Menschen zu freier Geistestätigkeit befähigende Bewusstsein ist ein Vermittlungsphänomen zwischen der sich kortikal abbildenden äußeren Wahrnehmung und der sich im Hirnstamm zentral abbildenden Wahrnehmung innerer Vorgänge. Bewusstsein ist nicht nur auf kortikale Funktionen, die Bewusstseinsinhalte generieren, angewiesen, sondern ebenso auf Hirnstammfunktionen, die den Bewusstseinszustand steuern, wie die Neuropsychoanalytiker Solms und Turnbull (2007) nachweisen konnten. Ohne die sich aus den Körperempfindungen speisende Emotionalität ist ein menschliches Bewusstsein nicht möglich, also auch per Computer nicht reproduzierbar. Bewusstsein ist sozusagen auch ein Beziehungsphänomen. Bei der Genese von Bewusstsein geht es also um eine Vermittlung zwischen einem Körper und einem Geist, einem Innen und einem Außen, einem Ich und einem Du.

Wir finden nun bei unterschiedlichen Phänomenen, für die sich der Mensch zum jetzigen Zeitpunkt außerordentlich interessiert und die er leidenschaftlich beforscht und vorantreibt, Gemeinsamkeiten: Sozietät geht auf die kleinste Ebene der Beziehung zwischen zwei Subjekten zurück, die Beziehung zwischen Ich und Du, welche eine dritte Sphäre eröffnet, einen Zwischenraum, in dem sich all das abzuspielen scheint, was spezifisch menschlich ist. Auf der genetischen Ebene ist dies die einfache genetische Vermischung und die variable Genexpression aufgrund von Umweltfaktoren, das heißt aufgrund der Interaktion zwischen dem Ich und dem Du der Eltern und zwischen dem Ich des Subjekts und dem Du der Welt der Objekte außerhalb seiner selbst. Aus dieser Interaktion entsteht in Evolutionsprozessen letztlich Individualität. Diese Zusammenhänge gehören infolgedessen zu dem, was als Evolution bezeichnet wird. Auf der neuronalen Ebene erzeugt diese Beziehungsdimension das Bewusstsein, was auch als Koevolution bezeichnet wird. Auf der zwischenmenschlichen Ebene erleben wir das Phänomen der Liebe. Und auf der sozialen Ebene erscheint uns diese Beziehungsdimension als Zivilisation. Mehr noch als alles andere wird aber die soziale Beziehungsdimension des Menschsein inzwischen von der sich exponentiell ausbreitenden Medialität ergriffen, von dem, was hier als Medialisation bezeichnet wird.

Ähnlich dem neuronalen Netzwerk ist der Cyberspace als solches mehr charakterisiert durch seine Verbindungen (Internet) als durch die verbundenen Entitäten (Daten), woraus man schließen könnte, dass das Gehirn und der Cyberspace Orte sind, an denen sich das Buber'sche Zwischen bereits verwirklicht und bis in die physischen Strukturen hinein manifestiert hat (1923/1995, S. 12). Wenn es nun aber das entscheidende Merkmal der neuronalen Netzwerke des Gehirns ist, Bewusstsein hervorzubringen, was ist dann das entscheidende Merkmal der neuronalen Netzwerke des Cyberspace, in dem nicht nur Computer miteinander verbunden werden, sondern vor allem Menschen mit bewusstseinsbegabten Gehirnen. Kommt auf diese Weise vielleicht eine Art höheres Bewusstsein zustande?

Man kann auch anders an diese Frage herangehen. Das vor allem Interaktive, also die Möglichkeit des aktiven Gestaltens und das Einführen einer interagierenden Beziehungsdimension, ist das eigentlich Neuartige an den neuen digitalen Medien Es führt dazu, dass Menschen sich und die Welt nicht nur anders erleben können, sondern dass sie als *Andere* in einer *anderen Welt* leben können. Anders gesagt, werden sie dazu befähigt, nicht nur im Buber'schen Zwischenraum zu leben, sondern in diesem Ich und Du mannigfaltig begegnen zu lassen und zu vertauschen. Vielleicht geben sie damit etwas von ihrer individuellen und bewussten Identität auf, doch dies eventuell zugunsten einer höheren Form von Individualität und Bewusstsein, die nur im Kollektiv, also im Leben eines kollektiven Selbst möglich ist. Ob dies ein Verlust oder ein Fortschritt ist, kann zu diesem Zeitpunkt kaum ausgemacht werden. In jedem Fall wirft auch das im Cyberspace überbordende Mediale, ähnlich wie die Genom- und Hirnforschung, Fragen nach der individuellen Willensfreiheit des Menschen auf.

Wie gezeigt, weist das Gehirn erstaunliche Parallelen nicht so sehr zu einem Computer als vielmehr zum Internet auf. Seine Zellen repräsentieren die einzelnen Computer und seine Verbindungen das Netz. Alles, was in dieses Netz hineinkommt, wird von Menschen eingegeben. Jeder ans Netz angeschlossene Mensch ist so etwas wie die kleinste organische Einheit der virtuellen Welt. Dies gilt sogar für diejenigen Menschen, die nicht mehr leben, aber zu Lebzeiten etwas geschaffen haben, das als Kunstwerk oder als Theorie einen bleibenden Wert hat. Auch diese haben das kollektive Gedächtnis des Internets mit Informationen gespeist. Der

Cyberspace ist in dieser Lesart eine hochlebendige Angelegenheit, ein Organismus, der einem riesigen kollektiven Gehirn gleicht. Wenn wir keine Energie mehr als Menschheit zur Verfügung hätten, der Cyberspace würde als Erstes ausfallen, ähnlich wie das menschliche Gehirn, das empfindlich auf Sauerstoffmangel reagiert. Nach fünf Minuten tritt der Hirntod ein, den wir nicht zu Unrecht als Tod des eigentlichen Menschseins verstehen. Im Falle, dass es mit der Medialisation so weiter geht, was wird dann aus den Menschen, wenn das Internet ausfällt?

Wenn der Cyberspace wie das menschliche Gehirn einen sozialen Organismus darstellt, dann müsste das doch eigentlich positiv und versöhnlich stimmen. Tatsächlich ist das Internet sehr gut darin, Menschen miteinander zu verbinden, also soziale Funktionen auszuüben. Es ist vor allem darin gut, erstaunliche Passungen zu vermitteln, seien sie analog oder komplementär. Gruppen mit gleichen Interessen können sich über den Planeten hinweg auf digitalem Wege zusammenfinden und aneinander binden wie nie zuvor. Auch die Partnersuche war noch nie so funktional und einfach. Wir können im Internet Menschen zum gemeinsamen Lieben, Kopulieren, Befreunden, Verheiraten, Sammeln, Trauern und Musizieren finden. Aber wir verlieren einander bisweilen auch schnell wieder, da wir nur selten in räumlicher Nähe zueinander fündig werden. Darüber hinaus sind auch die negativen komplementären und gleichsinnigen Passungen, wie sie das Internet ebenso vermittelt, zu erwähnen. Wir können als Kannibalen jemanden finden, der von uns verspeist werden möchte. In Suizidforen können wir uns mit jemandem gemeinsam das Leben nehmen, während andere Suizidale per Webcam zugeschaltet sind. Es ist bisher nicht möglich zu sagen, ob die negativen oder positiven Passungen im Netz überwiegen. Momentan hängt diese Einschätzung nicht von wissenschaftlich gesicherten Erkenntnissen, sondern vor allem vom eigenen Weltbild ab.

Unabhängig von Weltanschauungen lässt sich aber doch mit großer Sicherheit konstatieren, dass die in der Regel vorherrschende räumliche und leibliche Ungebundenheit der virtuellen Begegnungen im Netz zu einer Unverbindlichkeit und Austauschbarkeit führen, die für die dahinterstehenden existenziellen sozialen Zusammenhänge bedrohlich werden können. Eine Gesellschaft muss sich im sozialen Sinne daran messen lassen, wie sie mit ihren schwächsten und bedürftigsten Gliedern umgeht, denn die sind in der Regel im Sinne ihrer körperlichen Gebundenheit, beziehungsweise Abhängigkeit, auf soziale Zuwendung angewiesen, handelt es sich doch vor allem um Arme, Hungernde und Kranke sowie die ganz Jungen und die ganz Alten. An dieser Stelle wird evident, dass es wichtig ist, zu schauen, was das Internet und seine Derivate alles nicht vermag. Dort wird kein Hungernder satt gemacht, kein Mensch umfassend geliebt, kein Kind gezeugt und geboren, kein Kranker gepflegt und kein Sterbender begleitet und beerdigt. Die existenziellen Dimensionen des Menschseins werden von der Medialisation ausgespart. Und genau darum geht es bei der Erschaffung der virtuellen Welt durch den Menschen. Es ist der Versuch, seine irdisch-physische Existenz, das heißt seinen Körper und seine genetischen und neurobiologischen Determinanten gänzlich hinter sich zu lassen. Aber kann das gelingen?

Die Inflation der Beziehungsbegriffe im Internet

Rücken wir einmal ab von den ebenso abstrakten wie hochtrabenden Impulsen, die den Menschen dazu veranlassen mögen, sich der Utopie einer alles und alle verbindenden Parallelwelt hinzugeben, dann verbleibt der schlichte und ergreifende Wunsch des Menschen, sich mit anderen Menschen mehr denn je zu verbinden und auszutauschen.

Die Verbindungen, die im Cyberspace entstehen, sind aber durchaus nicht einfach mit allen denjenigen Beziehungen gleichzusetzen, die wir in der konkret-realen Welt miteinander eingehen. Und wenn wir diese auf die virtuelle Ebene verlagern, dann verändern sie sich unter Umständen sehr nachhaltig. Das lässt sich ganz besonders eindrücklich am Beispiel der beiden bedeutsamsten nichtverwandtschaftlichen Beziehungsformen dokumentieren. Über das Beziehungsgeflecht der Familie hinaus sehnen wir Menschen uns vor allem nach partnerschaftlicher

Liebe und freundschaftlicher Verbundenheit. Im Cyberspace ist es aber wesentlich einfacher einen Sexualpartner zu finden als einen Liebespartner. Und wir machen dort auch leichter eine neue Bekanntschaft, als dass wird dort einen echten Freund finden. Die sogenannten sozialen Netzwerke im Allgemeinen und die virtuellen Partnerschaftsagenturen im Besonderen suggerieren aber das Gegenteil, nämlich, dass es spielend leicht ist, den Richtigen oder die Richtige zu finden. Tatsächlich war das *Matching* beziehungsweise das *Mating* von Gleich- oder Komplementärgesinnten noch nie so einfach. Denn über die entsprechende Software, die mit psychologischen Algorithmen gespeist wird, können wir, zumindest was benennbare Attribute und Interessen angeht, erstaunliche Passungen erzielen. Das heißt, dass es wirklich nicht schwierig ist, im Netz auf jemanden zu treffen, der für eine Freundschaft oder eine Beziehung erst einmal als die oder der Richtige erscheint. Auf diese Weise kommen wir rasch auf hunderte von Freunden und potenziellen Partnern.

Nur funktioniert Freundschaft und Partnerschaft so nicht. Sie vollzieht sich im Alltag und das in der Regel im Hinblick auf ganz konkrete, nicht selten existenzielle Zusammenhänge. Dabei geht es gerade darum, dass eben nicht alles immer wunderbar passt und stimmig ist, dass sich gegenseitige Hingabe und Fürsorge aus der Unterschiedlichkeit herstellt, dass sich das Gefühl von Freundschaft und Partnerschaft aus dem Umgang mit Anziehung und Abstoßung, mit Nähe und Distanz, kurz aus fruchtbarer Reibung im engeren und weiteren Sinne ergibt. Wenn uns solche Auseinandersetzungen nun heutzutage zu viel Mühe machen, wenn sie uns gar zu sehr kränken oder verängstigen, dann bleiben uns ja noch unendlich viele weitere potenzielle Freunde und Partner, die im Cyberspace nur auf uns warten.

Die Begriffe von Freundschaft und Partnerschaft werden in diesem Zusammenhang bisweilen unangenehm inflationär gebraucht und damit nicht zuletzt für die heranwachsenden Generationen verdorben. Wenn ich in sozialen Netzwerken in kürzester Zeit hundert Freunde oder sogenannte Follower gewonnen habe und mir dadurch vor allem einen quantitativen Beliebtheitserfolg suggerieren lasse, dann habe ich mich von der Qualität dessen, was mit »tiefer Freundschaft« gemeint ist, weitgehend verabschiedet. Es wäre naiv zu glauben, dass diese Entwicklung nicht gerade auch bei den Heranwachsenden zu einer gewissen Austauschbarkeit von Freundschaften und Beziehungen führen könnte. Ich kann mir ja sicher sein, dass mir, sobald ich mich im Netz wieder als suchender Single darstelle, der vermeintlich kostenlose Freundschafts- und Heiratsmarkt gleich einen neuen Kandidaten vorschlagen wird. Dabei gilt die Devise: Wenn ich einmal jemanden gefunden habe, dann wird dies wieder klappen. Die Frage, warum die oder der Gefundene nicht geblieben ist, kann daher leicht ausgeblendet werden. Auf diesem Wege wird die Suche nach Beziehungen – die digitale Kultivierung des Sammel- und Jagdtriebs bei der Suche nach dem Anderen – zum Endziel, zum beziehungstechnischen Perpetuum mobile. Der Leitspruch, dass der Weg das Ziel sei, bekommt auf diese Weise eine negative Tönung. Er lässt die heutige Erwachsenenwelt alles andere als reif und fortschrittlich erscheinen, psychologisch gesehen viel eher als spätpubertär. Diese Regressivität weckt zumindest Zweifel daran, dass wir es bei der Entwicklung des Sozialen im Cyberspace notwendigerweise mit einem menschlichen Fortschritt zu tun haben.

Die Gefahr eines ultimativen Großmediums für die Weltgemeinschaft

Dramatischer fallen die Sorgen aus, die sich weniger mit den Veränderungen von freundschaftlichen und partnerschaftlichen Beziehungen im Zuge ihrer Virtualisierung verbinden, sondern mit den gesellschaftlichen Bindungen und Bedingungen im weiteren Sinne. Längst sind wir davon abgerückt, die Gesellschaft im weiteren Sinne und die mediale Öffentlichkeit im engeren Sinne einfach nur als Produkt des Menschen ohne eigene innere Dynamik zu verstehen. Ist es in diesem Zusammenhang verwegen, an Gefahren zu denken, die sich aus dem Zusammenschluss großer Kollektive ohne Spielregeln ergeben? Besteht nicht Grund zur Sorge, dass aus einer nationalen oder globalen »Pseudogemeinschaft«, wie Guy Debord sie bezeichnet hat und wofür der Cyberspace einen fruchtbaren Boden zur Verfügung stellt, ein Grad der »Entzivilisierung«, wie sie Stefan Breuer beschreibt (1992, S. 39), erwächst, der auf etwas hinauslaufen könnte, was Flusser auch an einer Stelle als »Medienfaschismus« bezeichnet? Sicherlich muss man hier in seiner Einschätzung sehr vorsichtig sein. Man darf aber zumindest mit einer gewissen Besorgnis festhalten, dass sich mit der Konzentrierung aller Publikations- und Kommunikationsmedien in einem Großmedium, das wir bald vielleicht nur noch als das Medium schlechthin bezeichnen und wahrnehmen, die Machtfrage stellt.

Max Horkheimer und Theodor Adorno sprechen in ihrer »Dialektik der Aufklärung« im Zusammenhang mit der Vermassung des Menschen, die sie im deutschen Faschismus auf so grauenhafte Weise kennen gelernt hatten, bereits in den 1950er Jahren von der Gefahr einer »zwanghaft gelenkten Kollektivität«, und dies eben nicht zuletzt im Hinblick auf die neu aufkommenden Massenmedien: »Die Regression der Massen heute ist die Unfähigkeit, mit eigenen Ohren Ungehörtes zu hören, Unbegriffenes mit eigenen Händen tasten zu können, die neue Gestalt der Verblendung, die jede besiegelte mythische ablöst. Durch die Vermittlung der totalen, alle Beziehungen und Regungen erfassenden Gesellschaft hindurch werden die Menschen zu eben dem wieder gemacht, wogegen sich das Entwicklungsgesetz der Gesellschaft, das Prinzip des Selbst gekehrt hatte: zu bloßen Gattungswesen, einander gleich durch Isolierung in der zwanghaft gelenkten Kollektivität« (1944/2003, S. 43). Heute warnt sogar einer der Cyberspace-Pioniere der ersten Stunde, Jaron Lanier vor den Gefahren einer Totalität des Internets: »Angesichts der Tatsache, dass viele Millionen Menschen durch ein Medium miteinander verbunden sind, das gelegentlich deren schlimmste Neigungen hervortreten lässt, ist es keine abwegige Sorge, dass plötzlich riesige faschistoide Mobs entstehen könnten« (2010, S. 91).

Wenngleich es für unwahrscheinlich gehalten wird, dass eine Regierung, ein Konzern oder gar ein einzelner Mensch die Macht über das Internet und damit über alle bald daran angeschlossenen Menschen und Maschinen erlangen könnte, muss die Frage erlaubt sein, ob der Mensch derart freiheitsliebend ist, dass er sich nicht freiwillig in eine Abhängigkeit von medialen Formaten und Inhalten begeben könnte, indem er die Macht über sein irdisches Leben an sie abtritt. So wie die Weltgemeinschaft heute organisiert ist, ist der Mensch allerdings wohl eher dazu bereit, sein Leben in die Hand eines Wirtschaftsunternehmens, beispielsweise einer Suchmaschine oder eines sozialen Netzwerkes, zu legen als in die eines Staates und in dessen mühsames politisches Geschäft. In diesem Sinne scheint er also durchaus in seiner Freiheit gefährdet.

Der phantomisierte Mensch ist,
was Menge und Inhalt
der zu ihm gelangenden Informationen betrifft,
der Gefangene der Maschine.

Stanisław Lem, Summa technologiae,
1964/1976, S. 163

Von der individuellen Medienabhängigkeit des Menschen

Medienpsychologie beschäftigt sich mit den Wechselwirkungen zwischen der Psyche des Menschen und ihren medialen Ausdrucksformen. Psychologische Medienwirkungsforschung stellt in diesem Zusammenhang nur eine von vielen Subdisziplinen dar und nicht notwendigerweise die zentrale Disziplin der Medienpsychologie. Die Werbepsychologie, eine eng verwandte Subdisziplin, hat eine breite Anerkennung und Anwendung gefunden und liefert der Medienwirkungsforschung handfeste ökonomische Beweise für ihre Bedeutung. Trotzdem wird die psychologische Medienwirkungsforschung von ihren Kritikern bisweilen in den Bereich des Spekulativen gerückt. Dies spiegelt sich beispielsweise in den Diskursen wider, die sich darum drehen, ob Medien dem Menschen nicht einfach nur ermöglichen, sich auszudrücken oder ob sie auch auf den Menschen zurückwirken. Da es manchmal den Eindruck macht, als sei die *Medienwirkungsforschung* über diesen Diskurs kaum hinausgekommen und würde im Zuge der Interaktivierung von Medialität von der *Mediennutzungsforschung* überholt, mag es nicht verwundern, dass sich bisher noch keine Subdisziplin entwickelt hat, die man als *Klinische Medienpsychologie* bezeichnen könnte.

Klinische Medienpsychologie müsste sich im Sinne einer praktischen Medienpsychologie mit der Anwendung medienpsychologischen Wissens in der Behandlung psychischer Erkrankungen beschäftigen. Hieraus lassen sich zwei grundsätzlich verschiedene Aufgabenfelder ableiten: einerseits der Einsatz von Medien in der Behandlung von psychischen Erkrankungen und andererseits die Diagnostik und Behandlung von medienassoziierten psychischen Erkrankungen. Auch wenn es in diesem Kontext eher um die pathologischen Auswirkungen der überbordenden Medialität in Gesellschaften wie der unsrigen geht, dürfen die positiven Aspekte von Medien nicht außer Acht gelassen werden. Eine kritische Medienwissenschaft kann diese paradigmatische Entwicklung ohnehin nur forschend und reflektierend begleiten und auf diese Weise auf Chancen und Risiken hinweisen und sich am gesamtgesellschaftlichen Diskurs beteiligen. Darin allerdings kommt ihr eine nicht unerhebliche Verantwortung zu, der sie aber nicht gerecht werden kann, wenn sie den neuesten medialen Erscheinungen fasziniert hinterherhinkt und sich immer nur fragt, wofür diese noch alles nützlich sein könnten. So ausufernd kritisch und pessimistisch die Medientheorie zumeist ist, so überaus optimistisch erscheint bisweilen ein Großteil der Medienpsychologie.

Die gemeinsamen Wiegen und Wege von Psychoanalyse und Medienpsychologie

Medienpsychologie wird von Peter Winterhoff-Spurk als »die möglichst vollständige Beschreibung und Erklärung des medienbedingten oder -beeinflussten Erlebens und Verhaltens von Individuen sowie die Analyse der Bedingungen der Entstehung und Veränderung dieses Erlebens und Verhaltens« (2004, S. 26) definiert. Ein kurzer historischer Abriss der Medienpsychologie soll an dieser Stelle auf die Beantwortung der Frage zusteuern, welche Bedeutung die psychologische Medienforschung vor allem für die Frage nach dem Abhängigkeitspotenzial des Medialen hat beziehungsweise haben könnte.

Die noch recht junge wissenschaftliche Disziplin Medienpsychologie hat viele Vorläufer, wozu insbesondere auch diejenigen Geisteswissenschaften gehören, die bereits in den medienhistorischen und medientheoretischen Ausführungen bemüht worden sind. Die eigentliche Wiege der Medienpsychologie kann jedoch getrost in der Entwicklungsgeschichte der Psychoanalyse Sigmund Freuds verortet werden. Dies liegt nicht allein daran, dass die Psychoanalyse den Ausgangspunkt für die moderne Psychologie überhaupt bildet, sondern auch daran, dass ihre Entstehungsgeschichte im Sinne einer Synchronizität der Ereignisse bemerkenswerte Parallelen zur medialen Entwicklung von der Fotografie bis zum Film aufweist, zu den ersten modernen Medien also, die auch als solche bezeichnet wurden.

Erstens waren die Untersuchungen Charcots an der Pariser Salpêtrière, welche die neurowissenschaftlichen Vorläufer zu den »Studien zur Hysterie« von Freud und Breuer aus dem Jahre 1895 bildeten, von Albert Londe fotografisch begleitet und dokumentiert worden. Der Fotograf hatte unter anderem von den hysterischen Anfällen der Patientinnen Sequenzaufnahmen gemacht, welche quasi einen filmischen Eindruck ihrer Abläufe vermittelten. Es ging darum, mit Hilfe des Kameraobjektivs eine klärende Objektivierung des bisher ungelösten Phänomens körperlicher Symptome ohne nachvollziehbare körperliche Pathologie zu erreichen. Dabei scheint es von besonderer Bedeutung zu sein, dass es letztlich der Inszenierungscharakter von Charcots fotografischer Klinik ermöglichte, die hysterischen Anfälle vor laufender Kamera immer wieder hervorzurufen beziehungsweise zu reinszenieren und damit wissenschaftlich zu erschließen. Hieraus ergaben sich für den Gastwissenschaftler Freud entscheidende Hinweise auf das Wesen der hysterischen Symptombildung und ihren medialen Charakter als Botschaft des Unbewussten. Deshalb ist auch anzunehmen, dass nicht zuletzt die gegenüber dem Phänomen objektivierende Distanzierung durch das Medium Fotografie Freud auf die psychologische Erklärung des Problems der Hysterie brachte, welche letztendlich den Anstoß für die Entwicklung seiner Psychoanalyse bildete.

Zweitens verlief Freuds Entwicklung der Psychoanalyse und der Entdeckung des »psychischen Apparats« gleichsam parallel zur Entwicklung des Kinematografen, des Filmprojektors. Freud zieht sogar einen direkten Vergleich zwischen psychischen und medialen Systemen, wenn er im Jahre 1900 in seiner »Traumdeutung« fordert, »dass wir uns das Instrument, welches den Seelenleistungen dient, vorstellen, wie etwa ein zusammengesetztes Mikroskop, einen photographischen Apparat u. dgl.« (1900/1999, S. 541). Insofern verwundern auch die phänomenologischen Gemeinsamkeiten von Kino und Psychoanalyse nicht, welche hier nur kurz umrissen werden sollen. Analogien lassen sich bereits in den physischen Situationen ausmachen, die Kinosessel und Psychoanalyse-Couch herstellen. Der auf eine Leinwand geworfene Film entspricht den psychischen Inhalten des Analysanden, wenn er sie auf der Couch liegend vor seinem geistigen Auge an die Zimmerdecke projiziert. In der Übertragung seines Privatfilms besetzt der Analysand den Analytiker zunächst unbewusst mit Rollen, auf die sich dieser mit dem Ziel einlässt, neue Beziehungserfahrungen zu ermöglichen und damit neue psychische Spielräume zu erschließen. Demgegenüber geht es beim Film nicht um die Projektionen des individuellen, sondern des kollektiven Selbst, da im Kinosessel zumindest scheinbar alle dasselbe sehen. Gemeinsam bereisen die Kinozuschauer eine mehr oder weniger archetypische Filmwelt, aus der sie der Regisseur im besten Fall um eine kathartische Erfahrung reicher zurück in ihren Alltag kehren lässt. Dabei geht es nicht zuletzt darum, sich und einander im gemeinsam Betrachteten erleben, erkennen und verstehen zu können. So spielt das Kino als Stifter sublimierender kollektiver Erfahrung und erkennenden analytischen Bewusstseins eine nicht zu unterschätzende Rolle auch im Hinblick auf Zivilisationsleistungen des modernen Menschen. Man könnte sagen: Was die Psychoanalyse für die Individuation ist, ist das Kino für die moderne menschliche Zivilisation. Insofern mag Freud, dem es ja nicht zuletzt auch um die Erforschung kollektiver Prozesse ging, das Kino in belebender Konkurrenz zu seiner Psychoanalyse gesehen haben, als er im Jahre 1925 ein lukratives Angebot ablehnte, selbst an einer Filmproduktion mitzuwirken.

Während Freuds in Europa entstandene Psychoanalyse, die erste Psychotherapieform überhaupt, von Anfang an auch von künstlerischen und medialen Erscheinungen inspiriert war und diese umgekehrt beeinflusste, zumal seinen Werken selbst auch ein literarischer Wert innewohnt, begann andernorts die explizite medienpsychologische Forschung. Der Beginn empirischer Medienforschung ist in den USA der 1920er Jahre auszumachen, ausgerechnet dort, wo die in Europa erfundene Kinematografie gerade einen rasanten Siegeszug antrat. Dieser Medienforschung ging es zunächst jedoch hauptsächlich um die Wirksamkeit von Printmedien im Sinne der Beeinflussung von Einstellungen in Gesellschaft und Politik. Darin zeigt sich die initiale Nähe der Medienpsychologie zur Soziologie, die sich bis heute erhalten hat.

Als eigenständige Disziplin im Rahmen der Psychologie konnte sich die Medienpsychologie jedoch erst in den 1960er Jahren etablieren, als sie die audiovisuellen Massenmedien zu ihrem Gegenstand machte. So wurde das Fernsehen über einige Jahrzehnte zu ihrem hauptsächlichen Untersuchungsobjekt. Heute beschäftigt sich Medienpsychologie aber erklärtermaßen mit allen medialen Erscheinungsformen und ihren spezifischen Auswirkungen, wobei die neuen digitalen Medien eine besondere Aufmerksamkeit erfahren. Innerhalb ihres wissenschaftlichen Untersuchungsfeldes unterscheidet die Medienpsychologie zwischen Forschung auf Seiten des Senders (Medienproduktionspsychologie), des Empfängers (Medienrezeptionspsychologie) und der Botschaft selbst (Inhaltsanalysen), wenngleich diese drei Aspekte häufig nicht scharf voneinander zu trennen sind. Wie alle Psychologie bedient sich die Medienpsychologie in erster Linie des Experiments und der statistischen Erhebung. Im Hinblick auf die hier von besonderem Interesse erscheinende Medienwirkungsforschung haben sich insbesondere fünf Fragestellungen in Bezug auf den Einfluss von Medien und ihrer Inhalte etabliert: Welche sozialisierenden Wirkungen entfalten Medien im Hinblick auf die Entwicklung von Kindern? Inwieweit ermöglichen Medien ihren Nutzern einen Informationsgewinn? Wie verhält sich der Zusammenhang zwischen den Interessen von Mediennutzern und der

Themensetzung durch Medien? Welchen Einfluss haben Medien auf gesellschaftliche Entscheidungen? Und welchen Beitrag leisten Medien zur Kultivierung und Zivilisierung des Menschen und seiner Gesellschaft? – Hier zeigen sich großflächige Überschneidungen zu Disziplinen wie Mediensoziologie, Medienpädagogik und Medienpolitik, die zu einem späteren Zeitpunkt noch ausführlicher behandelt werden.

An dieser Stelle ist erst einmal zu konstatieren, dass lediglich die Fragestellung nach sozialisierenden Medienwirkungen auch eine individualpsychologische Dimension birgt, dies allerdings mehr im pädagogischen als im psychologischen Sinne. Medienpsychologie hat sich bis dato also mehr für soziologische als für individuelle Psychopathologien im Zusammenhang mit Medienwirkungen interessiert. Dabei hat sie sich auffallend weniger kritisch als die Medientheorie erwiesen, die ja ebenfalls einen ausgeprägten Bezug zur Soziologie pflegt. Die Praxis der Medienpsychologie hat das Psychologische im engeren Sinne und gerade das, was als Klinische Medienpsychologie zu bezeichnen wäre, bisher vernachlässigt. Es verwundert daher kaum, dass es – von wenigen Ausnahmen abgesehen – momentan weniger Medienpsychologen als vielmehr klinische Psychologen sind, die die Fragen nach dem pathologischen Potenzial der elektronischen Medien aufgreifen und zu beantworten versuchen.

Welche Aufgaben könnten sich in diesem Zusammenhang für die psychologische Medizin stellen, wenn so viele wichtige Fragen von der etablierten Medienpsychologie unberührt und unbeantwortet bleiben? Vorläufig lassen sich einige für die Psychiatrie und Psychotherapie relevante Themenkomplexe herausarbeiten, die im Folgenden ausführlicher erörtert werden: Zunächst ist zu erörtern, inwieweit *Cybertherapy,* Psychotherapie mit virtuellen Mitteln, im Hinblick auf die Nutzung digitaler Medien in der Behandlung psychischer Störungen sinnvoll und vielversprechend ist. Dann wird es um psychiatrische Fragestellungen im Sinne einer klinischen Medienpsychologie gehen, dies insbesondere hinsichtlich der Diagnostik und Behandlung medienassoziierter psychischer Störungen.

Potenziale und Grenzen virtueller Psychotherapie

Im Hinblick auf die Behandlung von Menschen mit psychischen Erkrankungen und mehr noch im Hinblick auf deren Diagnostik kann eine Medienpsychologie, die sich digitaler Techniken bedient, durchaus hilfreich sein. Psychologische Tests und auch komplexe Experimente lassen sich beispielsweise mit entsprechender Software auch digital durchführen und auswerten. Und eine Psychotherapie via Webcam und Internet für einen Menschen, der aus räumlichen, körperlichen oder sprachlichen Gründen vor Ort nicht leibhaftig einen Psychotherapeuten aufsuchen kann, ist besser als gar keine.

Insbesondere in Bezug auf verhaltenstherapeutische Maßnahmen kann die virtuelle Welt recht nützlich sein. Beispielsweise werden Menschen mit Flugangst nach der Vermittlung von Entspannungstechniken in Flugsimulatoren desensibilisiert. Menschen mit sozialen Phobien werden in Online-Rollenspielen oder anderen virtuellen Parallelwelten dazu angehalten, Kontakt mit anderen Spielfiguren aufzunehmen. Und Vietnamveteranen mit posttraumatischen Belastungsstörungen werden in den Vietcong zurückversetzt, um sich mit den sie verfolgenden Schrecken der Vergangenheit auseinanderzusetzen. Bei diesen Verfahren, in denen der Klient in einer virtuellen Umgebung gezielt seinen Ängsten ausgesetzt wird, kann dieser zunächst auch von einer virtuellen Version seines Therapeuten begleitet werden. All diese virtuellen Expositionstechniken müssen sich aber anschließend im Übergang zur realen Umgebung beziehungsweise in der Übertragung auf konkret-reale Situationen bewähren. Diese digitalen Therapieverfahren sind nur dann sinnvoll und wirksam, wenn ihr Ziel am Ende in einer Verbesserung im Umgang mit der konkret-realen Welt liegt. Diese psychotherapeutischen Techniken sind gerade in den Fällen geeignet, in denen die Betroffenen virtuell in Situationen versetzt werden können, die in der konkreten Realität nicht oder nicht mehr aufgesucht werden können.

Etwas absurd – und im Hinblick auf die im Hintergrund immer wieder auch mitschwingende Frage nach der Bedeutung medialer

Gewalt auch etwas zynisch – wird es, wenn dieselben Techniken, die auf mit Traumatisierungen verbundene Situationen der Gewalt vorbereiten sollen, auch zu deren Therapie herangezogen werden. So geschah es im zweiten Irakkrieg. Ein Computerspiel, das die Soldaten der US-amerikanischen Armee auf den Kampf und die Kampfterritorien im Irak, die dortigen Landschaften und Kulturen vorbereiten sollte und das mit großem Erfolg gerade auch bei Jugendlichen auf den Markt kam, wurde wiederum dafür verwendet, traumatisierte Kriegsveteranen zu behandeln. Dieses Beispiel dokumentiert auf befremdliche Art und Weise, wie wirksam die neuen Medien sein können, im Guten wie im Schlechten, wobei es eher eine politische Frage ist, ob und in welchem Zusammenhang die Anwendung von Kriegssimulationen überhaupt als positiv bewertet werden kann. In einer idealen Welt, so ist zu wünschen, gäbe es für solche Spiele überhaupt keine Notwendigkeit, weder für die Vorbereitung noch für die Nachbereitung von Kriegen und schon gar nicht zur Unterhaltung von Erwachsenen, Jugendlichen und Kindern. Zumindest in einem Umfeld wie dem Irakkrieg können auch virtuelle Therapieformen zu fragwürdigen Unterfangen werden, zumal sie die eigentlichen Opfer des Krieges vor Ort nicht erreichen.

Befremdlich wirken auch Verfahren, die sich von einer individuellen Psychotherapie, einer Begegnung von zwei Menschen, einem Klienten und einem Therapeuten, immer weiter entfernen. Es gibt bereits völlig virtualisierte kognitiv-behaviorale Therapieverfahren, das heißt Softwareprogramme, die einen Psychotherapeuten gänzlich ersetzen sollen, und zwar ausgerechnet zur Behandlung von Depressionen. In diesem Zusammenhang kann man nur von Glück sagen, dass alljährlich durch den sogenannten Turing-Test gezeigt wird, wie weit die Computer noch davon entfernt sind, sich mit uns Menschen in einer Weise zu unterhalten, die die Illusion erzeugt, dass wir wirklich mit einem Menschen kommunizieren. Dass künstliche Intelligenz existiert, steht außer Frage. Diese ist aber nicht zu verwechseln mit künstlichem Bewusstsein. Künstliches Bewusstsein wird aller Wahrscheinlichkeit nach niemals existieren, es sei denn, wir verlieren im Zuge der medialen Revolution unser Bewusstsein und definieren den Begriff neu. Künstliches Bewusstsein kann immer nur eine Simulation von Bewusstsein sein. Dass eine therapeutische Beziehung als wichtigstes Merkmal einer erfolgversprechenden Therapie gelingt, setzt voraus, dass sich zwei Subjekte, in diesem Fall ein Klient und ein Therapeut, mit Bewusstsein und Empathie aufeinander einlassen. Simuliertes Bewusstsein und simulierte Empathie laufen dem völlig zuwider. Dies dürfte für alle bewährten psychotherapeutischen Schulen ebenso gelten, wie der Nachweis, dass die Güte der therapeutischen Beziehung das wichtigste Kriterium für das Gelingen einer Psychotherapie ist. Gerade die tiefenpsychologischen Psychotherapieverfahren bedürfen einer unmittelbaren und damit unverstellten Beziehung im engeren Sinne, eines Kontaktes also, zwischen den keine Medien geschaltet sind. Der regelmäßige therapeutische Rahmen spielt hierbei eine große Rolle, vor allen Dingen die leibliche und zeitliche Präsenz, das heißt die echte Begegnung. Virtuelle Psychotherapie läuft demgegenüber immer Gefahr, Vermeidungsängste vor echter Nähe zu kultivieren und die Realitätsflucht allgemein zu verstärken. Dies gilt natürlich insbesondere für die Behandlung von Menschen mit einer pathologischen Mediennutzung beziehungsweise Medienabhängigkeit.

Die Abhängigkeit vom Fernsehen in der Frühzeit elektronischer Medien

Wie in den medienhistorischen und medientheoretischen Überlegungen zu zeigen versucht wurde, stiften bereits die ursprünglichsten Medien dem Menschen sowohl als Individuum als auch als Gattung entscheidende Erfahrungen mit sich selbst und dem Anderen, mit Identität und Interpersonalität, und dies in gegenseitiger Abhängigkeit voneinander. Diese a priori existierende Abhängigkeitsbeziehung des Menschen vom Medialen mag seine grundsätzliche Ambivalenz gegenüber den Medien erklären. Eine solche Interpretation würde auch verständlich machen, warum bei jeder medialen Neuentwicklung die Frage nach deren Abhängigkeitsgefahr für den Menschen immer wieder virulent wird.

Allen bahnbrechenden neuen Medienformen und auch anderen Technologien wurde stets erst einmal auch ein Gefahrenpotenzial unterstellt. Wenngleich bereits dem ersten Massenmedium, dem Buch, von Zeitgenossen negative psychische Wirkungen inklusive eines Abhängigkeitspotenzials unterstellt wurden, kann erst mit der Entwicklung des Fernsehens von einer ernsthaften Beobachtung von Medienabhängigkeit gesprochen werden, welche auch im individuellen Sinne von einer gewissen klinischen Bedeutung gewesen ist.

Der Aufstieg der Medienpsychologie ist überhaupt eng verbunden mit der rasanten Verbreitung des Fernsehens. Obwohl das Internet im Begriff ist, dem Fernsehen als zentrales Großmedium den Rang abzulaufen und es in digitalisierter Form einer *feindlichen Übernahme* zu unterziehen, so darf in den sogenannten zivilisierten Ländern das Fernsehen immer noch, das heißt mindestens bis zum Ende des ersten Jahrzehnts des 3. Jahrtausend, als das beliebteste Medium gelten. In Deutschland schauen Erwachsene durchschnittlich deutlich mehr als zwei Stunden pro Tag Fernsehen. In den USA verbringen bereits die Zweijährigen zwei Stunden pro Tag vor dem Fernseher. In einer Übersichtsarbeit von Manfred Spitzer aus dem Jahr 2005 wird herausgearbeitet, wie übermäßiger Fernsehkonsum zu erheblichen gesundheitlichen Störungen von Kindern und Jugendlichen führen kann. Hierzu zählen primär Bewegungsmangel, Fehlernährung und Übergewicht, sekundär auch erhöhte Cholesterinspiegel, Bluthochdruck und Diabetes mellitus. Insbesondere der Zusammenhang zwischen exzessivem Fernsehen und Übergewicht konnte in vielen Studien nachgewiesen werden. Es sind jedoch auch emotionale Faktoren zu berücksichtigen, da affektive Störungen zu erhöhtem Fernsehkonsum führen und ebenso als Folge von Fettleibigkeit und Bewegungsarmut auftreten. Hier gilt wie für viele andere medienpsychologische Erkenntnisse, dass Studien zwar häufig Zusammenhänge nachweisen, nicht selten aber wenig über die zu erwartenden komplexen Kausalketten und Wechselwirkungen aussagen können.

Dies gilt in ähnlicher Weise für mit dem Fernsehen zusammenhängende Störungen von Aufmerksamkeit und Konzentration.

Das bunte, schnelle und wechselhafte Medium Fernsehen bindet den jungen Zuschauer einerseits passiv und andererseits mit rasch wechselnder Aufmerksamkeit beim Zapping. Daher ist zu befürchten, dass bei einem zu frühen und langen regelmäßigen Fernsehkonsum die Fähigkeit zu aktiv-gerichteter Konzentration und Aufmerksamkeit nachhaltig geschädigt beziehungsweise nur unzureichend ausgebildet werden könnte. Ganz konkret gibt es einige Hinweise auf einen Zusammenhang zwischen exzessivem Medienkonsum und der Entwicklung eines Aufmerksamkeitsdefizit- und Hyperaktivitätssyndroms (ADHS).

Störungen von Konzentration und Aufmerksamkeit spielen auch eine Rolle, wenn es gemäß dem dritten in diesem Zusammenhang relevanten Aspekt um Störungen der kognitiven Leistungen als Folge übermäßigen Fernsehkonsums geht. Ein Problem der audiovisuellen Überflutung durch das Fernsehen liegt darin begründet, dass andere Sinnesmodalitäten zugunsten der auditiven und visuellen vernachlässigt werden. Von der Ausbildung und Nutzung aller Sinnesorgane und ihrer cerebralen Verarbeitungszentren hängt aber die Hirnentwicklung in ihrer Gesamtheit ab und damit auch der Aufbau höherer Hirnfunktionen. Allerdings ist bislang die Bedeutung der Entwicklung der Sinnesorgane – wie des Geruchssinns, des Geschmackssinns und des Gleichgewichtssinns – für die Entwicklung höherer Hirnfunktionen noch kaum erforscht. Aus empirischen Studien kann aber mit großer Sicherheit die Erkenntnis gewonnen werden, dass sich negative schulische Effekte in Beziehung zu einer unangemessenen Dauer des Fernsehkonsums ergeben. Neben kognitiven zeigen sich in einer Studie bei jugendlichen Schülern auch emotionale Effekte in Bezug auf übermäßigen Fernsehkonsum. So führen Vielseher im Durchschnitt deutlich weniger Gespräche, haben seltener Kontakt zu Gleichaltrigen und eingeschränktere Interessen. Hier stellt sich freilich ebenfalls die Frage, inwieweit ängstlich-zurückgezogene oder gar zu Depressionen neigende Schüler eher zu vermehrtem Medienkonsum tendieren.

Was die Frage nach der klinischen Bedeutung von Medienabhängigkeit angeht, hat das Fernsehen sowohl in der Forschung als auch in der Klinikpraxis – im Gegensatz zu der momentanen Diskussion um das Abhängigkeitspotenzial der digitalen Medien – eine eher untergeordnete Rolle gespielt. Die aus psychiatrischer Sicht einzige relevante Übersichtsarbeit zu diesem Thema stammt von Robert Kubey und Mihaly Csikszentmihalyi aus dem Jahre 1990. Die Autoren kommen aufgrund eigener Forschungsarbeiten zu dem Schluss, dass exzessive Fernsehkonsumenten eher zu Ängstlichkeit und Unglücklichsein neigen als Menschen mit niedrigem Fernsehkonsum. Sie führen weiter dazu aus, dass sich beim Fernsehen ähnlich wie bei vielen anderen Suchtmitteln zwar zunächst eine gewisse Entspannung einstelle, diese sich aber im Verlauf psychophysiologisch ins Negative umkehre. Im Vergleich zum Lesen würden sich beim Fernsehen mit dem EEG messbar weniger mentale Stimulation sowie niedrigere Puls- und Blutdruckwerte zeigen, und je länger man vor dem Fernseher sitze, desto weniger Freude bereite es. Exzessive Fernsehzuschauer würden zudem eine gewisse Passivität, eine reduzierte Wachheit, Energielosigkeit, Antriebslosigkeit, Unzufriedenheit, Schuldgefühle, Appetitsteigerung und Gewichtszunahme erleben. Unter Bezug auf Studienergebnisse anderer Forscher weisen Kubey und Csikszentmihalyi überzeugend nach, dass es einen Zusammenhang zwischen Depressivität und hohem Fernsehkonsum gibt, lassen indessen die Frage unbeantwortet, auf welche Art und Weise das eine das andere kausal bedingt oder ob von komplexen Wechselwirkungen auszugehen ist, die einander im Sinne eines Circulus vitiosus gegenseitig verstärken. Gerade die Entstehung eines solchen Teufelskreises würde für eine Abhängigkeit im Sinne von *Sucht* sprechen. Da Fernsehabhängigkeit jedoch im Rahmen klinischer psychiatrischer und psychotherapeutischer Zusammenhänge nie wirklich ins Gewicht fiel, ist nicht mehr zu erwarten, dass dies noch geschehen wird. Dass Medienabhängigkeit eine klinische Relevanz haben kann, zeigt sich nun hingegen darin, dass überall in der Welt zunehmend Menschen in Beratungsstellen, Praxen und Ambulanzen wegen einer Abhängigkeit von Internet und Computerspielen Hilfe suchen.

Medienabhängigkeit als *die* medienassoziierte psychische Erkrankung

Internet- und Computerspielabhängigkeit stellen für Psychiater und Psychotherapeuten, die sich mit klinischer Medienpsychologie befassen, momentan die mit Abstand größte Herausforderung dar (Mücken, Teske, Rehbein und te Wildt, 2010). Da insbesondere die Kombinationen von Internet und Computerspielen, vor allem die Online-Rollenspiele, bisher das größte Abhängigkeitspotenzial aufweisen und noch gar nicht abzusehen ist, welche Medienformate und -inhalte sich im Rahmen der digitalen Revolution noch entwickeln und suchtartiges Konsumentenverhalten evozieren werden, etabliert sich hier der allgemeine Begriff der Medienabhängigkeit. Der Begriff Sucht, der in diesem Zusammenhang meistens umgangssprachlich verwendet wird, rührt vom altdeutschen *siech* her und bedeutet einfach nur *krank*. Dementsprechend ungenau ist er und deshalb schon seit Jahrzehnten aus den Klassifikationssystemen für psychiatrische Diagnosen verbannt und durch den der *Abhängigkeit* ersetzt worden.

Neben der stoffgebundenen Abhängigkeit von Substanzen ist als bisher einzige nichtstoffgebundene Abhängigkeitserkrankung das sogenannte pathologische Glücksspiel als eigenständiges Störungsbild anerkannt, sodass dessen Behandlung auch von den Kostenträgern des Gesundheitssystems finanziert wird. In Analogie hierzu müsste von pathologischer Mediennutzung die Rede sein, was den Vorteil hätte, nicht nur einen im quantitativen Sinne, sondern auch im qualitativen Sinne krankhaften Medienkonsum begrifflich zu erfassen. Hierzu könnte beispielsweise die Nutzung von Internetforen zählen, die pathologische Verhaltensweisen mit Fremd- oder Selbstgefährdungspotenzial propagieren, beispielsweise Kinderpornografie-Seiten oder Suizid- und Selbstverletzungsforen. Solche Foren können zwar eine die Pathologie verstärkende Dynamik entfalten, aber ihre Existenz schulden sie letztlich vorbestehenden psychischen Erkrankungen. Wenn sich ganze Lebensbereiche in eine mediale Welt verlagern, ist es nur natürlich, dass sich dabei auch pathologische Phänomene ins

Virtuelle übersetzen. Allerdings drohen sie sich dort nicht nur zu manifestieren, sondern auch im negativen Sinne kultiviert zu werden.

Dies gilt ebenso für einige Formen anderer nichtstoffgebundener Abhängigkeitserkrankungen. Es haben sich ohnehin umstrittene Krankheitsbilder wie Sexsucht und Kaufsucht, aber gleichermaßen die klassische Glücksspielabhängigkeit auf eine virtuelle Ebene verlagert. Am Ende sind diese also nichts anderes als Übersetzungen zuvor bekannter Abhängigkeitsphänomene, die – abgesehen vom pathologischen Glücksspiel – bisher nicht als eigenständige Krankheitsbilder anerkannt sind. Die ständige Verfügbarkeit im Netz kann Abhängigkeitsentwicklungen dieser Art zwar beschleunigen, doch verleiht ihnen das Internet vermutlich keine nennenswert andere qualitative Dimension. Für alle diese neuen Verhaltenssüchte wird nun diskutiert, inwieweit sie als Ausdruck bekannter vorgängiger psychischer Störungen zu verstehen sind.

Dies betrifft auch die Medienabhängigkeit, also die im quantitativen Sinne pathologische Mediennutzung. Tatsächlich erfüllen die meisten der im klinischen Sinne medienabhängigen Patienten die Kriterien für eine andere psychische Erkrankung, wie es sich in einer eigenen Studie gezeigt hat (te Wildt, 2010). Depressive Syndrome und Angsterkrankungen mit vor allem soziophober Symptomatik sind die am häufigsten assoziierten akuten Störungen, die in diesem Zusammenhang auftreten. Hinzu kommen nicht selten Persönlichkeitsstörungen, insbesondere aus dem ängstlich-selbstunsicherem Spektrum oder aus dem dramatischen Spektrum mit vor allem narzisstischer oder emotional-instabiler Persönlichkeitsstruktur. Daher liegt es nahe, auch hier die Abhängigkeit von einer Verhaltensweise, in diesem Falle von der Mediennutzung, als neuartiges Symptom bekannter psychischer Erkrankungen zu erklären. Hieraus den Schluss zu ziehen, dass Medienabhängigkeit keinen eigenständigen Krankheitswert hat, ist in vielerlei Hinsicht aber problematisch, um nicht zu sagen schlichtweg falsch. Es gibt drei entscheidende Argumentationslinien, die diese Ansicht unterstützen und die neuartige Dimension des Phänomens der individuellen Medienabhängigkeit unterstreichen. Sie werden im Folgenden einzeln dargestellt.

Erstens haben wir es mit einem sogenannten nosologischen Problem der Krankheitskunde zu tun, das heißt einer letztlich rein akademischen Bestimmung der Erscheinungsformen. Es geht dabei um die Erfassung und Zuordnung von Erkrankungen im Rahmen wissenschaftlicher Begrifflichkeiten, und damit auch um eine gewisse Deutungshoheit gegenüber einem pathologischen Phänomen. Man kann es bedauern, dass bei der diagnostischen Klassifikation psychischer Erkrankungen Fragen nach kausalen Zusammenhängen, also nach der Ätiologie von psychischen Störungen kaum noch, um nicht zu sagen, gar keine Rolle mehr spielen. Die Zuordnung erfolgt in aller Regel rein phänomenologisch auf der Grundlage der Symptome und ihrer Zusammenfassung in Syndrome, was nicht selten zur Folge hat, dass mehrere Diagnosen gleichzeitig gestellt werden. In diesem Zusammenhang ist es wichtig zu bemerken, dass sich auch bei den stoffgebundenen Abhängigkeitserkrankungen in unterschiedlichem Maß charakteristische komorbide, mithin gleichzeitig auftretende psychische Erkrankungen finden lassen. Bei allen Menschen beispielsweise, die von Heroin und anderen harten Drogen abhängig sind, werden stets weitere schwerwiegende Erkrankungen, insbesondere posttraumatische Belastungsstörungen und Persönlichkeitsstörungen diagnostiziert. Sinnvollerweise führt dies allerdings nicht dazu, dass ihre Suchterkrankung als reines Symptom dieser in der Regel vorgängigen Erkrankungen abgetan wird. Und gerade im Hinblick auf therapeutische Herangehensweisen ist es wichtig, Suchterkrankungen als eigenständige Krankheitsentität anzunehmen, weil es sich bewährt hat, zunächst die Abhängigkeitserkrankung im Rahmen einer Entzugsbehandlung anzugehen und erst dann im Zuge einer Entwöhnungsbehandlung auch die jeweiligen komorbiden Störungen. Was die Abhängigkeit von Alkohol und Glücksspiel angeht, welche als die beiden entscheidenden stoffgebundenen und nichtstoffgebundenen Referenzerkrankungen für Medienabhängigkeit verstanden werden können, gilt zudem, dass begleitend auch bei diesen Depressionen, Angsterkrankungen und Persönlichkeitsstörungen besonders häufig auftreten. Es gibt aber eben Menschen, die in diesem Sinne abhängig werden und zu keinem Zeitpunkt vorher oder währenddessen die Kriterien für eine weitere psychische Erkrankung erfüllen. Dies gilt vor allem für junge Medienabhängige. Bei diesen ist unter anderem zu vermuten, dass sie eine spezifische genetische und neurobiologische Disposition zur Entwicklung von Abhängigkeitserkrankungen aufweisen. Eine erhöhte Vulnerabilität besitzen vermutlich aber auch diejenigen, die im subklinischen Sinne depressiv oder ängstlich sind, die somit bisher nicht das Vollbild einer psychischen Erkrankung ausgebildet haben, eventuell aber von einem Suchtmittel, zum Beispiel von digitalen Medien, abhängig werden und damit über die Grenze des noch Gesunden in einen pathologischen Bereich geraten, in dem dann auch ihre Verzweiflung oder Angst eine krankhafte Dimension erreicht. Bei diesen können Depression und Soziophobie ebenfalls sekundär auftreten. Im Einzelfall ist es also keinesfalls immer eindeutig, was bei den Betroffenen zuerst da war, die Abhängigkeit von Internet und Computerspielen oder die Depressionen und Ängste. Dies ist ein erster Grund, Medienabhängigkeit als eigenständiges Krankheitsbild aufzufassen.

Zweitens haben wir es bei der Medienabhängigkeit in ganz besonderem Maße mit Heranwachsenden zu tun. Wir wissen, je eher Kinder und Jugendliche mit einem Suchtmittel in Kontakt kommen, desto größer ist die Gefahr, von diesem abhängig zu werden. Der Umgang mit Suchtmitteln im Kindes- und Jugendalter kann also dramatische Folgen für das gesamte Erwachsenleben haben. Dies erklärt sich sowohl neurobiologisch als auch lernpsychologisch. Das heranwachsende Gehirn ist physiologisch und psychologisch ganz darauf eingestellt, aus Erfahrungen zu lernen und daran zu wachsen. Nun gibt es aber auch ungünstige Erfahrungen. Anstatt dass man aus ihnen im positiven Sinne etwas lernt, führen sie bis in neuroanatomische Strukturen hinein zu negativen Prägungen. Deshalb ist es so wichtig, dass Kindheit und Jugend ein gewisser Schutzraum gewährt wird oder zumindest eingeräumt werden sollte. Neuropsychologische Fehlentwicklungen, namentlich die von Abhängigkeit, lassen sich im späteren Erwachsenenleben nur schwerlich rückgängig machen. Wenn Kinder heute einen Großteil ihrer Zeit vor Bildschirmmedien, vor allem Computerspielen, verbringen, die sie schnell, bunt und laut in ihren Bann ziehen, während alle anderen Sinnesfunktionen vernachlässigt werden, ja, wenn sie diese Spiele audio-visuell geradezu besinnungslos machen, dann muss kritisch bedachtsam die Befürchtung geäußert werden, dass hier eine Heerschar von Medienabhängigen heranwachsen könnte. Die Frage, inwieweit und auf welche Weise hier andere psychische Erkrankungen eine Rolle spielen – gerade bei Kindern und Jugendlichen geht man in diesem Zusammenhang neben Depressivität und Ängstlichkeit auch von relativ hohen Raten der Aufmerksamkeits- und Hyper-aktivitätsstörungen aus –, ist noch schwieriger zu beantworten als bei Erwachsenen. Ist die pathologische Internet- und Computerspielnutzung eines Heranwachsenden als die Folge von oder als der Grund für eine psychische Störung anzusehen? Was wirkt in dieser Hinsicht schwerer und im negativen Sinne nachhaltiger: das, was sie im Cyberspace alles erleben, oder das, was sie in dieser Zeit eben alles nicht erfahren und lernen?

So oder so fehlt es Kindern mit pathologischer Mediennutzung vermutlich einerseits an Halt und Wärme gebenden Beziehungserfahrungen mit Eltern, Geschwistern und Freunden und andererseits an ausreichenden körperlichen Erfahrungen, die konkret-reale Welt mit allen sechs Sinnen und sich selbst darin in eigener Leiblichkeit zu entdecken und zu erproben. Und wenn ein Heranwachsender auf diese Weise im psychischen wie im physischen Sinne keine stabile Beziehung zu sich und seiner Umwelt hat aufbauen können, so ist es nicht verwunderlich, wenn er mit den steigenden Anforderungen des Erwachsenwerdens nicht zurechtkommt. Die meisten Spielregeln und Bewertungsmaßstäbe von Computerspielen greifen in der Realwelt nicht. Wie sollte ein vor dem Computer unförmig, ungeschickt und unsportlich gebliebener Körper den Anforderungen von körperlicher Arbeit und sportlicher Betätigung gerecht werden? Und wie kann sich ein junger Mensch noch behutsam an die Entwicklung einer eigenen

Sexualität herantasten, wenn er sich selbst und die Erotik seiner potenziellen Sexualpartner nicht mit den (Vor-)Bildern in seinem Kopf vergleichen und in Deckung bringen kann, weil diese nicht der eigenen Phantasie, sondern ausschließlich der Internetpornografie, deren Darstellern und den von diesen dargestellten Praktiken entspringen? Und was geschieht, wenn die Begegnungsangst schon so groß geworden ist, dass selbst die Suche nach Freundschaft nicht mehr gelingt, nachdem der strahlende virtuelle Held erkennen musste, dass es für sein nie richtig groß und erwachsen gewordenes, reales Alter Ego kaum eine private oder berufliche Nische in der Welt da draußen geben wird? Dann ist es nicht mehr verwunderlich, wenn sich gerade junge Männer gekränkt und verängstigt aus dem Diesseits der vermeintlich zivilisierten Erwachsenenwelt zurückziehen beziehungsweise gar nicht erst in Erwägung ziehen, in diese richtig hineinzuwachsen. Dass sich im Zuge dieser Fehlentwicklungsprozesse narzisstische Kränkungen und soziophobische Befürchtungen einstellen, die sich zu manifesten Depressionen und Angststörungen auswachsen können, liegt auf der Hand.

Medienabhängigkeit als zentrales Problem solcher Erkrankungen anzusehen, liegt in vielen Fällen nahe. Was nun zuerst dagewesen ist, ist dennoch nicht immer einfach auszumachen. Dabei sind selbstverständlich auch die komorbiden Erkrankungen zu beachten, dies nicht zuletzt, um individuell zugeschnittene therapeutische Wege zu finden. Allerdings ist man in der Diagnosestellung psychischer Erkrankungen bei Kindern und Jugendlichen ohnehin sehr vorsichtig und zurückhaltend, da die Kategorien selten eindeutig erfüllt sind und man nicht unnötig Heranwachsende mit einer Diagnose stigmatisieren möchte. Außerdem müssen wir generell davon ausgehen, dass es hier auch zu Adaptationsphänomenen kommt, sodass vielleicht einige Formen der Medienabhängigkeit überwunden werden können, wenn sich die Menschheit an das jeweils neueste Medium gewöhnt hat beziehungsweise wenn die Medialisation abgeschlossen ist. – So hat eine wissenschaftliche Pionierin der Cyber-Bewegung, Sherry Turkle, im Jahre 1995, in dem das Ausmaß der Abhängigkeitsentwicklung vom Internet noch gar nicht abzusehen war, bereits vor einer Dramatisierung gewarnt, wenngleich sie der digitalen Welt durchaus eine enorme Verführungskraft zugesprochen hat: »Die Analyse der Verführungskraft des Computers eröffnet uns ähnliche Chancen, sofern wir das Klischee der Sucht aufgeben und uns den Kräften oder genauer: der Vielfalt von Kräften zuwenden, die uns an Computermedien fesseln« (1999, S. 42). Tatsächlich hat sich die Medienabhängigkeit in der Geschichte der Psychiatrie und Psychotherapie, insbesondere in der Kinder- und Jugendpsychiatrie, inzwischen als ein neuartiges pathologisches Phänomen derartig rasant abgezeichnet und ausgebreitet, dass sich die Frage nach der Anerkennung als eigenständige Krankheitsentität nicht zu Unrecht aufdrängt.

Der dritte Grund für die Eigenständigkeit des Phänomens Medienabhängigkeit liegt in der Neuartigkeit dessen, was den Cyberspace ausmacht. Die größte Rolle spielt dabei die Einführung der interaktiven Beziehungsdimension ins Mediale. Der Mensch ist in seiner Entwicklung und Existenz psychosozial und bis ins Physische hinein abhängig von Beziehungen. Wenn er nun in virtuellen Parallelwelten in wechselnden Identitäten und Interpersonalitäten zum Handelnden werden kann, dann liegt es sehr nahe, dass er einer virtuellen Alternativexistenz, die er scheinbar ganz nach den eigenen Neigungen gestaltet, auch verfallen kann. Dass wir uns in virtuellen Parallelwelten und Online-Rollenspielen eine neue psychosoziale Existenz aufbauen können, ist das wirklich neuartige Moment und offensichtlich auch dasjenige, das am meisten abhängig machen kann. Neben der Interaktivität spielen die Belohnungssysteme der über das Internet gespielten Computerspiele bei der Abhängigkeitsentwicklung eine besondere Rolle. In diesen Spielen geht es in der Regel darum, seinen virtuellen Stellvertreter, den sogenannten Avatar, über durchgestandene Kämpfe, in denen er auf die Unterstützung anderer angewiesen ist, in einer Hierarchie aufsteigen zu lassen. Hierfür bedarf es eines hohen zeitlichen Aufwands, einer ständigen Verfeinerung der virtuellen Spiel- beziehungsweise Kampffähigkeiten durch Übung und Disziplin sowie immer wieder auch des Zufalls.

Hierin liegen, neben der Abhängigkeit von einem neuen sozialen Beziehungssystem, in dem Kameradschaft und Teamgeist hochgehalten werden, zwei weitere entscheidende Gründe für das diesen Spielen innewohnende Abhängigkeitspotenzial. Erstens kann man in diesen Spielen nur dann richtig erfolgreich sein, wenn man viel Zeit investiert, das heißt, in der Regel mehrere Stunden täglich spielt. Und zweitens führt die zufällige Ausschüttung von Belohnungsreizen im Sinne einer sogenannten intermittierenden Verstärkung, mit der sich Verhalten am wirkungsvollsten konditionieren lässt, zu einer besonders intensiven Bindung an den Spielablauf. In diesem Aspekt verdeutlicht sich eine große Nähe zu den Belohnungsprozessen, die bei Glücksspielen zu Abhängigkeit führen können. Für das pathologische Glücksspiel konnte bis in die neurophysiologischen und neuroanatomischen Strukturen hinein nachgewiesen werden, wie das Belohnungssystem der Spiele auf das Belohnungssystem des Gehirns in pathologischer Weise konditionierend wirken kann. Darüber hinaus ist bekannt, dass bei pathologischen Glücksspielern nicht selten Glücksspielerfahrungen in der Jugend oder sogar Kindheit eine pathologische Entwicklung initiiert und ihr den Weg gebahnt haben. Deshalb ist das Glücksspiel, welches in vielen Ländern verboten ist, in Deutschland erst ab 18 Jahren erlaubt. Viele Online-Spiele sind hingegen bereits ab zwölf Jahren zugelassen. Und die in den großen Computerspielentwicklungsfirmen beschäftigten Psychologen sind vermutlich in ihrem Wissen darüber, wie man Computerspieler in den Bann zieht, der wissenschaftlichen Medienpsychologie weit voraus, ganz zu schweigen von den vielen Eltern und Pädagogen, die zum Teil völlig ahnungslos gegenüber dem sind, was sich in den Zimmern ihrer Kinder und Jugendlichen *abspielt*.

Von den Schwierigkeiten des Medienentzugs und der Medienabstinenz

Bislang drehte es sich bei der Erforschung des Phänomens der Abhängigkeit von elektronischen Medien hauptsächlich um die Frage, ob ein solches überhaupt als eigenständiges Störungsbild existiere und wenn ja, wie es genau diagnostisch einzuordnen sei. Diese Frage dürfte nunmehr nachhaltig zugunsten des Begriffs der Medienabhängigkeit geklärt sein. Nun fehlt es aber vor allem an aussagekräftigen Therapiestudien, die uns sagen könnten, welche Behandlung indiziert ist. Da die vorgestellten und diskutierten Erkenntnisse über Medienabhängigkeit insgesamt noch relativ weit von einer vertieften wissenschaftlichen Grundlage entfernt sind, können bisher noch kaum sichere Therapieempfehlungen gegeben werden.

Die bis dato erprobten Therapieansätze lassen sich grob den großen Psychotherapierichtungen zuordnen. Die auf der Lerntheorie basierende Verhaltenstherapie, die Internetabhängigkeit eher als Suchterkrankung einzustufen geneigt ist, empfiehlt diejenigen kognitiv-behavioralen Verfahren, die sich auch in der Behandlung von Menschen mit stoffgebundenen Abhängigkeiten wie der Alkoholsucht bewährt haben. Und die sich auf psychoanalytische Erkenntnisse beziehenden psychodynamischen Therapieverfahren, die eher dazu tendieren, nichtstoffgebundene Abhängigkeitsphänomene als Symptome einer Grundstörung beziehungsweise einer bekannten psychischen Störung zu verstehen, empfehlen die tiefenpsychologisch fundierte Behandlung eben dieser vorgängigen Erkrankungen. Wenn solche vorgängigen beziehungsweise komorbiden psychischen Störungen mit einem entsprechend hohen Leidensdruck einhergehen, können zusätzlich auch pharmakologische Therapieverfahren, speziell die Gabe von Psychopharmaka, angezeigt sein. Im Folgenden werden die bisherigen Vorschläge für die Behandlung von Internetabhängigkeit entsprechend der beschriebenen Erklärungsansätze kurz vorgestellt.

Neurobiologische, insbesondere psychopharmakologische Therapieansätze, können beim Vorliegen entsprechend schwerwiegender, gleichzeitig vorhandener psychischer Störungen indiziert sein. Da man es hier hauptsächlich mit Depressionen und Angstsyndromen zu tun hat, werden – neben Beruhigungsmitteln in Akutphasen – langfristig Antidepressiva eine besondere Rolle spielen. Allerdings gibt es überdies Hinweise dafür, dass Antidepressiva auch unabhängig vom Auftreten eines depressiven Syndroms bei der Behandlung von Abhängigkeitserkrankten positive Effekte erzielen. Substanzen, die explizit die Entzugssymptome bei Abhängigkeitserkrankungen vermindern sollen, wurden bereits mit einem gewissen Erfolg zur Abstinenzerhaltung bei pathologischen Glücksspielern eingesetzt. Solche Präparate werden aber vermutlich keinen Platz in der Behandlung von Medienabhängigkeit haben, was sich allein schon damit begründen lässt, dass eine absolute Abstinenz in aller Regel nicht das Therapieziel sein dürfte. Abstinenz meint hier selbstverständlich nicht das Vermeiden jeglicher Computer- oder Internetnutzung, sondern die Abstinenz von denjenigen Formaten und Inhalten, die die individuelle Abhängigkeit ausgelöst und aufrechterhalten haben.

Verhaltenstherapeutische Therapieansätze, die sich an der Behandlung von stoffgebundenen Abhängigkeiten orientieren, sind die in der Literatur mit Abstand am häufigsten empfohlenen Therapieverfahren zur Behandlung von Internet- und Computerspielabhängigkeit. Dies gilt nicht nur für die zunächst führenden Forscher aus dem angloamerikanischen Bereich wie Kimberly Young (2011), sondern auch für deutsche Forscher, speziell der Arbeitsgruppe, die sich um die verstorbene Sabine Grüsser (2006) formiert hat und nun von Klaus Wölfling weitergeführt wird. Der kognitive Therapieanteil setzt dabei auf die Analyse und Veränderung pathologischer Denkprozesse beim Gebrauch der entsprechenden Medien. Bei der initialen Verhaltensanalyse geht es vor allem darum, gemeinsam mit dem Patienten herauszufinden, welche virtuellen Belohnungsmechanismen als positive Verstärker und unter Vermeidung welcher realen Probleme als negative Verstärker zu der Abhängigkeitsentwicklung geführt haben und diese unterhalten. Der verhaltenstherapeutische Teil zielt mehr auf die konkrete Veränderung von Verhaltensweisen ab, wobei das pathologische Mediennutzungsverhalten in erster Linie durch alternative und positive Erlebens- und Verhaltensweisen in der konkret-realen Umwelt ersetzt werden soll. Es dreht sich vor allem darum, wie in der konkret-realen Welt ähnlich reizvolle und anregende Erfahrungen gemacht werden können wie in der virtuellen Welt. Hierbei sind insbesondere Erfahrungen hervorzuheben, die die eigene Körperlichkeit und direkte soziale Kontakte einbeziehen.

Psychodynamische Ansätze versuchen in der Regel erst einmal zu eruieren, was an der konkret-realen Welt so beängstigend und kränkend erlebt und was in der virtuellen Welt als so positiv und erstrebenswert empfunden wird. Diese Fragen spielen auch für die Diagnostik einer etwaigen tiefer liegenden psychischen Erkrankung eine entscheidende Rolle. Mit der Aufdeckung der ihr zugrundeliegenden inneren Psychodynamik und deren biografischen Entstehung, die die Bewegung aus der realen in die virtuelle Welt beschreiben, ergibt sich die Möglichkeit, zur letzteren eine Distanz zu finden. Dabei spielen die Beziehungserfahrungen mit dem Psychotherapeuten eine ganz entscheidende Rolle, weil diese in einer konkret-realen Umgebung gemacht werden. Im Rahmen dieser Beziehung können neue Erfahrungen und Affekte erschlossen und erlebbar gemacht werden, welche die Klienten schließlich auch auf ihr Lebensumfeld übertragen können.

Welche psychotherapeutischen Verfahren sich langfristig bei der Behandlung von Internetabhängigkeit als hilfreich erweisen werden, kann sich erst herausstellen, wenn das Störungsbild selbst noch besser in seinen Grundzügen erforscht ist. Langfristig werden vermutlich beide Hauptverfahren bei unterschiedlichen Patienten und in unterschiedlichen Krankheitsphasen von Nutzen sein, ganz davon abgesehen, dass sich verhaltenstherapeutische und tiefenpsychologische Interventionen nicht mehr gegenseitig ausschließen, sondern einander zunehmend komplementär ergänzen, zumal sich gezeigt hat, dass schulenübergreifend die Güte der therapeutischen Beziehung das entscheidende Merkmal für das Gelingen einer Psychotherapie ist.

Übergreifend wichtig dürften bei der Behandlung einige weitere Therapieaspekte sein. Neben der außerordentlichen Bedeutsamkeit der therapeutischen Beziehung gehört ihre zeitliche und räumliche Verortung in der konkreten Realität zu diesen. Die Gestaltung eines solchen therapeutischen Settings, also das regelmäßige Stattfinden einer Therapiesitzung in einem als angenehm empfundenen Raum, kann gar nicht genug betont werden. Insofern ist davon abzuraten, bei Internetabhängigen eine Therapie via Webcam über das Internet durchzuführen, wenngleich sich diese Vorgehensweise zumindest für einen Erstkontakt anbietet und nicht gänzlich verbietet. In jedem Fall ist es aber auch von großer Bedeutung, dass der Therapeut nicht nur aufgrund des Behandlungssettings, sondern darüber hinaus als Person überzeugend für die konkret-reale Welt dazustehen vermag. Dabei kann es nicht einfach nur darum gehen, den Klienten für ein Leben im Diesseits der Wirklichkeit zu gewinnen. Denn Behandler von Medienabhängigkeit sind nur dann wirklich glaubwürdig, wenn sie auch im Kontakt mit der konkret-realen Umwelt und vor allem mit konkret-realen Menschen, in diesem Fall mit den Klienten sind. Vermutlich aber reicht das noch nicht, um einem ganz dem Cyberspace verfallenen Menschen ausreichend dabei zu helfen, einen Weg (zurück) in die physische Um- und Mitwelt zu finden.

Wahrscheinlich bedarf es eines komplexeren therapeutischen Programms, das auch den körperlichen und zwischenmenschlichen Entbehrungen und Defiziten der Betroffenen Rechnung trägt. Erstens dürften körpertherapeutische Verfahren, insbesondere Sport- und Bewegungstherapie, aber auch Entspannungsverfahren und Ernährungstherapie von besonderem Nutzen sein. Den in ihrem Körpererleben zumeist stark verunsicherten Patienten kann damit zu einer positiveren Körperwahrnehmung verholfen werden. Ihnen werden Möglichkeiten aufgezeigt, wie sie sich auf andere Weise als mit Computerspielen einerseits in einen Rauschzustand versetzen und andererseits beruhigen können. Darüber hinaus sind zweitens gruppentherapeutische Verfahren im weitesten Sinne speziell deshalb als zentrale oder ergänzende Therapiemethode sinnvoll, weil sie den Betroffenen gleich die Chance bieten, zu erleben, inwiefern sich konkret-reale Kontakte von den virtuellen Forenkontakten unterscheiden. Im Gegensatz zu rein gruppenanalytischen Verfahren verbieten sich private Kontakte untereinander nicht zwingend, sondern können sogar die Grundlage für eine nachhaltige Selbsthilfegruppenarbeit bilden, wie sie sich ja auch beispielsweise bei anderweitig Abhängigen konstituiert hat. Bei den Medienabhängigen hat sich bisher jedoch lediglich unter den Angehörigen eine nennenswerte Selbsthilfebewegung etabliert. Eine flächendeckende Selbsthilfe wird sich – ähnlich wie bei der Alkoholabhängigkeit – höchstwahrscheinlich erst dann herausbilden, wenn Medienabhängigkeit ebenfalls als Krankheitsentität anerkannt worden ist.

Allein aus diesen komplexen therapeutischen Anforderungen ergibt sich schon die Notwendigkeit, auch stationäre und teilstationäre beziehungsweise tagesklinische Angebote zu entwickeln. Tatsächlich haben sich mittlerweile einige psychiatrische und psychotherapeutische Kliniken mit der Einrichtung von Spezialstationen hervorgetan. Diese ergänzen die auf dem ambulanten Sektor mittlerweile zahlreichen, wenn auch keinesfalls hinreichen den Spezialambulanzen, Praxen und Beratungsstellen. Momentan besteht noch ein großer Bedarf an spezialisierten Einrichtungen, wobei sich voraussichtlich bald kein Psychiater und Psychotherapeut, insbesondere keiner, der mit Kindern und Jugendlichen arbeitet, mehr leisten kann, sich dieser Problematik zu verschließen. Bis dahin bedarf es aber noch in jedem Fall der Unterstützung für die Therapie und Erforschung von Medienabhängigkeit durch Experten, um das Phänomen noch besser verstehen und behandeln zu können und dieses Wissen auch flächendeckend zu multiplizieren. Das bedeutet, dass in größeren medienwissenschaftlichen und gesellschaftlichen Zusammenhängen darüber nachgedacht werden muss, wie mit der Zunahme individuell pathologischer Medienabhängigkeit umgegangen werden kann. Hierzu ist neben einer praktischen Medienpsychologie, Medienpädagogik und Medienpolitik eine rege Beteiligung rein geisteswissenschaftlicher Disziplinen nötig.

Festzuhalten ist, dass sich Medienabhängigkeit als eigenständiges Krankheitsbild darstellt, wobei der individuell Betroffene immer im Rahmen seiner persönlichen Biografie und im Kontext etwaiger komorbider Erkrankungen betrachtet werden muss, damit man ihm diagnostisch und therapeutisch umfassend gerecht werden kann. Das individuelle Vorkommen von Medienabhängigkeit im engeren klinischen Sinne ist zudem als die Extremform eines ubiquitären Phänomens anzusehen. Der Mensch hat sich von den von ihm geschaffenen Medien kollektiv abhängig gemacht. Als Prototyp für Medienabhängigkeit erscheint der junge Mann, der sich von einer als unattraktiv, kränkend und beängstigend erlebten konkret-realen Welt fernhält oder zurückzieht, um im Cyberspace den Helden zu spielen, der er im Diesseits nicht sein kann, und dabei immer depressiver und ängstlicher wird. Er ist es, der heute vielleicht den Menschen jenseits der Zivilisation versinnbildlicht. Im Folgenden soll diese Entwicklung auch aus anthropologischer Perspektive beleuchtet werden.

Durch das, was wir gewohnt sind, den Menschen zu nennen,
laufen die ganze Zeit Daten;
Wissenschaften organisieren diesen Datenstrom
und modellieren im Zuge dieser Organisation eine Adresse,
eine Schnittstelle,
die als vielleicht einzige echte (?) anthropologische Konstante
immer noch nicht aufgehört hat, Mensch zu heißen.

Stefan Rieger, Die Individualität der Medien, 2001, S. 470

Avatare und Archetypen des Cyberspace

Medienanthropologie, eine noch recht junge geisteswissenschaftliche Disziplin, die als moderne Subdisziplin der Kulturanthropo-
logie zu verstehen ist, setzt sich kritisch mit der Frage auseinander
wie sich das Menschenbild im Zuge der medialen Entwicklung
verändert. Um die Bedeutung des Medialen für die Entwicklungspsychologie und ihre anthropologischen Dimensionen besser
verstehen zu können, bedarf es zunächst eines kleinen Exkurses,
diesmal nicht nur in die Untiefen des Cyberspace, sondern auch
in die der Tiefenpsychologie beziehungsweise der analytischen
Psychologie.

Das Ich des Menschen umfasst alle bewusstseinsfähigen psychischen Funktionen und Inhalte eines menschlichen Individuums.
Das individuelle Selbst birgt neben dem Ich auch das die Psyche
ausmachende Unbewusste. Das Ich fungiert als eine Art Fenster,
durch das Licht in die unbewussten Regionen des Selbst geworfen und Erkenntnis gewonnen werden kann. Vieles aber bleibt
im Dunkeln. Niemals lässt sich das Selbst ganz ausloten. Dies
liegt daran, dass das Selbst eine Dimension der Unendlichkeit
ausmacht. Es kann nicht in Gänze ausgelotet und erfasst werden.

Das individuelle Selbst geht in das kollektive Selbst des Menschen über. Dieser Übergangsbereich, den sich alle Menschen zu teilen scheinen, wird vom sogenannten Archetypischen der menschlichen Gattung ausgefüllt. Dies lässt sich am besten daran erkennen, dass die Märchen, Legenden und Sagen der Menschheit, so unterschiedlich ihre Bildsprache bisweilen sein mag, auf sehr ähnliche Geschichten und Gestalten, Archetypen eben, zurückgreifen. Der archetypische Übergangsbereich ist in gewissem Sinne universal, doch nicht völlig zeitlos, zumindest wenn man über die Menschheitsentwicklung hinausdenkt. Er kennzeichnet dasjenige Moment, in dem wir auf einer imaginären Reise ins Innere unserer psychischen Welt wieder dem Anderen in uns selbst psychisch begegnen, ähnlich wie wenn wir um die Erde laufen, um am Ende unserer Reise am Ausgangspunkt, also physisch wieder bei uns selbst zu landen.

In dieser Anschauungsweise tragen also das Ich und das Selbst Vermittlungsfunktionen zwischen den individuellen und kollektiven Dimensionen des Menschseins. Nur mit dem Ich können wir einem anderen konkreten Menschen wirklich begegnen, wenn wir Begegnung als etwas über das Kreatürliche Hinausgehendes verstehen. Mit dem Ich begegnen wir aber darüber hinaus allem anderen Existenziellen in der realen Welt. Nur mit dem Selbst ganz unbewusst in der Welt zu stehen, würde bedeuten, sich lediglich wie ein Tier, das heißt in erster Linie als Gattung ohne eine besondere Individualität zu fühlen und zu verhalten. Es ist die Bewusstseinsfunktion des Ichs, die es uns ermöglicht, in die Beziehung zum Anderen einzugreifen und sie zu modifizieren. Das Ich vermittelt. Damit schenkt es dem Menschen seine Freiheitsgrade und nicht zuletzt auch seine Liebesfähigkeit. Und in dieser seiner charakteristischen Vermittlungsfunktion kann das Ich als Medium des Selbst verstanden werden.

Im Cyberspace geht es nicht allein um Kommunikation in Form von Information und Unterhaltung, sondern vor allem scheint dort auch die Beziehung zum Archetypischen, das heißt zum kollektiven Selbst in all seiner Schönheit und Abgründigkeit kultiviert zu werden. Man könnte sagen, dass der Cyberspace zum

Manifestationsraum für das kollektive Selbst geworden ist und dass der einzelne Computerzugang zu diesem Netz den bewussten Zugang ermöglicht, indem er von dem Ich eines Menschen genutzt wird. Das Computer-Ich ist aber vielmehr ein Ich-Du, also ein bezogenes Ich im Sinne von Martin Buber (1923) als ein singuläres Ich. Denn der Reiz des Internets liegt gerade darin, Ich-Grenzen auszuloten und zu überschreiten, stets bezogen zu sein und nicht nur ein individuelles Selbst, sondern auch die Ausläufer des kollektiven menschlichen Selbst zu erfahren.

Licht und Schatten werfende Medien

Wie die mediale Form des Ichs das individuelle Selbst zum Ausdruck bringen kann, scheinen die Medien das kollektive Selbst zu beinhalten. Das Mediale hat zweifellos eine Bewusstseinsfunktion für das kollektive Unbewusste, wie sie das Ich für das individuelle Unbewusste hat. Hier spiegelt sich die Analogie zwischen den sozialen Netzwerken des Gehirns und des Internets auf tiefenpsychologischer beziehungsweise selbstpsychologischer Ebene wider. Wie das Ich erhellende Erkenntnis über sein Selbst bringt, bringt das Mediale Licht in die Welt des kollektiven Unbewussten und stellt seine Schattenseiten heraus. So sehr wir auch die positive Kraft des Medialen anzweifeln mögen, so sehr sind wir doch auf diese angewiesen, wenn wir Licht ins Dunkel all unserer Fragen an das Dasein bringen wollen. Unser Bewusstsein, unsere Ich-Haftigkeit entwickelt sich in Abhängigkeit sowohl unserer intra- als auch unserer extrapsychischen Medialität.

Hilfreich sind in diesem Zusammenhang Gedanken von C. G. Jung (1875–1961), dem Begründer der Analytischen Psychologie, der jedem Menschen einen psychologischen *Schatten* zuschreibt, welcher ihn stets begleite. Der Schatten steht hier für die Selbstanteile, die dauerhaft unbewusst bleiben müssen, weil sie zu bedrohlich oder zu schmerzhaft sind. Der Schatten kann sich auf verschiedene Weise zeigen, im schlimmsten Fall in paranoiden oder neurotischen Ängsten. Er repräsentiert das, was wir nicht an uns wahrhaben wollen, was nicht wahr sein darf, was uns aber wie der konkrete Schatten auf Schritt und Tritt begleitet. Nicht nur Individuen haben einen Schatten, sondern auch Kollektive. Alles das, was eine Gesellschaft ausblendet, zum Beispiel atavistische Aggressionen, die nicht bewusst gemacht, geschweige denn gelebt werden dürfen, kann als Schatten in anderer Gestalt wieder auftauchen und sein Existenzrecht einfordern.

Der konkrete Schatten beschreibt letztlich die einfachste Form visueller Projektion. Eine Lichtquelle scheint auf ein Objekt, dessen Umrisse auf einer Fläche zum Vorschein kommen. Wenn man an Platons Höhlengleichnis im »Staat« (370 v. Chr./1982) denkt, dann sind Schattenspiele wahrscheinlich als eine erste Form bewegter Medialität zu sehen, sind Vorläufer von Theater, Film und Fernsehen. So fällt es also nicht schwer, dem Schatten, insbesondere dem kollektiven Schatten eine mediale Funktion zuzuschreiben. Der Traum, die Neurose und die Psychose können als Ausdruck des Schattens eines individuellen Menschen angesehen werden. Analog dazu fungieren die von Menschen geschaffenen Medien als Manifestationsort des Archetypischen im Dienste des kollektiv Schattenhaften. Es liegt an uns, den Schatten als das zu erkennen, was er ist, nämlich ein Teil unserer Selbst, der bisher im Dunkel geblieben ist, der uns aber nun dazu anhält, den Blick in den Spiegel zu wagen. In der Anschauung von Verena Kast (2002) bietet sich uns mit dem Medialen die Chance, mit unserem Schatten in einen Dialog zu treten, zusammen mit der Gefahr, dass wir unseren Schatten nur unterhalten, aber nicht integrieren. Auch deshalb erscheint es nicht sinnvoll, das Phänomen der Medialität einer einseitig negativen Bewertung zu unterziehen.

Was bedeutet es, wenn wir alles internal Psychische in einer virtuellen Identität im Cyberspace external zum Leben erwecken? Sind wir nicht zu einem regelrechten Schattendasein verurteilt, wenn wir unserem individuellen Schatten zu einem solchen virtuellen Dasein verhelfen? Was genau manifestiert sich, wenn wir im Netz zu virtuellen Helden werden? Sind wir noch Protagonisten unseres eigenen Lebens, wenn unsere digitale Manifestationsform die Überhand gewinnt?

Der Begriff Avatar kommt nicht von ungefähr aus dem Hinduistischen und bedeutet *Inkarnation des Göttlichen*. Bescheidenheit scheint nicht die Stärke der Cyber-Parallelwelt und ihrer Protagonisten zu sein. In ihrem riesigen medialen Reich, das so unglaublich groß ist, weil es sich aus allen bisherigen Vorläufermedien *speist* und bald von fast jedem Menschen mit Daten gespeist wird, braucht es als Identifikationsfiguren schon Helden oder gar Götter, um sich überhaupt als ein *Jemand* zu fühlen.

In eine zunehmende Abhängigkeit von den neuesten Medien geraten momentan hauptsächlich Jungen und junge Männer, die auf dem Weg in ein erfülltes und selbstbestimmtes Erwachsenenleben scheitern (Bergmann und Hüther, 2006). In narzisstisch gekränkter Depression und soziophobischer Angst ziehen sie sich aus der konkret-realen Welt zurück, um in der virtuellen Welt den Helden zu spielen. Allerdings nimmt die Abhängigkeit auch bei denjenigen zu, deren psychosoziale Kindheitsentwicklung und Jugend sich schon in einem solchen Ausmaß in der virtuellen Welt abspielen, dass ihre Verzagtheit und Kränkbarkeit gegenüber der konkret-realen Welt erst richtig zutage treten, wenn sie sich als zumindest körperlich Erwachsene in ihr zeigen und beweisen sollen. Echte Cybernauten erkennen hier weder Eskapismus noch Retardierung, sondern sehen sich vielmehr als digitale Avantgarde oder als *digital natives*. Diesbezüglich ist es wichtig festzuhalten, dass die meisten Nutzer digitaler Bildschirmmedien nicht in eine Abhängigkeitsentwicklung geraten.

Charakteristisch für die im engeren Sinne vom Internet Abhängigen ist, dass sie sich in ihren künstlichen Identitäten und deren interaktiven Verbindungen derartig verlieren, dass sie darüber wie an einer Sucht erkranken. Dabei wähnen sie sich in aller Regel darin sicher, dass sie – wenn überhaupt – an der Realität leiden und nicht an der Virtualität. Sie versuchen, die eine Welt mit der anderen auszutauschen, ohne zu merken, dass sie sich selbst am Ende immer wieder mitnehmen. Sie stellen dabei unter anderem fest, dass sie nicht teilbar sind, weder in vollkommen atomisierte Identitäten noch im Sinne einer Trennung von Psyche und Physis. Der Spagat zwischen konkreter und virtueller Realität wird auf diese Weise zur schmerzhaften Zerreißprobe. Man kann den Austritt aus seinem virtuellen Leben überleben, nicht aber den aus der konkret-realen Welt. Somit geht es also im Cyberspace gerade auch um existenzielle Fragen, die man leicht übersehen könnte, wenn man die so verführerischen virtuellen Spielwelten nur als kindischen Zirkus abzutun geneigt ist.

In dieser Beziehung ist es wichtig, sich genauer anzuschauen, welche Formate und Inhalte in den Weiten des Cyberspace abhängig machen können. Mit großer Übereinstimmung stellen die Kliniker und Wissenschaftler, die sich mit diesem Thema beschäftigen, derzeit fest, dass vor allem Online-Rollenspiele ein solches Abhängigkeitspotenzial entfalten. Es sind in erster Linie Spiele, in denen es um Krieg geht und in denen der Kampf zur Kunst erhoben wird, zur Kriegskunst eben. In einer solchen Welt der Kriegskunst, in der der Kampf nie ein Ende findet, drohen sich vor allem diejenigen zu verlieren, die noch gar nicht angefangen oder schon längst aufgegeben haben, sich eine Position in der Gemeinschaft, in der sie eigentlich leben, zu erstreiten – doch kann man ihnen ernsthaft verdenken, dass sie kein Interesse an einem Erwachsenwerden haben, bei dem der Platz in der Gesellschaft stets erkämpft werden muss? Die Erwachsenenwelt scheint ihnen keine ausreichenden sinn-, identitäts- und beziehungsstiftenden Erfahrungsmöglichkeiten, Herausforderungen und Aufgaben gewährt zu haben. Als Avatare verkleidet, ziehen sie stattdessen mit anderen Avataren in Kriege, die ihnen von der Software milliardenschwerer Computerspielhersteller an immer neuen virtuellen Kriegsschauplätzen erklärt und bereitet werden. Die Online-Rollenspielabhängigen bemerken dabei anscheinend nicht, dass sie nur ein weiteres, perfides Produkt der so verhassten Erwachsenenwelt nutzen.

Dass die Geschichten dieser virtuellen Heldenwelten stets auf die Unendlichkeit angelegt sind, ist nur einer von vielen Aspekten, die den Spielern hinter den Avataren ein Gefühl von göttlicher Überhöhung verleihen. Letztendlich haben sie lediglich eine Software und ein Abonnement erworben, um potenziell für immer in der am Ende doch so begrenzten und beschränkten Welt *leben* und kämpfen zu können. Alle Jahre wieder schlagen neue sogenannte Add-Ons wie eine Bombe in die virtuelle Welt ein und erweitern die Geschichte der Parallelwelt um weitere Spiel-räume, Reiche und Schlachtfelder, um ihre zahlenden Jünger bei Laune und in Abhängigkeit zu halten. Bisweilen wird sogar mit dem Suchtpotenzial der Spiele geworben.

Die Suggestion, hier an einer ganz großen Geschichte bezie-hungsweise an einem ganz großen Projekt zu partizipieren, macht einen Teil, vermutlich aber nicht den größten Teil des Reizes von Rollenspielen dieser Art aus. Am Ende sind es vor allem die immer neuen Aufgaben in Form gemeinschaftlicher Kampf-handlungen, die bisweilen wie Weihehandlungen daherkommen. Diejenigen, die sich nicht zur digitalen Boheme rechnen dürfen, müssen wissen, dass Online-Rollenspiele sehr an die überaus populären Fantasy-Epen wie »Herr der Ringe« oder »Der goldene Kompass« erinnern. Wie diese bedienen sie sich archetypischer Charaktere und Geschichten, ohne selbst die epische Kraft und Tiefe von solchen Märchen und Legenden zu erreichen. Auf diese Weise werden epische Momente häufig zwar behauptet, jedoch letztlich banalisiert.

Vielleicht dient die vermeintliche Unendlichkeit solcher virtu-eller Parallelwelten darüber hinaus als Ersatz für die existenziel-len Entbehrungen beziehungsweise die fehlenden existenziellen Erfahrungen ihrer Spieler. Der Kult, der um diese Welten gemacht wird, erscheint als eine Karikatur von Religiosität, um nicht zu sagen von Sektierertum. Zumindest zu letzterem gehört ja stets auch die Abwendung von der konkret-realen Welt. Die Wiederan-bindung an einen spirituellen Urgrund des Menschen ist in diesen Spielen allerdings nur schwerlich auszumachen. Wenn überhaupt, dann liegt diese in der Identifikation mit archetypischen Gestal-ten im Rahmen der Avatarbildung und im spielerischen Vollzug archetypischer Handlungen. In den Online-Fantasy-Welten gibt es hierfür eine schier unendliche und beeindruckende Vielfalt an Alternativen: Ich kann meinen Avatar als virtuelle Identifikations-figur der vielfältigen Möglichkeiten meines Selbst und meines Ichs generieren, wobei mir eigentlich immer klar sein müsste, dass mir am Ende doch nur diejenige begrenzte Anzahl an Möglichkeiten zur Verfügung steht, die mir der Hersteller bereitstellt. In dem erfolgreichsten Spiel dieser Art muss ich mich zunächst dafür entscheiden, ob ich zur »Allianz« oder zur »Horde« gehören möchte, also zum vermeintlich kultivierteren oder zum atavistischeren Teil der virtuellen Parallelweltbevölkerung. Innerhalb dieser beiden Völker muss ich mich wiederum auf Figuren festlegen, die direkt einem Archetypenlabor entsprungen sein könnten. Beispielsweise kann ich ein Magier, ein Untoter oder ein drachenähnliches Wesen sein, und auch das Geschlecht kann ich mir aussuchen. Diese Gestaltung der eigenen Avatare kann im Rahmen der Psychotherapie mit Internetabhängigen in Analogie zur Arbeit mit Träumen und Archetypen durchaus fruchtbar genutzt werden.

In diesem Zusammenhang ist es von Bedeutung, dass die Spieler zumeist mehrere Identitäten annehmen, ihren verschiedenen Persönlichkeitsanteilen in endlos vielen Avataren ein Eigenleben verschaffen können. Sie gestalten darin letztlich auch die emotional aufgeladenen Komplexe ihrer Psyche, die C. G. Jung als Teilpersönlichkeiten bezeichnet hat. In Einzelfallbeschreibungen hat sich gezeigt, dass es sich hierbei um projizierte Identifikationen beziehungsweise Komplexe handelt, die auf die virtuelle Ebene verschoben werden. So kann es sogar zu einer Dissoziation dessen kommen, was ein eher konservativer Beobachter noch als Kernidentität beschreiben würde. Das heißt, dass die Spieler von Online-Rollenspielen im Ernstfall nicht nur in einer archaisch anmutenden virtuellen Welt und in der Flut der mit ihr verbundenen archetypischen Bilderströme in die Irre gehen können. In der Übertragung von Persönlichkeitsanteilen auf Avatare können sich besonders exzessive Spieler auf Kosten der Stabilität und Kohärenz ihrer Ich-Struktur quasi in sich selbst verlieren. Wie bei stoffgebundenen Abhängigkeiten können also auch bei der Medienabhängigkeit Bewusstseinsfunktionen beeinträchtigt werden. Plakativer formuliert, verirren sich die Online-Rollenspiel-Abhängigen im kollektiven Unbewussten des Cyberspace.

Die im Online-Spiel visualisierten Archetypen erscheinen eher als regressiv bindend denn als progressiv wegweisend, eher als atavistisch denn als göttlich und sinngebend, wenngleich in ihnen ein unbewusster Impuls hin zum Metaphysischen verborgen liegen mag. In dessen virtueller Irreführung kann die Menschwerdung für jugendliche Computerspieler zum ebenso endlosen wie aussichtslosen Kampf werden. – Auch wenn es kaum noch jemandem auffällt: Krieg auf eine solche Weise zur Kunst zu erheben, ist mehr als zynisch. Im Extremfall ist es die implosive und damit weniger gefährliche Möglichkeit für junge Männer, ihre Depressivität und Aggressivität gegeneinander *auszuspielen*.

Was das Internet nicht kann

Tatsächlich kann die Abhängigkeit von Avataren den sozialen und individuellen Tod in der konkret-realen Welt bedeuten. In Südkorea, dem Land, in dem Computerspiele aufgrund staatlicher Förderung von unglaublich großer Bedeutung sind, gab es bereits viele Todesfälle infolge von Verdursten, Verhungern und extremer Schlaflosigkeit vor dem Computer. Davon sind Menschen betroffen, die sich in ihrem Körper nicht mehr spüren, wenn sie in jeder Minute ihrer Wachzeit in eine virtuelle Welt abtauchen, um ebenso enthusiasmiert wie verzweifelt nicht sie selbst sein zu müssen. Spätestens hier wird es ernst. Und darauf macht uns die schöne neue Welt des Cyberspace aufmerksam. Sie wirft den technologisierten Menschen auf seine existenzielle Dimension, seine Leib- und Weltgebundenheit zurück. Denn all das vermag man im Internet nicht zu tun: einen Menschen *wirklich* lieben, mit ihm schlafen, ein Kind zeugen und ihn auf seinem Weg ins Leben begleiten, einen Kranken pflegen, einen Sterbenden betreuen und begraben. Wenn der Avatar, mit dem unsere Avatare gestern noch spielten, plötzlich erkrankt und nicht mehr im Netz anzutreffen ist, dann ist es sehr unwahrscheinlich, dass wir ihn in einem fernen Land am anderen Ende der Welt aufsuchen, um ihm im konkreten Sinne beizustehen. Der Cyber-Raum wäre nicht der Erste, der uns darauf aufmerksam macht, dass die Liebe in all ihren Spielarten mit der Sterblichkeit des Menschen und all seinen existenziellen Facetten verbunden ist.

Vielleicht wäre es ein Durchbruch, wenn Spiele entwickelt würden, in denen man *wirklich* auch virtuell sterben könnte, in denen es also für jeden Menschen nur einen Avatar mit einer Lebenschance geben würde. Dann würden wir vielleicht erfahren, wovon der Mensch mehr abhängig ist, von der virtuellen Sphäre seiner Existenz oder vom schrecklich schönen Ernst seines irdischen Lebens. Wenn wir Erwachsenen nicht wenigstens gegenüber den Heranwachsenden für Letzteres geradestehen, dann haben wir ein Problem.

Das Mediale in uns – Innerpsychische Medien

Eine auch geisteswissenschaftlich angelegte Psychiatrie und Psychologie müsste medienpsychologische Aspekte in einem größeren anthropologischen Kontext betrachten. Eine solche Medienanthropologie würde, wie in den medienhistorischen und medientheoretischen Vorüberlegungen bereits angedeutet, im Grunde schon mit der medialen Vorgeschichte einsetzen, nämlich zum Zeitpunkt, als der Mensch mit der Laut-, Stimm- und Sprachbildung die Vorläufer des im engeren Sinne Medialen in sich ausgebildet hat. Während die mediale Vorgeschichte in medientheoretischer Anschauung Fragen nach der Identität des spezifisch Menschlichen aufwirft, geht es der Medienpsychologie vordringlich um individualpsychologische Aspekte. Die Kommunikation, insbesondere die über Stimme und Sprache, gilt vom Anbeginn menschlichen Lebens an als wesentlich für die Ausbildung von Identität und Interpersonalität. Der Mensch wird erst durch seine Stimme zur Person. Diese »durchtönt«, lateinisch *personare,* seine Individualität beziehungsweise lässt ihn als Individuum für andere heraushörbar, das heißt persönlich erkennbar werden.

Aber als erstes im interpersonalen Raum auch extrapsychisch schwingendes Medium könnte man – noch vor der Stimme – viele seelische Phänomene, die somit vorrangig als *intrapsychische Medien* aufzufassen sind, wie den Gedanken, die Vorstellung, die Phantasie, den Traum und die Halluzination, verstehen. Diese haben im weitesten Sinne zwar allesamt auch etwas mit Sprache –

Wort-, Zeichen- und Bildsprache – zu tun, sind jedoch als eigentliche Vorläufer der anthropologisch später auftauchenden extrapsychischen Medien anzusehen. In diesem Zusammenhang sollen drei dieser Phänomene exemplarisch herausgegriffen werden, um zu zeigen, wie eine sich in einen größeren Kontext stellende Medienpsychologie dazu beitragen kann, besser zu verstehen, was das Mediale im Menschen und der Mensch im Medialen sucht. Dabei handelt es sich zum einen um das Phänomen des Traums und seine mannigfaltigen Beziehungen zur Medialität sowie zum anderen um die Phänomene des Narzissmus und der Hysterie und wie sie als Generatoren des Medialen fungieren.

Die medialen Funktionen des Träumens

Der Traum ist *das* intrapsychische Medium schlechthin. Vielleicht ist er sogar der Ausgangspunkt aller extrapsychischen Medialität. Damit würde der Traum den Übergang von der intrapsychischen zur extrapsychischen Medialität markieren. Der Traum, sowohl der Wach- als auch der Schlaftraum, ist nicht auf ein Medium in der physischen Außenwelt angewiesen. Er braucht kein Papier, keine Matrize, keinen Bildschirm. Er ist nicht nur das Sinnbild, sondern zugleich auch die konkreteste Manifestation psychischer Projektion. Wie alle Medien dient er dem Ausdruck seelischer Inhalte. Dem Unbewussten Ausdruck zu verleihen, ist seine ureigenste Funktion. Sich diese psychische Manifestation anzuschauen, sie zu verbildlichen und zu versprachlichen, sie damit zugänglich zu machen, um sie mit anderen teilen und deuten zu können, ist die zweite Funktion des Traumes. Auch hierfür bedarf es nicht notwendigerweise einer externalen Manifestation durch Schrift und Bild, aber es erfordert eine sich auf Sprache gründende Denkweise. Und es ist anscheinend ein anderer Mensch, ein Gegenüber nötig, mit dem man in einen Dialog treten kann. In »Der Mensch und seine Symbole« postulierte Jung, dass Träume letztlich nur zu zweit gedeutet werden könnten. Die Sprache, die eben auch die Grundlage für eine gedankliche Durchdringung des Traumes schafft, hat sich letztlich aus dem Bedürfnis nach

Zwiesprache entwickelt. Auch beim Traum geht es um Kommunikation. Wenn er bewusst wird, dann handelt es sich um eine Art Zwiegespräch des Ichs mit dem Selbst. Durch den Traum komme ich mit mir selbst in Kontakt. Wenn wir ihn in all seinen Dimensionen annehmen, dann stellt er eine Art Ab- oder Ausgleich zwischen Bewusstem und Unbewusstem her. Es dreht sich dabei letztlich um eine harmonische Beziehung zwischen der intrapsychischen Innenwelt des Selbst und dem sich an die extrapsychische Umwelt richtenden Ich. Der Traum vereint dementsprechend beide Formen intrapsychischer Medialität in sich. In seiner ausdrucksstarken energetischen Projektivität gehört er eher zur primären intrapsychischen Medialität und damit in die Sphäre des Psychotischen. In seinem transformatorischen Potenzial lässt er sich außerdem der sekundären intrapsychischen Medialität zurechnen und damit der Sphäre des Neurotischen. Der Traum enthält in seinen beiden medialen Ausdrucksformen ein kathartisches Potenzial. Die kathartisch wirkende primäre Medialität des Traums geschieht unwillkürlich, im Sinne der Herstellung eines psychophysiologischen Gleichgewichts. Die kathartisch wirkende sekundäre Medialität des Traumes fällt in das Hoheitsgebiet des Bewusstseins und benötigt somit die Willenskraft, um wirksam sein zu können.

Den Ausgangspunkt für die weiteren Betrachtungen bildet die Hypothese, dass der Traum und das Mediale für den Menschen als geistiges Wesen gleichermaßen konstitutiv sind. Dabei stellen sich zwei Grundfragen: Was ergibt sich erstens aus der Anwendung medienwissenschaftlicher Ansätze auf das Phänomen Traum? Und was zweitens aus der Anwendung der Traumtheorie auf das Phänomen Medialität? – Seine Funktion als *via regia*, als Königsweg zum Unbewussten, macht den Traum zu einem Mittler, also quasi zu einem intrapsychischen Medium. Eine *wirklich* mediale Dimension im engeren Sinne entfaltet der Traum allerdings erst dann, wenn er sich über ein extrapsychisches Medium *vermittelt,* wenn er also einem Gegenüber versprachlicht oder verbildlicht wird. Umgekehrt können alle medialen Manifestationen als Projektionen unbewusster Inhalte verstanden werden, in denen sich sowohl individuelle Menschenträume als auch kollektive Menschheitsträume ausdrücken mögen. Man kann der anthropologisch korrespondierenden Entwicklung von Traum- und Medienverständnis sowohl phänomenologisch als auch entwicklungspsychologisch nachspüren. Bei der Erörterung, wie sich Traum und Medialität einander gegenüber verhalten und entwickeln, werden Gemeinsamkeiten und Unterschiede dieser beiden Phänomene erkennbar. Heute hat sich aus diesen Überschneidungen und Entkopplungen ein Spannungsfeld gebildet, das sich dadurch aufzulösen scheint, dass das Phänomen Traum vom überbordenden Medialen vereinnahmt wird und in seiner bisherigen Form zu erlöschen droht. Der Rückzug des originär Traumhaften vollzieht sich anscheinend in Korrespondenz zum fortschreitenden Rückzug des Menschen aus seiner konkret-realen Umgebung, beides zugunsten der Umsiedlung in den medialen Raum. Denn diese scheint darauf hinauszulaufen, dass die *interpersonale* Medialität gegenüber dem *intrapersonalen* Traum immer mehr an Bedeutung gewinnt. Infolge dieser Beobachtung stellt sich die Frage, ob Multimedialität das Phänomen Traum tatsächlich verdrängt oder ob Medien nicht vielmehr einen Verwirklichungsversuch individueller und kollektiver Träume darstellen. Traum- und Medientheorien zueinander zu bringen, gestaltet sich insofern schwierig, weil die Gegenstände beider Theorien sich ihrem Wesen nach – ja vielleicht gerade, weil sie im Hegel'schen Sinne *wesenhaft* und keine Gegenstände im engeren Sinne sind – einem ordnenden Zugriff entziehen.

Träumen, das ist definiert als die psychische Aktivität während des Schlafs. Der *Traumbericht,* das also, was als der eigentliche *Traum* kommunizierbar wird, ist die Erinnerung an die psychische Aktivität während des Schlafs. Über die Trauminhalte sagt der Traumforscher Michael Schredel: »In den meisten Fällen sind unsere Träume eine Mischung aus tatsächlich Erlebtem und realen Personen einerseits und Elementen aus Medien und natürlich unserer Phantasie andererseits« (2007, S. 76). Schon aus den einfachsten inhaltlichen Beschreibungen lässt sich also die Nähe des Phänomens Traum zur Medialität erkennen: Der Traum bedient sich medialer Inhalte und braucht eine mediale Form, um überhaupt das Licht der Welt zu erblicken. Während sich das Mediale und das allgemeine Interesse daran exponentiell vermehren, hat das Interesse am Traum und seinen Derivaten in den letzten Jahrzehnten bemerkenswerter Weise stark abgenommen. Während der Traum einmal *der* Gegenstand von Psychologie und Psychotherapieforschung schlechthin war, ist heute die Anzahl der Veröffentlichungen von Studien zum Thema stark gesunken. Eventuell spiegelt diese Entwicklung auf der einen Seite lediglich die Abnahme des Erkenntnisdrangs für geisteswissenschaftliche, tiefenpsychologische und metapsychologische Zusammenhänge überhaupt wider, sowie die damit auf der anderen Seite verbundene Zunahme des Interesses für die technologische Umsetzung metaphysischer Impulse in Robotik, Bio- und Medientechnologie. Die Bedeutung des Traums für den Menschen kann jedoch gar nicht hoch genug angesetzt werden. In seiner »Philosophie des Traums« beschreibt es Christoph Türcke so: »*Die Werkmeister* des Traums sind weit mehr als nur Traumbildner. Sie sind nichts Geringeres als elementare Geist- und Kulturbildner: treibende Kräfte der Menschwerdung« (2008, S. 99).

Träume waren zunächst vor allem Botschaften aus einem wie auch immer gearteten Jenseitigen, das noch hinter der Welt der Objekte verborgen lag. Auch Tiere können träumen. Doch erst der Mensch hat das Geträumte im engeren Sinne verbildlicht und versprachlicht, sodass er es als Traum mitteilen und ihm damit eine Bedeutung verleihen kann. Schon hier wird deutlich, wie eng die Geburt des Traumes und die des Medialen, wenn man Sprache als das erste eigentliche Medium betrachtet, miteinander verbunden sind. Überhaupt scheint es dem Traum um Verbundenheit zu gehen. Im Traum darf sich der Mensch mit seinen Ursprüngen verbunden fühlen, mit der eigenen und der ihn umgebenden Natur, mit dem Atavistischen und Archetypischen, und wenn er sich schon nicht im engeren Sinne religiös verbunden, also *wiederverbunden* mit dem Göttlichen, fühlt, dann zumindest für einen Moment vereint mit sich und seinem Selbst. Wenn sich der Mensch den Träumen, die aus seinem Selbst aufsteigen, indes vollends hingibt und in ihnen versinkt, dann droht umgekehrt der Selbstverlust.

Jedoch wäre es schrecklich, wenn der Mensch alle seine individuellen und kollektiven Träume wahrmachen könnte. Wenn wir unsere Träume direkt in die Realität umsetzen könnten, würden sie keiner Deutung mehr bedürfen. In Wim Wenders' Film »Bis ans Ende der Welt« aus dem Jahre 1991 erfolgt diese Realisierung rein medial. Es geht darin um ein Ehepaar, zwei Wissenschaftler, die sich an eine Maschine koppeln, welche in der Lage ist, ihre persönlichen Träume zu visualisieren. Von diesen Bildern sind sie so fasziniert, dass sie davon regelrecht abhängig werden. Die direkte Umsetzung von individuellen und kollektiven Trauminhalten in Medieninhalte – so könnte man meinen – birgt eine Gefahr, sie führt in eine globale Form von Medienabhängigkeit.

Für eine extreme Inkongruenz zwischen Traum- beziehungsweise Wunschvorstellung und Realität, wie sie sich in einer Verfallenheit des Menschen gegenüber dem Medialen reflektiert, liefert der Spiegel Nerhegeb aus J. K. Rowlings erstem Band der Harry-Potter-Reihe eine wunderbare Allegorie: »Der glücklichste Mensch auf der Erde könnte den Spiegel Nerhegeb wie einen ganz normalen Spiegel verwenden, das heißt er würde in den Spiegel schauen und sich genau so sehen, wie er ist. […] Er zeigt uns nicht mehr und nicht weniger als unseren tiefsten, verzweifeltsten Herzenswunsch. […] Allerdings gibt uns der Spiegel weder Wissen noch Wahrheit. Es gab Menschen, die vor dem Spiegel dahingeschmolzen sind, verzückt von dem, was sie sahen, und andere sind wahnsinnig geworden, weil sie nicht wussten, ob ihnen der Spiegel etwas Wirkliches oder auch nur etwas Mögliches zeigte. […] Es ist nicht gut, wenn wir nur unseren Träumen nachhängen und vergessen zu leben« (1997, S. 233). Aber was hat der Cyberspace als das allumfassende Medium schlechthin, als *das Medium* überhaupt, noch mit Träumen zu tun? Die Antwort auf diese Frage haben mediale Fiktionen in unzähligen weiteren Fantasy- und Science-Fiction-Szenarien bereits vorweggenommen. Das Mediale konkretisiert, um nicht zu sagen *realisiert,* die Träume des Menschen auf mannigfaltige Weise und der Cyberspace verschiebt diese Verdichtung von Vorstellungen auf eine paradigmatisch neue Entwicklungsstufe.

Auf diesem Wege kommen wir noch zu einer ganz anderen Art von Träumen. Nicht nur die individuellen, sondern auch uralte Menschheitsträume kommen hier zum Tragen. Viele dieser *Tagträume der Menschheit* beschäftigen sich mit dem Wunsch des Menschen, sich über seine irdischen und physischen Bedingungen hinwegsetzen zu können und auf die eine oder andere Art und Weise unsterblich zu werden. Am Ende führen die Tagträume des chronisch gekränkten und technologisch übersteuerten postmodernen Menschen in die Irre. Diese virtuelle Sackgasse besteht vor allem darin, dass die durchaus an die mediale Evolution gekoppelte Bewusstwerdung des Menschen hier nicht nur einen Halt macht, sondern dass zu befürchten ist, dass sie eine Umkehrung erfährt. Denn der sich ganz dem Cyberspace ausliefernde Mensch nimmt einen fundamentalen Bewusstseinsverlust in Kauf. Sein Ich – insbesondere, wenn er als Kind im Zusammenspiel mit konkreter Welt und all seinen Sinnen keine ausreichenden Erfahrungen machen darf – kann überhaupt keinen gelingenden Individuationsprozess mehr durchmachen und ihn auf diese Weise davor schützen, nicht völlig in einem kollektiven Unbewussten zu verschwinden. Ein solcher Mensch droht abhängig, manipulierbar und ziellos zu bleiben. Er kann nicht mehr zwischen individuellen *Menschenträumen* und kollektiven *Menschheitsträumen* unterscheiden. Er träumt nicht, sondern er wird geträumt, sodass er sich schlussendlich im Spiegel nicht selbst erkennen kann.

Psychotherapie kann ein Prozess des befreiten Aufwachens sein. Die Aufgabe von Psychotherapeuten wird es zunehmend sein, sich nicht nur mit den Träumen ihrer Klienten auseinanderzusetzen und ihnen zu diesen einen Zugang zu verschaffen, sondern sich viel mehr als zuvor auch mit den medialen Identifikationsfiguren auseinanderzusetzen, die nicht nur für Kinder und Jugendliche eine immer größere Bedeutung haben werden. Bald wird es den Menschen viel leichter fallen, über das zu sprechen, was sie mit ihren Avataren erleben, als über das, was sie in ihren Träumen verarbeiten. Und tatsächlich lassen sich diese Erlebnisse in der Psychotherapie auf ähnliche Weise bearbeiten wie das Traummaterial. Zur Erklärung dieser Beziehung zwischen Traum und Computerspiel kann Jungs Symbol- und Archetypenlehre hilfreich sein. Der individuelle Anteil jedoch, der aus der Wahl eines Avatars und dessen Handlungsweisen spricht, ist momentan noch recht gering, sodass echte Träume immer noch weit näher das Erleben des Träumenden darstellen und somit vermutlich authentischer sind. Erst wenn wir unmittelbar an Computer angeschlossen sind und unsere Träume direkt umsetzen können, werden die dort abgebildeten Träume im engeren Sinne authentisch sein, uns also wirklich selbst enthalten. Aber dies ist schlechterdings nur in einem unbewussten Aggregatzustand denkbar, der wiederum einem Schlaf gleicht. Wie in Wim Wenders Film »Bis ans Ende der Welt« werden wir aus diesen Träumen vermutlich nicht mehr erwachen wollen. Mit der Erfüllung eines solchen, inzwischen nicht mehr ganz so utopischen Menschheitstraums hätte die Gattung Mensch als solche quasi *ausgeträumt.* Aber vielleicht gilt das Sprichwort »Geträumte Tote leben länger« ja auch für den Traum selbst. Seinem Wesen nach kann ein Traum niemals tot sein.

Narzisstische Phantasien und hysterische Inszenierungen als energetische Potenziale des Medialen

Das Phänomen Traum lässt sich im Hinblick auf psychopathologische Kategorien nicht eindeutig dem Psychotischen oder Neurotischen zuordnen. So wie es intra- und extrapsychische Medialität miteinander zu verbinden vermag, umfasst das Traumhafte auch Psychose und Neurose. Das Neurotische – insbesondere die anthropologisch vergleichsweise jungen psychischen Phänomene Narzissmus und Hysterie, die nicht allein als Pathologien zu verstehen sind – steht in einem engen Zusammenhang mit der Externalisierung des Psychischen im Medialen. Dabei sind die beiden neurotischen Phänomene Narzissmus und Hysterie gerade deshalb von so besonderem Interesse, weil sie eben nicht allein individuelle Dispositionen beschreiben, sondern, indem sie die Grenze vom Individualpsychologischen zum Sozialpsychologischen überschreiten, auf gewisse Art und Weise ubiquitär geworden sind. Ihnen gemeinsam ist, dass sie anthropologisch gesehen vermutlich relativ neue Phänomene darstellen, das heißt, dass sie als Neurosen im Gegensatz zu den Psychosen menschheitsgeschichtlich deutlich später aufgetreten und vermutlich erst mit zivilisatorischen Entwicklungen richtig zur Ausformung und Geltung gekommen sind. Auch ist ihnen gemein, dass sie, anders als die Psychose, keinen eindeutig pathologischen Charakter aufweisen. Ihnen wird vielmehr ein kreatives und energetisches Potenzial zugeschrieben, das positiv genutzt werden kann, wenngleich es pathologisch zu entgleiten vermag. Beim Narzissmus geht es letztendlich darum, dass ich mich selbst nicht lieben kann, da ich mir selbst keinen Wert zuzuschreiben vermag. Demzufolge muss ich alles daransetzen, mir und anderen ständig zu beweisen, dass ich es wert bin, geliebt zu werden. Diese narzisstische Disposition kann ein unglaubliches energetisches Potenzial bieten und Menschen zu Höchstleistungen vorantreiben. Versagen bedeutet in dieser Hinsicht aber eine mitunter unerträgliche narzisstische Kränkung, die einen Menschen an sich und der Welt verzweifeln lassen kann. Dann droht das Niedergeschlagensein oder das Niederschlagen. Depression und Aggression, als zwei Kehrseiten einer Medaille, können die Folge einer solchen erhöhten narzisstischen Kränkbarkeit sein. Das sich Antreiben zu Erfolgen, das aber nicht wirklich über sich Hinauswachsen-Können, der Anstieg an Depressivität und vielleicht ebenso an Aggressivität in unserer Gesellschaft könnten als Zeichen dafür gewertet werden, dass Narzissmus in der Mitte unserer Gesellschaft angekommen ist. Und weil er allgegenwärtig ist, spüren wir ihn eventuell gar nicht mehr, sind von ihm wie narkotisiert.

Bei der Hysterie, die ein viel schwieriger zu erklärendes Phänomen verkörpert, weil sie sich ständig wandelt und ihr Begriff Angst vor Stigmatisierung hervorruft, dreht es sich nicht darum, mehr wert sein zu müssen, um geliebt zu werden, sondern darum, anders sein zu müssen, immer wieder anders, um gesehen, akzeptiert und geschätzt zu werden. Der Hysteriker ist immer überall und nirgends, ein Chamäleon, eine Chimäre. Er passt sich seiner Umwelt und seiner Bedürfnisse fortwährend neu an. Daraus kann viel kreatives, ja künstlerisches Potenzial erwachsen. Im pathologischen Sinne kann das Dramatische, das Scheinbare, das Maskenhafte aber zum Selbstläufer werden. Selbstentfremdung und Identitätsverlust können die Folge sein. Hier deutet sich eine überindividuelle Phänomenologie an, die sich gerade auch in unserer Gesellschaft in besonderem Maße finden lässt. Selbstfindung oder gar Selbstverwirklichung bedeuten für das postmoderne Ich möglichst viele Seiten des eigenen Selbst auszuleben. »*Ich sind viele*« heißt die Devise. Im Extremfall führt das Ausleben aller eigenen Facetten zu einer erschreckenden Vielgesichtigkeit bis hin zum genauen Gegenteil des Intendierten, dem Selbstverlust. Diese Diagnose lässt sich ebenso für den Menschen in unserer Gesellschaft an und für sich stellen. Die Identität der Gattung Mensch hat ihren Wiedererkennungswert eingebüßt, sie ist sich ihrer selbst nicht nur fremd, sondern überdrüssig geworden. Hinderk Emrich beschreibt, wie die Hysterie zu einem derart alltäglichen Phänomen geworden ist, dass wir sie gar nicht mehr wahrnehmen (Emrich, 2008, S. 55).

Der narzisstische Mensch ist dabei ganz auf sich bezogen, um an sich und seinem Wert zu arbeiten und geliebt zu werden. Der hysterische Mensch ist dagegen zu sehr auf den Anderen und seine Vorstellungen von ihm bezogen, damit er geliebt wird. Was bei beiden Tendenzen fehlt, ist die Fähigkeit zu einer echten partnerschaftlichen Beziehung, und insofern schließen sich die beiden psychischen Verfassungen gegenseitig nicht aus. Dass Narzissmus und Hysterie allgegenwärtig in unserer Gesellschaft geworden sind, muss nicht besonders betont werden. Sie sind nicht zuletzt auch das energetische und kreative Potenzial des Medialen. Denn dort, insbesondere im Fernsehen und im Internet, kann ich allzeit aufs Neue zu beweisen versuchen, dass ich stets mehr und anders bin als bisher. Der Erfolg von Talk-, Reality- und Casting-Shows sowie das Bloggen und Twittern sprechen diesbezüglich Bände. Der *Mensch auf Sendung* und ohne *Sendungs-*

bewusstsein scheint in einem tieferen Sinne verunsichert zu sein, was er ist und was er wert ist. Die Allgegenwart von Narzissmus und Hysterie sind auch ein Ausdruck für einen fundamentalen Selbstzweifel des Menschen an sich und für eine Gestörtheit des notwendigen partnerschaftlichen Bezugs zum Anderen. Anders formuliert, führt die Externalisierung des menschlichen Ichs im Medialen zu quantitativen wie qualitativen Veränderungen seiner Phänomenologie. Dies geschieht sowohl in seinen gesunden wie in seinen pathologischen Äußerungen, namentlich in Narzissmus und Hysterie, welche die rasante Entwicklung des Medialen energetisch aufladen. Im Sinne dieses medienanthropologischen Ansatzes kann der Narzissmus als Bruch zwischen Vorstellung und Wirklichkeit und das Hysterische als Grenzüberschreitung zwischen Vorstellung und Wirklichkeit verstanden werden. Mangelt es dem Menschen intrapsychisch an einer medialen Mitte, das heißt einem Individuum an Introspektionsfähigkeit und einem Kollektiv an Abstraktionsfähigkeit, dann kann es zu gefährlichen Brüchen und Sprüngen zwischen realen und virtuellen Lebenswelten kommen. Fehlt es also an einem medialen Ich, das zwischen individuellem und kollektiven Selbst zu vermitteln in der Lage ist, dann sind diese beiden Lebenswelten nicht mehr innerhalb einer intrapsychischen Schnittmenge miteinander verbunden und gesichert, sondern drohen separiert und miteinander verwechselt zu werden. Solch innere Medialität, das vermittelnde Element, welches narzisstische Kränkungen zu entschärfen vermag, geht uns verloren.

Dies gilt selbst für den Computer und das Internet, wie die ansonsten so medienoptimistisch gestimmte Sherry Turkle bemerkt: »In ähnlicher Weise kann der Computer als ein Objekt an der Grenze zwischen Selbst und Nichtselbst erlebt werden. Die Sage von Narziss erhält so eine neue Variante: Die Menschen können sich in die Kunstwelten verlieben, die sie selbst erschaffen beziehungsweise andere für sie erbaut haben. Wir erblicken im Computer unser Spiegelbild. Die Maschine kann uns als ein zweites Selbst erscheinen« (1999, S. 43). Wie Narziss sich in sein Spiegelbild verliebt, droht der kulturlose und introspektionsunfähige

Mensch das Mediale als Spiegelfläche seiner Realität zu nehmen und diese gemäß der Spiegelung zu korrigieren. Dank Schönheitschirurgie versucht er, so schön zu werden wie seine Vorbilder. Dank der modernen Medizin glaubt er, sich gegenüber Krankheit und Tod immunisieren zu können. Wie seine imaginierten Helden gedenkt er, sich unsterblich zu machen, und nimmt in Kauf, seine Ziele auch mit Gewalt durchzusetzen. Die Differenz zwischen Realität und Anspruch, die Rückkehr vom virtuellen ins konkrete Dasein muss immer wieder enttäuschen. Wie in einem Circulus vitiosus steigern diese narzisstischen Kränkungen die Aggressivität, die sich gegen sich selbst und andere richten kann, dies bisweilen versteckt in den perfidesten Technologien.

Vielleicht befinden wir uns alle bis zu einem gewissen Grad in dieser Situation, die Marshall McLuhan in einem Interview im Jahre 1969 als »Narziss-Narkose« beschrieben hat, womit er sich insbesondere auf die Dominanz der schon damals einflussreichen Bildschirmmedien bezog, also letztlich auf den *iconic turn*. Mit dieser speziellen Form der Selbsthypnose meint McLuhan ein »Syndrom, bei dem sich der Mensch der psychischen und sozialen Auswirkungen seiner neuen Technologien genauso wenig bewusst ist, wie ein Fisch sich des Wassers bewusst ist, in dem er schwimmt. Und so wird schließlich eine von neuen Medien erzeugte Umwelt genau an dem Punkt unsichtbar, an dem sie alles durchdringt und unser Gleichgewicht der Sinne vollkommen verändert« (McLuhan, 1969/2002, S. 8). Wir sind sozusagen geblendet von der visuellen Kraft unserer Schöpfung und von ihrer narzisstischen Ausstrahlung, bei der es eben nicht um *Introspektion,* sondern in erster Linie um Projektion geht. Wir machen uns selbst und einander zum Objekt. Da uns die inneren Bilder fehlen, müssen permanent äußere Bilder hergestellt und betrachtet werden. Dabei wird sogar unser Körper zur Projektionsfläche. Unsere psychische Existenz jedoch droht zu verkümmern. Vielleicht steckt also im ubiquitären Narzissmus, gleichsam individuell wie kollektiv, der Bruch, der einen Riss zwischen reale und virtuelle Lebensweisen zieht. Es ist der Narzissmus, der Vorstellung beziehungsweise Anspruch und Wirklichkeit so sehr auseinanderklaffen lässt, dass er im pathologischen Sinne bis hin zu Depression und Aggression führt, uns gekränkt depressiv oder gewaltbereit aggressiv werden lässt. Dies geschieht genau dann, wenn die innere Realität und die innere Medialität intrapsychisch keine ausreichende Ausprägung und Verbindung erfahren haben, wenn Wirklichkeit und Vorstellung somit schon intrapsychisch zu weit auseinanderdriften. Dieses Auseinanderklaffen zwischen Realität und unseren Wirklichkeitsansprüchen entsprechender Vorstellung äußert sich nun extrapsychisch einerseits in einem Körperfetischismus, das heißt in einem Materialismus, der nicht nur kapitalistisch-ökonomisch und naturwissenschaftlich ist, sondern geradezu körperlich im engeren Sinne, also Ich-nah. Als eine Erscheinungsform dieses Körperfetischismus kann das Bodybuilding ebenso gelten wie die Essstörung. Andererseits äußert sich dieses Auseinanderklaffen in der Externalisierung alles Psychischen im Medialen, weil es dort zum Objekt gemacht werden kann, beliebig manipulierbar, um die eigenen Größenphantasien zu bedienen.

Doch nicht nur das Narzisstische geht ganz in dieser Entwicklung des Medialen auf, sondern auch das Hysterische. Welche Bedeutung hat demzufolge das Hysterische beziehungsweise das Histrionische für den Bruch zwischen Wirklichkeit und Vorstellung? Die Bedeutung der Hysterie für die Medialität ist schwieriger zu ergründen als die des Narzissmus, weil sich das Hysterische immer wieder entzieht und verkleidet. Während der Narzissmus einen Keil zwischen Wirklichkeit und Anspruch treibt, führt die Hysterie zu einem Dammbruch zwischen Wirklichkeit und Vorstellung. McLuhan beschreibt die Medien als Ausstülpungen beziehungsweise Erweiterungen der Menschen, insbesondere seiner Psyche. Wie bereits erwähnt, entwickelt er in diesem Zusammenhang den Gedanken von einer »Narziss-Narkose«, bei der die medialen Erweiterungen ganz ins Zentrum rücken und den Menschen, aus dem sie wachsen, hypnotisieren und anästhesieren. Bei der Hysterie mag es umgekehrt sein. Eine in Analogie zu verstehende Hysterie-Narkose würde bewirken, dass die Ausstülpungen, die intrapsychischen Medien, beispielsweise Sinnesorgane und Bewusstseinsfunktionen, im Sinne von Dissoziation betäubt würden. Während beim Narzissten das Innere demnach leblos vernebelt ist und die Oberfläche lebendig oszilliert, ist bei der Hysterie das Äußere oft betäubt, das Innenleben aber von lebendigem Chaos geprägt. Bei beiden führt das in den Mittelpunkt gerückte Mediale, die Vorherrschaft des Uneigentlichen, zu einer Art Lähmung, was René Girard wie folgt paraphrasiert: »Der ›Vorzug‹ des Mittlers wirkt auf die Sinne wie ein immer stärkeres Gift, das den Akteur nach und nach völlig lähmt« (1999, S. 95). Um diesem etwas entgegenzusetzen, bleibt dem Hysteriker nichts anderes übrig, als aus einem Zipfel, den er von seinem inneren Psychischen erwischen kann, stets ein vermeintlich objektives großes Ganzes werden zu lassen und dies sich selbst und dem Anderen als seine Realität zu verkaufen. Jean Baudrillard hat das 1978 wie folgt beschrieben: »Die charakteristische Hysterie unserer Zeit dreht sich um die Produktion und Reproduktion des Realen« (S. 40). Auf diese Weise ist aber das Hysterische tatsächlich so ubiquitär geworden, so sehr in unsere durchmedialisierte Gesellschaft hineingewoben und -gewirkt, dass es gar nicht mehr wahrnehmbar und deshalb nicht von ungefähr von der Psychologie als Disziplin kaum noch als relevante Kategorie erfasst wird.

Bei beiden aber, Narzissmus und Hysterie, findet kein harmonisches Zusammenleben zwischen Innen und Außen, zwischen Wirklichkeit und Vorstellung, zwischen Realität und Virtualität statt. Der Narzisst bricht mit der Innerlichkeit und der Hysteriker verstrickt sich in ihr. Bei beiden tritt die Vorstellung gegenüber der inneren Wirklichkeit in den Vordergrund. Der Narzisst muss deshalb eine möglichst grandiose und der Hysteriker eine möglichst facettenreiche *Vorstellung* abliefern, dies eben gerade auch in medialen Zusammenhängen. So werden Narzissmus und Hysterie im Kollektiven zu energetischen Feldern, die die mediale Expansion überhaupt erst vorantreiben. Wie es Andy Warhol schon Ende der 1960er Jahre vorausgesagt hatte, hat bald ein jeder nicht nur das Bedürfnis, sondern auch ein Recht auf zumindest 15 Minuten Ruhm im Leben. Und bereits 1936 sagte Walter Benjamin: »Jeder heutige Mensch kann einen Anspruch vorbringen, gefilmt zu werden« (1936/1963, S. 28). Man muss heute keinem Fernsehzuschauer und Internetnutzer mehr erklären, was damit gemeint ist.

Die neue, im Entstehen begriffene Medienumwelt beliefert jeden gleichzeitig mit derselben Information. Unter den […] beschriebenen Bedingungen ist es für die elektronischen Medien unmöglich, irgendwelche Geheimnisse zu bewahren. Ohne Geheimnisse aber kann es Kindheit nicht geben.

Neil Postman, Das Verschwinden der Kindheit, 1983/1987, S. 95

Medienabstinenz und andere Arten von Medienkompetenz

Medienpädagogik sieht sich zum jetzigen Zeitpunkt vor allem zwei Fragestellungen ausgesetzt, die auf ähnliche Weise auch die Medienpsychologie beschäftigen und die sich auf im quantitativen und qualitativen Sinne exzessive Mediennutzung beziehen. Es geht einerseits um die Frage, wie Heranwachsende an die neuen digitalen Medien herangeführt werden können, ohne dass sie von ihnen abhängig werden, und andererseits darum, welche Folgen extreme Darstellungen von Gewalt und Sexualität auf Kinder und Jugendliche haben und wie wir sie davor schützen können.

Ebenso wie die anderen Medienwissenschaften muss sich auch die Medienpädagogik als wissenschaftliche und praktische Disziplin der exponentiellen Beschleunigung der Medienentwicklung stellen. Es hat sich gezeigt, dass die Forschung über bestimmte Medienwirkungen bei Kindern und Jugendlichen immer kurz nach der Einführung von neuen Medien eingesetzt hat und bald nach ihrer Etablierung wieder abgeklungen ist. Momentan spielen in der Forschung vor allem Computerspiele und Internet eine Rolle, wobei sich nach einer anfänglichen Euphorie über die pädagogischen Chancen, die sich aus den neuen Technologien ergeben, zunehmend mehr Skepsis über den pädagogischen Nutzen von Computern breitmacht, zumal eine übermäßige Computernutzung gerade bei Heranwachsenden nicht nur zu psychischen Erkrankungen, sondern ebenso zu verschiedenen körperlichen Entwicklungsstörungen und Krankheiten führen kann, wie Manfred Spitzer bereits 2005 in seiner Übersichtsarbeit »Vorsicht Bildschirm« aufgezeigt hat.

Eingedenk der Störanfälligkeit menschlicher Entwicklungsprozesse stellen sich angesichts der digitalen Revolution insbesondere folgende Fragen: Was passiert, wenn die mediengeschichtliche Chronologie beim Heranwachsen eines Kindes pädagogisch nicht berücksichtigt wird? Was bedeutet es, wenn Kinder, bevor die Entwicklung sprachlicher Kompetenzen den Umgang mit Imaginationen ablöst, mit den um ein Vielfaches komplexeren, bewegten und interaktiven Bilderwelten der neuen Medien überflutet werden? Ist dann zu befürchten, dass der entscheidende Zwischenschritt auf dem Weg zu einer abstraktions- und introspektionsfähigen Intellektualität übergangen wird?

Manche Medienwissenschaftler wie Neil Postman (1931–2003) prophezeien als Folge dieses Bildersturms sogar den Rückfall in eine »Quasi-Vorsprachlichkeit« (1985/1997). Vilém Flusser hingegen sieht im *digital turn,* der dem *linguistic turn* und dem *visual turn* gefolgt ist, nicht nur eine »Rückkehr zu einem Normalzustand«, sondern auch eine zukunftsträchtige Chance: »Menschen wollen (müssen) die Welt verändern und damit sich selbst verändern. Zu diesem Zweck sind sie zuerst von der gegenständlichen Welt zurückgetreten, um sich ein Bild davon zu machen […]. Dann haben sie dieses Bild einer linearen Kritik unterzogen […]. Dann haben sie diese lineare Kritik kalkuliert […]. Und jetzt verfügen sie über eine neue Einbildungskraft, die ihnen erlaubt, bereits völlig durchkritisierte und durchanalysierte, nämlich synthetische Bilder zu projizieren. Dadurch haben die Leute das Ziel erreicht, wonach sie seit Beginn der Menschheit strebten: Der digitale Code ist die perfekte Methode, die Welt nach Herzenswunsch zu verändern« (Flusser, 1988/2003, S. 83). Beide Zitate stammen bereits aus der Mitte der 1980er Jahre. Entgegen der medienkritischen Überlegungen Postmans könnte also im Sinne von Flusser vermutet werden, dass mit der digitalen Medialisierung im positiven Sinne eine Art geistiger Evolutionssprung ansteht. Letzteres würde dafür sprechen, Kinder von Anfang an in die Digitalisierung von Welt mit einzubeziehen. Warum dies dennoch durchaus als problematisch anzusehen ist, ist noch zu diskutieren. So oder so wird sich die Erwachsenenwelt mit den Implikationen dieser Fragestellung in den nächsten Jahren, wenn nicht sogar Jahrzehnten, intensiv auseinandersetzen müssen.

Die Medienrezeption des sich entwickelnden Gehirns

Dass es in den letzten Jahrzehnten, insbesondere im allerletzten Jahrzehnt, bei den Heranwachsenden zu einem dramatischen Anstieg der Nutzungszeiten von Bildschirmmedien, speziell von Computerspielen, gekommen ist, bedarf kaum einer weiteren Erklärung. In einer großen deutschen Stichprobe unter Viertklässlern aus dem Jahre 2005 stellte sich bereits heraus, dass jeweils etwa ein Drittel der Gesamtpopulation einen eigenen Fernseher, eine eigene Spielkonsole beziehungsweise einen eigenen PC im Kinderzimmer hatte. Die Zeit, die diese in ihrer privaten Zeit an einem Wochentag vor Bildschirmmedien verbrachten, betrug durchschnittlich etwa zwei Stunden, wobei die Durchschnittswerte bei Jungen ganz klar über denen der Mädchen lagen (Mößle, Kleimann und Rehbein, 2007, S. 114). Bei Neuntklässlern ergaben sich zum selben Stichprobenzeitpunkt deutlich höhere Zahlen: Etwa Zweidrittel der Jugendlichen hatten einen eigenen Fernseher im Zimmer, Zweifünftel eine Spielkonsole und Dreifünftel einen PC. Die gesamten Nutzungszeiten der Neuntklässler an Wochentagen addierten sich zu mehr als drei Stunden privatem Bildschirmmedienkonsum pro Tag und Schüler. Diese Zeiten dürften in den letzten fünf Jahren noch einmal erheblich gestiegen sein, zumal man nun noch die Benutzung von Kleingeräten wie tragbaren Computerspiele, Smartphones und Tablet-PCs hinzurechnen müsste.

Nun liegt es nahe, dass die Spuren, die Medien bei ihren Nutzern hinterlassen, stark davon abhängen, in welchem Entwicklungsstadium sich der Mensch und sein Gehirn befinden. Im negativen Sinne gilt dies insbesondere für exzessive Mediennutzung, sei es quantitativ als Missbrauch und Abhängigkeit oder qualitativ durch gewalttätige und pornografische Inhalte. Die wichtigsten Erfahrungen in jungen Jahren sind die unmittelbaren, das heißt nicht medial vermittelten Erfahrungen mit der Welt. Dies gilt einerseits für Erfahrungen mit der eigenen Körperlichkeit in der physischen Umwelt und andererseits für Beziehungserfahrungen in der sozialen Umwelt. Damit sind aber nicht die besonders intensiven physischen Beziehungserfahrungen im Rahmen von Sexual- und Gewaltakten gemeint. Aus guten Gründen halten wir diese von Heranwachsenden fern. Aus denselben Gründen wirken ihre medialen Manifestationen anziehend und beeindruckend auf junge Menschen. Und wenn sie auffallend häufig oder drastisch sind, dann prägen sich solche nicht altersgemäßen Medienerfahrungen, vorzugsweise mediale Gewalt, besonders ein. Der Neurobiologe Manfred Spitzer merkt hierzu an: »In neurobiologischer Hinsicht spricht Gewalt instinktähnliche Prozeduren der Aufmerksamkeitsentwicklung an, weswegen Kinder gar nicht anders können, als solche Inhalte wie gebannt anzuschauen. Die gerade im Kindesalter stark ausgeprägte Neuroplastizität des Gehirns bewirkt dann die Ausbildung entsprechender Repräsentanzen in den höherstufigen bedeutungstragenden kortikalen Landkarten heranwachsender Menschen, die genau deshalb angelegt werden, um zukünftiges Verhalten effektiv zu steuern« (2003, S. 173). Das Gehirn von Kindern und Jugendlichen ist also ebenso empfänglich wie empfindlich. Es ist in seiner fast grenzenlosen Aufnahmebereitschaft darauf angewiesen, dass unnötige negative Einflüsse zunächst von ihm ferngehalten und ihm positive Erfahrungen ermöglicht werden, wobei nicht in Abrede gestellt sei, dass Heranwachsende nicht zuletzt auch aus Fehlern und negativen Erfahrungen lernen können. Wenn aber extreme mediale Gewalt und Sexualität zunehmend wie selbstverständlich zum Alltag von Kindern und Jugendlichen gehören, dann wird hier nicht lediglich eine falsche Botschaft vermittelt, sondern es findet geradezu eine Misshandlung statt.

In diesem Zusammenhang kommt es allerdings nicht allein darauf an, was ein Kind oder ein Jugendlicher an im quantitativen und qualitativen Sinne exzessiver Mediennutzung betreibt, sondern was es oder er in dieser Zeit alles *nicht* erfährt und erlebt. Dies gilt gleichermaßen für das Dasein als physisches Wesen in einer physischen Umwelt, das heißt für körperliche Faktoren wie für zwischenmenschliche Zuwendung und Wärme, also für emotionale Faktoren im weitesten Sinne, wie für das Denken und Lernen, also für kognitive Faktoren im weitesten Sinne. Wenn ein Kind in seiner Freizeit vor dem Fernseher, dem Computerspiel oder dem PC sitzt, dann hat es in der Regel keinen unmittelbaren Kontakt zu den Eltern, Geschwistern und Freunden. Und es macht in dieser Zeit keine komplexen Lernerfahrungen in der Natur und beim Sport mit seiner eigenen Körperlichkeit. Zudem hat eine hohe Nutzungszeit von Bildschirmmedien erwartungsgemäß auch einen negativen Effekt auf Bildungsprozesse, weil beispielsweise keine Hausaufgaben gemacht werden. Grundsätzlich lässt sich kaum entscheiden, was wegen möglicher Entwicklungsdefizite schwerer wiegt: das, was Heranwachsende am Computer und im Internet auch an Negativem erleben, oder das, was sie in ihrem unmittelbaren Umfeld an positiven Erlebnissen verpassen. Ganz kompliziert wird es, wenn deshalb eine qualitativ und quantitativ exzessive, also negative Mediennutzung erfolgt, weil die Erfahrungen in der realen Umwelt hauptsächlich negativ sind. Dann kann es zu wechselseitigen Verstärkungen kommen, die im schlimmsten Fall zu medialer Abhängigkeit und einer Enthemmung gegenüber realer Gewalt führen.

Das schwierige Verhältnis zwischen Medienkompetenz und Medienabstinenz

Die Studienergebnisse zur Frage nach der Entstehung von Internet- und Computerspielabhängigkeit geben Hinweise darauf, dass eine Medienabhängigkeit mit frühen Bindungsstörungen assoziiert sein kann. Wenn immer mehr Medien Einzug in die Kinderzimmer halten und von Eltern als »virtuelle Babysitter«

eingesetzt werden und wenn immer häufiger digitale Medien in der Pädagogik verwendet werden, stellt sich die Frage, ob sich darin vielleicht auch eine grundsätzlichere Beziehungsstörung zwischen Erwachsenen- und Kinderwelt abbildet. Aus einer eher pragmatischen medienpädagogischen Sicht ist es unerheblich, ob Eltern sich gegen eine bestimmte Mediennutzung entscheiden, weil sie diese für nicht zuträglich beziehungsweise für schädlich halten, oder weil sie der Meinung sind, andere Aktivitäten, vor allen Dingen solche in familiär-freundschaftlicher Bezogenheit und körperlicher Präsenz, seien besser für ihr Kind, solange sie finanziell und zeitlich in der Lage sind, ihre Entscheidungen auch praktisch umzusetzen. Gerade im Hinblick auf medienpädagogische Überlegungen stellt sich nicht nur die Frage, was die Medien an Positivem und Negativem aus- und anzurichten in der Lage sind, sondern auch die Frage, was sie überhaupt nicht können.

Hierzu kontrastiert eine andere Grundprämisse, die häufig von professionellen Medienpädagogen eingebracht wird, dass es nämlich lediglich einer ausreichenden Medienkompetenz bedürfe, um Heranwachsende dazu zu befähigen, mit allen Medien sinnvoll und sicher umgehen zu können. In diesem Zusammenhang wird häufig betont, dass Kinder frühzeitig lernen sollten, mit Computer und Internet umzugehen, weil sie sonst den Anschluss an eine Gesellschaft verpassen würden, in der – gerade auch in Ausbildung und Beruf – Computer immer wichtiger würden. Eine solche in Bezug auf Medien ausgesprochen permissive Pädagogik scheint sich in vielen Elternhäusern und Schulen durchgesetzt zu haben. Dies hat es der Computer- und Software-Industrie ermöglicht, ihre Produkte immer früher und näher an den End- beziehungsweise Anfangsverbraucher zu bringen.

Viele Eltern halten es beispielsweise für selbstverständlich, dass das Kind einen eigenen Fernseher im Kinderzimmer hat. Das schafft einen Grund und einen Platz für einen neuen großen Flachbildschirm im Wohnzimmer und entschärft den ewigen Streit um das Fernsehprogramm. Auch einen eigenen Computer mit schnellem Internetzugang soll das Kind bekommen, den braucht es doch für die Schule, oder? Und wurde nicht die Ausrüstung von Schulen mit Computern bisweilen tatkräftig und großzügig von der Industrie unterstützt? – Interessanterweise hat man in guten nordamerikanischen Schulen die Computer bis zu einer bestimmten Altersstufe wieder aus den Klassenzimmern geschafft. Hier wurde offensichtlich erkannt, dass es wenig Sinn macht, Heranwachsenden den Umgang mit den beschleunigten digitalen Medientechniken beizubringen, solange sie die ursprünglichen Kulturtechniken nicht beherrschen. Um diese zu erlernen, bedarf es viel Zeit und Muße. Es macht aber keinen Sinn, einem Kind das Schreibmaschinenschreiben beizubringen, bevor es nicht gelernt hat, gut mit der Hand zu schreiben. Dies gilt zumindest so lange, wie wir das Schreiben mit der Hand noch für sinnvoll erachten. Es gibt bereits durchaus Medienpädagogen, die ernsthaft den Sinn des Erlernens einer Handschrift in Zweifel ziehen. Der Abgesang auf die Schreibschrift ist im Grunde längst angestimmt. Dass wir uns handschriftlich mit einer Unterschrift identifizieren müssen, ist jedenfalls kein Grund mehr für den Erhalt des analogen Schreibens. Denn identifizieren könnten wir uns doch genauso gut mit einem Fingerabdruck oder einem Scan von unserer Retina.

Wer dieser Entwicklung nicht ganz folgen mag, für den könnte Folgendes noch von Gültigkeit sein: Es ist notwendig, seinem Kind Geschichten zu erzählen und es dazu anzuhalten, Geschichten zu erfinden, bevor seine Phantasiefähigkeit durch zu viele Filme und Fernsehserien in seiner Entwicklung gehemmt wird. Sich auf ein ganzes Buch einlassen zu können, ist zunächst wichtiger als die scheinbar aktive Erfüllung einer vorgegebenen Aufgabe, die die Handlung eines Computerspiels stellt. Mit allen Sinnen in einem Bach einen Staudamm zu bauen, wird für ein Kind erst einmal einen nicht nur im seelischen, sondern auch im körperlichen Sinne umfassenderen pädagogischen Wert haben als das Beherrschen eines Strategiespiels am Computer. Einen Ball in ein echtes Tor zu schießen unter Einsatz des eigenen Körpers und in Vorbereitung mit einem Team, das aus leibhaftigen Menschen und im beste Falle aus echten Freunden besteht, regt die körperliche und soziale Entwicklung eines Jugendlichen mehr an als das Dirigieren einer ganzen virtuellen Fußballmannschaft über eine Spielkonsole. Aus einem Instrument einen schönen Ton, einen anregenden Rhythmus oder eine Melodie herauszuholen, wirkt anders auf den Menschen zurück als das Betätigen einer Taste auf dem Computer, um ein Musikprogramm zu bedienen. Und es macht wahrscheinlich auch einen Unterschied, ob ein Jugendlicher im Wald nach eigenen Regeln Räuber und Gendarm gespielt und dabei sich und anderen auch einmal wehgetan hat oder ob er ohne eine derartige Vorerfahrung in First-Person-Shootern hunderte oder tausende von virtuellen Gegnern erschießt. Kurz, wer die Natur und die Kultur, in der er eigentlich groß werden sollte, nicht kennen und lieben gelernt hat, droht diese vorzeitig hinter sich zu lassen und den virtuellen Alternativwelten des Cyberspace nachhaltig zu verfallen, da diese zu früh seinen Lebensalltag beherrschen.

Eine gute Medienpädagogik muss auch wissen und beinhalten, was sich nicht mit modernen und postmodernen Medien, sondern nur ohne sie vermitteln lässt, und einschätzen können, wann sich ihr Einsatz regelrecht verbietet. Eine Disziplin wie die Medienpädagogik läuft vielleicht deshalb stets Gefahr, diesen Aspekt in der Erziehung zu übersehen, weil sie aus der Perspektive des Medialen auf alles andere schaut. Um es etwas pointierter und provozierender zu formulieren: Eine Medienpädagogik, die auch Medienabstinenz lehrt, könnte die Befürchtung haben, sich damit selbst abzuschaffen. Den Medienpädagogen scheint es so zu gehen wie vielen Eltern. Aus Angst, die neuen digitalen Medien nicht zu verstehen und unmodern zu sein, laufen sie der digitalen Revolution hinterher, unterwerfen sich ihr und verlieren dabei den Sinn für das pädagogisch Wesentliche. – Aber es muss doch möglich sein, eine Medienpädagogik zu entwerfen, die stets auch über den Tellerrand des Medialen hinauszuschauen in der Lage ist. Wie könnte der Weg zu einer solchen umfassenderen Medienpädagogik aussehen?

Introspektions- und Abstraktionsfähigkeit als Voraussetzung für Bewusstsein und Empathie

Bevor versucht wird, die Frage nach einer gelingenden Medienpädagogik konkreter zu beantworten, soll noch einmal ein Blick auf die Frage geworfen werden, wie sich der Umgang mit Medialität im Menschen innerpsychisch vorbereitet. Wie sich bereits in den medienpsychologischen Erwägungen angedeutet hat, bedarf der sich entwickelnde Mensch, um Medien nicht zu verfallen, der Ausbildung einer innerpsychischen beziehungsweise intrapsychischen Medialität. Da diese dynamische Instanz unseres psychischen Apparats die Voraussetzung für eine ausgewogene Handhabung von Realität und Virtualität bildet, sind im Rahmen von medienpädagogischen Überlegungen noch einige vertiefende Erläuterungen zu den beiden Hauptrichtungen nötig, in die sich eine intrapsychische Medialität entwickelt, nämlich Introspektions- und Abstraktionsfähigkeit.

Introspektion ist die Fähigkeit, eine Innenschau zu betreiben, sich selbst in seiner Innerlichkeit als Objekt wahrnehmen, betrachten und reflektieren zu können. Dabei fällt auf, dass in dem Begriff Introspektion (lateinisch *introspectare* = hineinschauen) der visuelle Charakter, der in den immer bildgewaltiger werdenden neuen Medien eine große Rolle spielt, schon enthalten ist. Es geht somit nicht so sehr um die frühere Sinneswahrnehmungsdimension, um das Hören, das heißt nicht so sehr um das in sich Hineinhorchen, sondern vielmehr um das in sich Hineinsehen. Das Gehörte kommt aus allen Richtungen, das Gesehene nur aus einer. Vom Gesehenen können wir eher einen Abstand nehmen. Wir können es uns aus einer Distanz aus anschauen. Wir können es analysieren und beurteilen. So kann unsere Innerlichkeit zu einem Bild oder zu einem Spiegel, zu einem Bildschirm oder zu einer Bühne werden. Und bisweilen handelt es sich dabei um den Spiegel des Narziss oder um die Bühne des Hysterikers. Der Narzisst kann sich selbst bei allem Glanz nicht im Spiegel, das heißt nicht hinter seinem schönen Schein erkennen. Und der Hysteriker verliert sich im Spiel auf seiner Privatbühne hinter dem Spiegel.

Beiden geht auf neurotische Art und Weise eine gewisse Introspektionsfähigkeit ab, weil sie sich in ihrer Innerlichkeit nicht realistisch sehen und begreifen können, vor dem Spiegel verdursten oder hinter dem Spiegel ertrinken. Die Vorstellung der Hysterie und der Anspruch des Narzissmus haben sich verselbstständigt und auf diese Weise dem Bewusstsein und dem Willen ein Stück weit entzogen. Sie führen ein Eigenleben, das sie von der introspektiven Selbsterkenntnis absondert.

Mit Abstraktionsfähigkeit ist quasi eine entgegengesetzte psychische Funktion des menschlichen Geistes gemeint, die aber letztlich mit der Introspektionsfähigkeit die Kehrseiten ein und derselben Medaille bildet. Zu abstrahieren (von lateinisch *abstrahere*) bedeutet ursprünglich *abzuziehen* beziehungsweise *wegzuziehen*. Es geht also nicht um eine Ausrichtung nach innen, sondern nach außen. Abstrakt heißt auch vom Dinglichen gelöst, ohne unmittelbaren Bezug zur Realität. Abstrahieren meint, von der Konkretion eines Objekts zu verallgemeinern.

Löst man sich bei der Introspektion von seinen inneren Gefühlen, Gedanken und Impulsen, indem man sie konkretisiert und zu seinem Objekt macht, so löst man sich bei der Abstraktion von den äußeren Objekten, indem man sie betrachtet und ihnen Begriffe gibt, sie in Bedeutungszusammenhänge mit anderen Objekten stellt. Wenn man so will, geht es bei beiden um eine Loslösung vom Objekt: vom individuellen Selbst bei der Introspektionsfähigkeit und vom kollektiven Selbst bei der Abstraktionsfähigkeit. Insofern könnte Introspektionsfähigkeit auch als die Hauptfunktion intrapsychischer Medialität und Abstraktionsfähigkeit als die Hauptfunktion extrapsychischer Medialität verstanden werden. Diese Funktionen, die in erster Linie Bewusstseinsfunktionen sind, erscheinen in dieser Lesart geradezu als eine Voraussetzung für den gesunden Umgang mit dem Medialen.

Es wäre aber falsch anzunehmen, dass es uns im Umgang mit den neuen Medien generell an Bewusstsein fehle und sich daraus die entscheidenden Gefahren ableiten ließen. Schauen wir uns am besten die Zusammenhänge zwischen Bewusstsein und medialen Handlungsraum genauer an. Wie oben bereits erläutert: Introspektionsfähigkeit und Abstraktionsfähigkeit sind Bewusstseins-funktionen. Sie sind sozusagen ursprüngliche Formen nichtkör-perlichen Handelns. Auf der extrapsychischen medialen Ebene wird nun deutlicher, wie Handeln auf rein emotional-geistige Weise geschehen kann. Metaphysisches Handeln muss offensicht-lich intrapsychisch vorbereitet werden: Denn um ein bewusstes, von Verstand und Verantwortung geleitetes, aphysisches bezie-hungsweise metaphysisches Handeln zu ermöglichen, sind ent-sprechende intrapsychische Voraussetzungen nötig. Wer sich nicht mit Bewusstsein in seinem individuellen intrapsychischen Binnenraum bewegen kann, wird dies erst recht nicht im kollek-tiven extrapsychischen medialen Raum können. Genauer gesagt: Wer im Cyberspace psychische Bewegungen überhaupt nicht steuern kann, wird bewegt, innerlich wie äußerlich, also indi-viduell wie kollektiv. Solche Individuen laufen Gefahr, von der Suggestionskraft des Medialen manipuliert zu werden, das heißt entweder in eine mediale Abhängigkeit geführt oder in einen vor-medialen Atavismus zurückgestoßen zu werden.

Um einen Menschen auf die Chancen des Medialen vorzube-reiten, ohne ihn dessen manipulativer Kraft auszusetzen, bedarf es also der Erziehung zu einer gesunden intrapsychischen Medialität, einer Introspektionsfähigkeit, die es möglich macht, sich gegen-über den und innerhalb der äußeren Medien als bewusst Han-delnder zu erleben. An dieser Stelle wird deutlich, wie sehr der paradigmatische Wandel der Menschheit durch die exponentielle Medialisierung, die man daher auch als Medialisation bezeichnen könnte, ein anthropologisches Verständnis erfordert. Eltern, die ein Kind erziehen, kommen deshalb kaum umhin, ihnen die Mög-lichkeit zu geben, die geistige Evolution zumindest ein Stück weit nachzuvollziehen, indem sie sie Schritt für Schritt selbst durch-laufen. Es wird zu zeigen sein, ob sich die intrapsychische Media-lität nicht erst im Umgang mit der konkreten Lebensumwelt, das heißt im Laufe realexistierender Natur- und Kulturverhältnisse, entwickelt und damit die Voraussetzung bildet, gegenüber der extrapsychischen Medialität ein Bewusstsein und eine Identität bewahren und fortentwickeln zu können. Diese intrapsychische

Medialität ist mutmaßlich die Schnittmenge, die die reale mit der virtuellen Lebenswelt verbindet. Es könnte dieses Band sein, welches die Zivilisation in die Medialisation hinüberrettet. Dass die extrapsychische Medialität im Aufwachsen von Kindern zum Teil heute schon wesentlich stärker gefordert ist als die intrapsychische Medialität, markiert vielleicht den Wendepunkt und bezeugt das Paradigmatische an dieser Entwicklung, die die Menschheit ergreift und möglicherweise entzweit. Wird eine intrapsychische Medialität als verbindende Schnittmenge realer und virtueller Lebenswelten nicht ausgebildet, drohen Brüche und Grenzüberschreitungen, die zu gefährlichen Verschiebungen zwischen der realen und der virtuellen Ebene führen können. Die Gefahr eines solchen *Vertragsbruchs* innerhalb der bisher einigermaßen friedlichen Koexistenz von konkreter und virtueller Realität deutet vielleicht einen evolutionären *Sprung* an, hinter dem eventuell ein Teil der Menschheit zurückbleibt, nämlich der, der vom Medialen abhängig geworden und nicht in der Lage ist, seine Entwicklung zu nutzen, weil er keine eigene intrapsychische Medialität in sich hat ausbilden können. Das Mediale würde damit nicht mehr dem Menschen, sondern der Mensch dem Medialen dienen.

Realität und Virtualität verhalten sich zueinander nie kongruent. Nicht alles, was sich in der Realität vollzieht, ist virtuell reproduzier- oder darstellbar; und nicht alles, was in der virtuellen Welt geschieht, lässt sich in der Realität auffinden. Nicht alles, was medial geschieht, hat eine reale Auswirkung; und nicht alles, was real geschieht, wirkt ins Mediale hinein. Alles jedoch lässt sich in der menschlichen Phantasie- und Gedankenwelt finden; nichts scheint sich der Vorstellungskraft und dem Erkenntnisdrang des Menschen wirklich entziehen zu können.

Im Zusammenhang mit der Chronologie und Dynamik der Entwicklung realer und virtueller Lebenswelten sind die beschriebenen Wechselwirkungen nicht gleichgerichtet. Es sind zwei Grundrichtungen, die sich insbesondere aus der Frage nach den Gefahren der Entwicklung ergeben: Keine oder kaum eine Gefahr lässt sich darin erkennen, dass sich konkret Reales im Medialen spiegelt oder manifestiert. Darin, dass Mediales auf das Reale zurückwirkt, lassen sich hingegen durchaus Gefahren ausmachen. In dieser Denkungsweise erscheint es so, als berge nicht der Fortschritt, sondern eher der Rückschritt beziehungsweise der nicht konsequent nachvollzogene Fortschritt eine Gefahr. Wenn nämlich ein Teil der Menschen hinter der Entwicklung zurückbliebe, könnten die Resultate des Fortschritts negativ auf diesen Teil zurückwirken. Die Gefahr – so wäre zu zeigen – ergebe sich vor allem da, wo die Chronologie einer emotional-geistigen Evolution individuell nicht nach- und mitvollzogen würde. Dies könnte dann der Fall sein, wenn sich ein Bruch oder eine Grenzüberschreitung zwischen Medialität und Realität vollzöge. Dann würde die emotional-geistige Schnittmenge fehlen, die dem Menschen erst die bewusstseinsbildende Fähigkeit verliehe, eine intrapsychische Medialität in sich auszubilden. Gelänge dies einer Gesellschaft oder einem Individuum nicht, so bestünde die Gefahr von Grenzüberschreitungen zwischen virtuellem und realem Sein und Handeln, im schlimmsten Falle, indem virtuelle in reale Gewalt umschlüge.

Entwicklungspsychologisches Nachvollziehen der medialen Evolution

Die Menschwerdung ist per se als ein vermittelter beziehungsweise als medialer Prozess zu verstehen. Dies gilt gleichermaßen für den Menschen als Gattung wie als Individuum. Das Kind wiederholt auf seinem Weg zu einer eigenen Identität die mediale Entwicklungsgeschichte der Menschheit entwicklungspsychologisch: vom Leiblichen zum Geistigen, von der Stimme zur Sprache, vom Bild zur Schrift und von der Konkretion zur Abstraktion. Insofern ist es durchaus plausibel anzunehmen, dass der Mensch die Fortschritte der Medien von Kindheit an entsprechend seinen kognitiven Fähigkeiten nachvollzieht.

In diesen Überlegungen deutet sich an, dass vielleicht jedes Medium seine Zeit hat, individuell wie kollektiv. Wenn der Mensch mittels seiner medialen Entwicklung als Gattung das geworden ist, was er heute ist, dann dürfte dies auch für den einzelnen Menschen gelten. Vorgeburtlich, also im Mutterleib, durchläuft der menschliche Embryo die physische Evolution, wobei er im Mutterleib anfangs kaum vom Tier zu unterscheiden ist. Nachgeburtlich verhält es sich mit der Evolution des Geistes ähnlich. Die geistige Evolution des Menschen – sowohl als Gattung als auch als Individuum – gestaltet sich von der gesprochenen Sprache, über Schriftsprache, Bildsprache, Buchdruck, Fotografie, Film, Radio und Fernsehen bis zu Computer und Internet als eine aufeinander aufbauende Entwicklung immer komplexer werdender Kultur- und Medientechniken. Diese medialen Entwicklungsstufen des zivilisierten Teils der Menschheit markieren die Übergänge und Sprünge einer geistigen Kultur, die sich unter der Verwendung von *Mitteln* und *Mittlern* gebildet hat. Ihre Komplexität im Denken, ihr Bewusstseinsgrad und damit auch ihr Grad an Intellektualität im Hinblick auf Abstraktions- und Introspektionsfähigkeit sind abhängig von dieser Entwicklung, eines Bildungsprozesses im engeren Sinne. Der Erhalt dieser Errungenschaften hängt davon ab, ob diese Kultur in der Lage ist, ihren Heranwachsenden die Möglichkeit zu verschaffen, die geistige Evolution nachzuerleben, nachzufühlen und über sie nachzudenken. Dies würde bedeuten, dass jedes Medium wie in der Geschichte so auch in der Erziehung *seine Zeit* hat. Demnach ist es wichtig, dass ein Kind zuerst diejenigen medialen Ausdrucks- und Kommunikationsformen erfährt und erlernt, die von der eigenen Körperlichkeit und Sinnlichkeit ausgehen und die eigene Phantasie fordern und fördern.

Wenn anstatt meiner selbst hier ein Kind von acht Jahren einen Text mit einem Füllfederhalter auf die leeren Seiten dieses Buches schreiben würde, wäre es in der Lage, zu verstehen, wie so ein Füller funktioniert, es würde seine Feinmotorik beim Schreiben spüren und schulen und es müsste seine Phantasie bemühen, um etwas zu Papier zu bringen. Das zeigt, wie unerlässlich es ist, dass ein Kind zunächst den Umgang mit Medien anhand von analogen Medienformen erlernt, mit Medien also, die es als Gegenstand *ergreifen* und auch in ihrer Technik *begreifen* kann. Das Lesen und Schreiben steht hier an ganz zentraler Stelle nicht nur der menschlich-kulturellen Evolution, sondern auch der individuellpsychischen Entwicklung. Es markiert einen Wendepunkt in der geistigen Menschwerdung. Wie Neil Postman in »Verschwinden der Kindheit« herausarbeitete, ist es jedoch erst die Erfindung der Druckerpresse, die die Unterscheidung in Erwachsenenwelt und Kindheit kennzeichnet: »Seit der Erfindung des Buchdrucks mussten die Kinder Erwachsene erst werden, und dazu mussten sie lesen lernen, die Welt der Typographie betreten. Damit ihnen dies gelang, brauchten sie Erziehung. Deshalb erfand die europäische Zivilisation die Schule von neuem. Und damit machte sie aus der Kindheit eine Institution« (1983/1987, S. 48). Man könnte sagen: Am Lesen und Schreiben scheiden sich die Geister.

Ein Computer dagegen ist letztlich für die allermeisten Menschen, auch für den, der einen Text mit der Hand schreibt und dann auf einem Rechner überarbeitet, nicht mehr zu verstehen. Was wir Erwachsenen aber verstehen können, ist die Abstraktheit seiner Inhalte und dass er uns nicht wird antworten können, wenn wir ihn anschreien, weil er nicht tut, was wir von ihm verlangen. Ein Kind weiß hingegen unter Umständen nicht, dass in einem Fernseher keine Zeichentrickfiguren wohnen. Es ist nicht sinnvoll und kann sogar schädlich sein, Kinder mit Medien zu konfrontieren, deren Abstraktionsgrad sie nicht erkennen können. Und wenn sie als Kinder nicht gelernt haben, Realität und Fiktion auseinanderzuhalten, wozu sie durchschnittlich erst mit acht Jahren sicher in der Lage sind, dann dürfte es ihnen auch als Erwachsenen schwerfallen, den Verführungen der Medienwelt nicht zu erliegen und den Anforderungen der konkret-realen Welt zu genügen. Nur so lässt sich erklären, warum sich viele Menschen von den scheinbar realitätsnahen Inszenierungen von Fernsehen und Cyberspace stundenlang täglich zum Narren halten lassen und sich in der nächsten Stufe im Rahmen von Reality-Shows und Video-Blogs sogar selbst zum Narren machen. Wenn allerdings die Eltern ihr Leben bereits zum Großteil auf eine virtuelle Ebene verlagert haben, wenn sie vielleicht überdies ihre eigenen Bedürfnisse wichtiger nehmen als die Bedürfnisse ihrer Kinder und wenn sie darüber hinaus die ursprünglichen medialen Kulturtechniken selbst nicht gelernt oder gar verlernt haben, dann dürfte es schwierig sein, den Kindern eine gute Medienerziehung zu geben, wenn nicht sogar überhaupt eine gute Erziehung. Kindern eine Erziehung zu bieten, die sich an der geistigen Evolution des Menschen orientiert, ist eine anspruchsvolle Aufgabe, aber auch eine unerlässliche. Eine gute Erziehung – nicht nur eine gute Medienerziehung – hängt davon ab, inwieweit die Erziehungsverantwortlichen in der Lage sind, im Hinblick auf die Quantität und die Qualität der Mediennutzung Heranwachsender ein gutes Maß zu halten.

Vor Bildschirmmedien groß und medienabhängig werden

Bevor es um Inhalte, insbesondere um die Frage nach der Wirkung medialer Gewalt geht, sei in diesem Zusammenhang noch einmal das Thema Medienabhängigkeit aufgegriffen. Der vorzeitige Umgang mit nicht altersentsprechenden Medien birgt die Gefahr, dass bestimmte Entwicklungsschritte gar nicht gemacht werden und in die Lücken mediale Formate stoßen, die zwar schnell, bunt und spannend sind, den Heranwachsenden jedoch nicht geistig wachsen lassen, sondern rein emotional binden und abhängig machen. Heranwachsende werden von den neuen interaktiven Medien nicht selten in einer geistigen Pseudoaktivität gehalten, deren Lerneffekte, auch wenn sie immer wieder postuliert werden, höchst fragwürdig sind. Freilich gibt es pädagogisch wertvolle Spiele, doch bislang dienen diese vor allem als Feigenblatt einer milliardenschweren Industrie, die mit billigem Kitsch und roher Brutalität versucht, vor allem die eher niedrigen Instinkte der Heranwachsenden anzusprechen und zu kultivieren. Wirklich gute Computerspiele mögen zu Recht als künstlerisch und pädagogisch wertvoll ausgezeichnet werden, aber sie scheinen sich nicht zu verkaufen. Von der beängstigenden Aufmerksamkeit, die Computerspiele erfahren und an sich binden, wissen die meisten Eltern ein Lied zu singen. War Internet- und Computerspielabhängigkeit noch vor etwa fünf Jahren ein exotisches, bisweilen belächeltes Randgebiet psychiatrischer und psychotherapeutischer Praxis, so versteht heute jeder, der privat oder beruflich in irgendeiner Form mit Heranwachsenden zu tun hat, was mit Medienabhängigkeit gemeint ist, allen voran Eltern und Lehrer. Medienpädagogische Bemühungen müssten im Sinne einer Präventionsarbeit mit der Schulung von Müttern, Vätern und Pädagogen beginnen. Allerdings müsste eine sinnvolle Medienpädagogik, die speziell die Gefahr der Abhängigkeit von digitalen Medien berücksichtigt, über diese Medien hinaus Medienkompetenz besitzen. Sie müsste Überlegungen dazu anstellen können, welche Medien zu welchem Zeitpunkt in Kinder- und Jugendzimmern keinen Platz haben sollten, also auch dazu, wann eine Medienpädagogik Platz machen sollte für eine Pädagogik, die ganz ohne Medien auszukommen vermag.

Grenzen zu setzen, heißt in diesem Zusammenhang, Räume zu schaffen, die nicht nur Halt und Schutz geben können, sondern vor allem Freiräume und Spielräume bieten. Die freie Spielfähigkeit von Kindern nimmt immer mehr ab und dies vermutlich in dem Maße, wie das Spielen den Kindern medial quasi *abgenommen* wird. Ähnliche Verluste sind in der Imaginationsfähigkeit von Kindern und Jugendlichen zu beklagen, das heißt, sie verstehen immer weniger mit inneren Bildern, Ideen und Gedanken kreativ und spielerisch umzugehen. Der Neurowissenschaftler Gerald Hüther hebt die Bedeutung innerer Bilder gegenüber den künstlich produzierten ganz besonders hervor und warnt davor, dass »generierte Bilder zu deterministischen Instrumenten der Welt und Selbstgestaltung« (2006, S. 47) werden.

Nacht- und Wachtraumerleben stellen die ursprünglichste Form solcher inneren Bilder oder Imaginationsräume dar. Sie markieren den ersten Schritt des Übergangs vom Unbewussten zum Bewussten, den das Kind analog zur Evolution entwicklungspsychologisch nachvollziehen muss. Wird das Kind multimedial von kollektiven Vorstellungsbildern überflutet, so fehlen ihm die Zeit und der Raum, innerhalb seiner selbst eine mentale Sphäre auszubilden, die noch dann existiert, wenn alle Medien abgeschaltet sind. Und es mag in diesem Zusammenhang bezeichnend sein, dass Kinder erst mit etwa acht Jahren nicht nur sicher zwischen konkreter und virtueller Realität unterscheiden, sondern auch Traum- und Wacherleben wirklich auseinanderhalten können. Insofern scheint es Sinn zu machen, wenn Kinder und Jugendliche in ihrem Heranwachsen die mediale Evolution behutsam nachvollziehen können, wenn Kinder also bis zu ihrem achten Lebensjahr vor allem lernen zu spielen und zu imaginieren, die Welt mit allen ihren Sinnen zu erleben und zu ergreifen, wenn sie erst einmal die alten Kulturtechniken, wie Zuhören und Erzählen, Lesen und Schreiben, Rechnen und Singen erlernen, bevor sie deren technisch-medialen Umsetzungen bedienen.

Insofern wird sich die Erwachsenenwelt, die als Eltern, Pädagogen und Politiker Verantwortung trägt, ernsthaft die Frage stellen müssen, ob sie den Begriff der Kindheit, der noch gar nicht so alt ist, ob sie den mit dem Begriff verbundenen Schutzraum, in dem sich Kindheit abspielt, noch aufrechterhalten will oder ob sie die Diffusion von Erwachsenen- und Kinderwelt, die vor allem ein medialer Prozess ist, und damit den Verlust der Kindheit, wie ihn Neil Postman schon vor einigen Jahrzehnten so eindringlich beschrieben hat (1983/1987), hinzunehmen bereit ist. Die Alternative wären Grenzsetzungen, die auch die Erwachsenenwelt selbst betreffen würden.

Mediale Gewalt und Sexualität – Zur Diffusion von Kinder- und Erwachsenenwelt

Mediale Grenzüberschreitungen im inhaltlichen Sinne beziehen sich in aller Regel auf die Themen Gewalt und Sexualität. Bei dieser Themenkombination muss man insofern sehr vorsichtig sein, weil die ihr zugehörigen Themen phänomenologisch nicht denselben Kategorien entspringen. Grundsätzlich ist erst einmal wichtig festzustellen, dass Gewalt etwas Negatives und Sexualität etwas Positives darstellt. Hinzugefügt werden muss allerdings, dass Aggressivität nicht notwendigerweise etwas Schlechtes ist und Sexualität auch Gewalt implizieren kann. In diesem Zusammenhang ist die Beobachtung bemerkenswert, dass in dem Land, welches uns zumindest medial nach wie vor am meisten prägt, den

Vereinigten Staaten von Amerika, die Darstellung von Nacktheit und Sexualität eher als anstößig empfunden wird als die Darstellung von expliziter Gewalt. – Festzuhalten ist, dass es bei beiden Themen um die Überschreitung körperlicher Grenzen geht und dass sie erst ab einem gewissen Alter und in einem gewissen Maß für Kinder und Jugendliche geeignet sind. Wenn diese beiden Themen hier nun im Hinblick auf medienpädagogische Überlegungen zusammen behandelt werden, dann ist das also eine bewusst gewählte, aber sicherlich nicht ganz unproblematische Vorgehensweise.

Allerdings kann heute kaum noch bestritten werden, zumal es hierfür auch statistische Beweise gibt, dass Darstellungen von extremer Gewalt und expliziter Sexualität mittlerweile auf quasi allen Kanälen, das heißt im Fernsehen und im Internet, auf Mobiltelefonen und in Computerspielen, immer mehr Kinder und Jugendliche erreichen. Dass dies nicht ohne Folgen bleiben wird, ist kaum zu leugnen, zumal es längst nicht mehr nur um fiktive Darstellungen in Horrorfilmen und Pornografie geht, sondern darüber hinaus immer mehr um selbst aufgenommene, dokumentarische und inszenierte Videos, beispielsweise vom ersten Beischlaf oder dem Zusammenschlagen eines Mitschülers. Die Beispiele sind ebenso erschreckend wie zahlreich. Dies betrifft auch die Beobachtung – und hier ist sicherlich ein kausaler Zusammenhang zu sehen –, dass immer mehr Eltern überhaupt keine Veranlassung sehen, den Zugang zu gewalttätigen und pornografischen Inhalten vor Kindern und Jugendlichen sicher zu verbergen.

Die Erwachsenenwelt wird sich daher die Frage gefallen lassen müssen, ob sie Kindheit überhaupt noch als ein schützenswertes Gut erachtet. Die Diffusion von Kinder- und Erwachsenenwelt, wie sie nicht nur von Neil Postman (1983), sondern auch von Robert Bly (1998) vorausgesagt worden ist, ist in einem erschreckenden Maße eingetroffen. Auf der Suche nach endlosem Spaß scheinen die Erwachsenen einen Großteil an schützendem Schamgefühl gegenüber Kindern verloren zu haben. Aber – so noch einmal Neil Postman aus dem Jahre 1983 – »ohne entwickeltes Schamgefühl kann es Kindheit nicht geben. [...] Einer der Hauptunterschiede zwischen dem Erwachsenen und dem Kind [...] besteht darin, dass der Erwachsene bestimmte Seiten des Lebens – seine Geheimnisse, seine Widersprüche, seine Gewalttätigkeit, seine Tragik – kennt, von denen, wie man meint, das Kind nichts wissen soll und die ihm ohne weiteres zu offenbaren tatsächlich schamlos wäre« (1983/1987, S. 19). Das Schamgefühl ist unabhängig von seiner religiösen Bedeutung ein entscheidendes Element im Prozess der Zivilisation. Heute ist, zumindest in Europa, das Sprechen über Sexualität interessanterweise nicht so sehr schamhaft belegt wie das Sprechen über Religiosität.

Gerade aber was Tabubrüche im Hinblick auf die Überschreitung von Körpergrenzen bei der Darstellung von Gewalt und Sexualität angeht, besteht bei Kindern und Jugendlichen viel Grund zur Sorge. Denn das Gelingen ihrer Entwicklung hängt wesentlich davon ab, ob sie sich im eigenen Körper einzurichten vermögen, bevor sie sich empathisch, respekt- und liebevoll anderen Menschen körperlich zuwenden, um als Erwachsene dann mit anderen Erwachsenen positive Grenzüberschreitungen erleben zu können, ohne sich oder den Anderen zu verletzen. Genau das steht jedoch auf dem Spiel, wenn Kinder und Jugendliche einerseits unnatürlich viel Abstand von ihrer eigenen Körperlichkeit bekommen, weil sie sich mehr in virtuellen Welten als in der konkret-realen Lebenswelt aufhalten, und andererseits in dieser Lebenswelt vor allem Formen der Körperlichkeit begegnen, die im Sinne von Sex and Crime übergriffig und grenzverletzend sind. Hier – so könnte man befürchten – drohen gefährliche Rückkopplungen. In diesem Sinne äußerte der Regisseur Michael Haneke 1997 in einem unveröffentlichten Interview einmal die Befürchtung, dass es im Zuge der überbordenden Medialität zu einem solchen *Reboundeffekt* kommen könne, einer Art Rückschlag der konkreten Realität. Sich in junge Menschen hineinversetzend, die exzessiv Gewaltspiele spielen, sagte er: »Ich habe überhaupt kein Weltempfinden mehr. Ich muss mir sozusagen angesichts meines Erlebnisdefizits, das ich aufgrund einer permanenten Konfrontation mit dem Abbild von Welt statt mit Welt habe, eine

Extremsituation leisten, um zu erfahren, was Welt eigentlich ist«
(te Wildt, 1997).

Kein Mensch sagt, dass es einfach ist, hier und heute ein Kind
großzuziehen. Menschen, die keine Kinder haben, haben gut
reden. Aber was ein Kind sicherlich nötig hat, ist ein gutes Maß
an Zeit und Aufmerksamkeit, wobei die Qualität immer noch
wichtiger ist als die Quantität. Dass in einem Land wie Deutschland nicht selten beide jungen Eltern von Anfang an Vollzeit
arbeiten müssen, ohne finanziell wirklich gut zurechtzukom-
men, und dass sie vielleicht noch nicht einmal mit ausreichender
Kinderbetreuung unterstützt werden, macht die Angelegenheit
allerdings schwierig. Medien, die die Kinder wie hypnotisierte
Kaninchen vor Bildschirmen bannen, gelten daher durchaus
nachvollziehbar als beliebte und billige Babysitter. Eine gute
Kinderbetreuung sieht jedoch anders aus, und vermutlich wird
bald die Zunahme an Medienabhängigkeit und Medienverro-
hung mit allen ihren negativen Folgen auf unsere Gesellschaft
das beste Argument für eine bessere Ganztagsbetreuung von
Kindern und Jugendlichen sein. Es mag bedauerlich erscheinen,
dass so viele zwischenmenschliche Funktionen professionalisiert
werden müssen, doch die Kinder mit sich allein und die Computerspiele zum besten Spielkameraden werden zu lassen, kann
keine angemessene Alternativlösung sein. Entscheidend ist, was
Kinder während der Zeit vor beziehungsweise in den Medien
alles nicht machen. Was ihnen vor allem fehlt, sind Erfahrungen von Geborgenheit und Nähe, von Austausch und Resonanz.
All dies erfordert – zumindest bis zu einem gewissen Alter –
physische Präsenz und kann nicht einfach über Chat-Systeme
und Online-Rollenspiele ersetzt werden. Ein Kind braucht die
Anwesenheit von Erwachsenen, um sich sicher und angenommen zu fühlen und als erwünscht zu erleben, aber auch um sich
Grenzen setzen zu lassen, Grenzen, die eben nicht nur verhindern, sondern auch Halt geben und nicht zuletzt dazu dienen,
sich aneinander zu reiben, sodass sich ein eigener Wille und
eine eigene Identität herausbilden können. Und genau deshalb
brauchen Kinder neben den Eltern auch gleichaltrige Spielka-

meraden, Geschwister und Freunde, mit denen sie gemeinsam die Welt erobern können.

Die Welt, die erobert werden will, ist zuallererst eine physische, so wie der Mensch zuallererst ein körperliches Wesen ist, das ganz zur Welt kommen muss, bevor es sich auf sinnvolle Art und Weise in geistige Welten aufschwingen kann. Für eine gesunde und gelungene Kindheit sind Menschen zunächst einmal – neben möglichst glückenden Beziehungserfahrungen – darauf angewiesen, die Möglichkeiten ihrer Körperlichkeit und ihrer physisch-materiellen Umwelt voll und ganz auszuloten. Und dies muss mit allen sechs Sinnen geschehen, nicht nur mit dem Hör- und Sehsinn, welche bei den meisten Computerspielen und dem Internet eine Rolle spielen. Die Ausbildung von Riechsinn, Tastsinn, Geschmackssinn und Gleichgewichtssinn ist gerade für die ersten zehn Lebensjahre von besonderer Bedeutung. Es gibt nicht wenige Kinder, die noch nie auf einen Baum geklettert sind, die nicht wissen, wie sich Harz anfühlt und wie es riecht, die noch nie eine wilde Beere von einem Strauch gepflückt und gegessen haben. All dies kann kein Computerspiel *wirklich* simulieren, auch nicht diejenigen Konsolenspiele, die inzwischen auch Bewegungssinne ansprechen, sie sind und bleiben bis auf Weiteres ein müder Abklatsch von Realität.

Warum nur ist so schwer zu verstehen, dass es des Umgangs mit Natur bedarf, um seine eigene Natur zu entwickeln und zu pflegen, und dass es eines Heranführens an eine Kultur bedarf, um ein Kulturwesen zu werden. Ganz konkret braucht es der Entwicklung aller Sinnesfunktionen, um auf dieser Grundlage komplexere Hirnfunktionen aufbauen zu können. Mit der sich rasant entwickelnden neurobiologischen Kenntnislage zur Hirnentwicklung werden wir bald genauer wissen, was eine sinnvolle Sequenz des Lernens und Erfahrens ist und damit auch, welche Medien wann an der Reihe sind. Für die Medienpädagogik dürfte das ein Grund zu größerer Bescheidenheit und Zurückhaltung sein: Lassen wir ein Menschenleben doch erst einmal ganz ohne Medien und mit viel körperlicher Erfahrung und Bezogenheit beginnen. Zweifellos kommt der Medienpädagogik im Konzert der Medienwissenschaften heute eine besonders wichtige und spannende Rolle zu. Die Herausforderungen, die sich aus den Chancen und Risiken der digitalen Medien ergeben, werden nicht zuletzt durch die Schwierigkeiten verschärft, die durch die jahrzehntelangen Versäumnisse der Bildungspolitik entstanden sind. Bildungspolitik ist derweil immer mehr auch ein Derivat der Medienpolitik geworden.

ein junges stadtprogramm
medienzentrum: Zieglergasse 49/II
A – 1070 Wien
tel. 01 4000 - 83444

Im 21. Jahrhundert wird derjenige,
der den Bildschirm kontrolliert,
das Bewusstsein kontrollieren.

Timothy Leary, zitiert bei Paul Virilio,
Rasender Stillstand, 1989, S. 103

Von der Notwendigkeit einer medienökologischen Bewegung

Medienpolitik befasst sich mit der Förderung und Regulierung medialer Strukturen und Prozesse in einer Gesellschaft. Man kann den Begriff auch anders verstehen, wenn man ihn für eine Art von Politik verwendet, die ihre Macht und Wirkung hauptsächlich durch mediale Inszenierungen gewinnt und entfaltet. Die zunehmende Abhängigkeit der Politiker von den Medien ist allerdings zu einem Problem geworden. Diese Variante der Medienabhängigkeit gilt einerseits für die Berichterstattung über Politik und andererseits im Hinblick auf politische Entscheidungen, die einen Einfluss auf Medienunternehmen haben. Schwierig wird eine solche Verflechtung insbesondere dann, wenn Politik sich über Grenzsetzungen Gedanken machen und als Gesetzgeber aktiv werden muss. In der Regel kommt es dann zu Machtkämpfen, an deren Ende die Realpolitik gegenüber einer abhängig gewordenen Medienpolitik nicht selten in die Knie geht.

Der Rückzug der Politik, derjenigen Menschen also, die im besten Falle Verantwortung für die sie frei wählenden Menschen übernehmen, findet aber – wie bereits angedeutet – noch auf anderen Ebenen der Gesellschaft seine Entsprechung. Wenn beispielsweise der Eindruck stimmt, dass die Bedeutung, das Ansehen und der pädagogische Einfluss nicht nur von Politikern, sondern ebenso von Lehrern und Eltern schwinden, dann verflüchtigt sich mit ihnen allen ein nicht unerheblicher Teil der Erwachsenenwelt. In einem umfassenderen Sinne sieht Jean Baudrillard in diesem Verlust an Macht, den die Erwachsenenwelt völlig freiwillig und ahnungslos an diejenigen abtritt, die sie im materiellen wie im medialen Sinne unterhalten, die Halluzination einer Scheinwelt, ähnlich wie Vilém Flusser, der in dieser gar eine neue Gefahr für faschistische Umtriebe ausmacht: »Mit ihrem totalen Verschwinden befinden wir uns logischerweise in der totalen Halluzination der Macht – eine Wahnidee, die sich bereits überall abzeichnet. Zum einen äußert sich darin der Zwang, die Macht loszuwerden (keiner will mehr Macht ausüben, jeder schiebt sie dem Anderen unter), dann aber auch eine panische Nostalgie. Melancholie von Gesellschaften ohne Macht: diese Überdosis eines starken Referentials in einer Gesellschaft, die das Problem ihrer Trauerarbeit nicht bewältigen kann, hat schon einmal den Faschismus hervorgebracht« (2005, S. 41). Wenn überhaupt vorstellbar ist, dass ein Faschismus wieder aufersteht, dann eher in verwandelter Form. Wenngleich diese Befürchtungen also vielleicht über das Ziel hinausschießen mögen, so muss man auf der anderen Seite nur solche Apologeten wie George Orwell und Aldous Huxley lesen, die so viele zunächst abwegig erscheinende Entwicklungen trefflich voraussagten, um hier tatsächlich ein Gefahrenpotenzial zu erkennen.

In jedem Fall muss sich die Erwachsenenwelt an dieser Stelle unbequeme Fragen gefallen lassen. Sie muss sich zu der Entscheidung durchringen, ob sie Kindheit weiter als einen schützenswerten Zeit-Raum versteht und einsieht, dass der virtuelle Raum des Cyberspace kein uneingeschränkter Spiel-Raum für Kinder und Jugendliche sein kann, oder ob sie das nicht tut. Denn würde sie ein Einsehen haben und sich für die Kindheit entscheiden, dann müsste sie auch bereit sein, sich selbst Grenzen zu setzen. Das würde beispielsweise einerseits heißen, dass wir strengere Indizierungsregeln und Altersfreigaben bräuchten und dass diese sich auch auf das Abhängigkeitspotenzial von Medien beziehen müssten. Andererseits bedürfte es einer umfassenden Anstrengung der

Erwachsenenwelt, den Heranwachsenden in Schule und Freizeit gute Alternativen für Computerspiele und Internet zu bieten. Das sind keine einfachen Aufgaben. Der überbordenden Cyber-Welt Grenzen und Alternativen entgegenzuhalten, dürfte schwerfallen, was nicht zuletzt mit einer Überzivilisiertheit beziehungsweise einem Umkippen dessen zu tun hat, was wir *Zivilisation* nennen. Dass diese von Jugendlichen immer mehr abgelehnt und als unattraktiv empfunden wird, stimmt bedenklich. »Ohne Kontrolle der Triebregungen und insbesondere der aggressiven und auf direkte Befriedigung zielenden Regungen kann es keine Zivilisation geben«, so Neil Postman (1983/1987, S. 102), und das gilt für die jetzigen und zukünftigen Erwachsenen gleichermaßen. Die Alternative wäre der Rückfall in einen Atavismus, in eine Schatten-Existenz, deren allzu realen Schatten wir in seinen extremsten Ausformungen bisweilen im Internet zu bestaunen und dessen Umschlagen ins Konkrete wir stets zu befürchten haben.

Vom Versäumnis medienpolitischen Handelns am Beispiel des Umgangs mit medialer Gewalt

In der immer wieder neu aufflammenden Debatte über mediale Rückwirkungen geht es häufig – und das ja auch nicht zu Unrecht – um das Thema mediale Gewalt. In der Diskussion um die Frage, ob der exzessive Konsum, insbesondere die virtuelle Ausübung von Mediengewalt in Computerspielen, zu einer erhöhten Bereitschaft führt, reale Gewalt auch in der konkreten Lebensumwelt auszuüben, kommt es von beiden Seiten immer wieder zu groben Vereinfachungen, welche auf einigen gravierenden Fehlannahmen beruhen, die nicht zu halten, aber offensichtlich auch schwer zu entkräften sind.

Erstens wird zumeist so argumentiert, als ob nur eine monokausale Erklärung für ein bestimmtes Fehlverhalten relevant sein könne, wenn es darum geht, diesem Fehlverhalten mit Maßnahmen zu begegnen. Aus der Psychologie aber wissen wir, dass es für jedes Verhalten niemals nur einen Grund gibt, schon gar nicht für so komplexe Verhaltensweisen wie Gewalttätigkeit oder Psychopathie. Hier spielen stets genetische, neurobiologische, biografische, pädagogische und soziale Bedingungen in unterschiedlicher Ausprägung eine Rolle. Nur weil eine Bedingung nicht ausreicht, um ein Verhalten zu erklären, heißt das noch lange nicht, dass wir diese vernachlässigen sollten. Nur weil das exzessive Spielen von First-Person-Shootern nicht der einzige Grund ist, warum ein junger Mann zum Amokläufer wird, und keinesfalls alle jungen Männer, die solche Spiele spielen, zu Gewalttätern werden, kann es nicht heißen, dass wir diese Zusammenhänge nicht ernst zu nehmen bräuchten. Denn dass es dennoch einen Zusammenhang zwischen realer und virtueller Gewalt gibt, dass zu Gewalt neigende Menschen nicht nur eine Neigung für mediale Gewalt haben, sondern über diese ihre Aggressivität bisweilen gefährlich kultivieren, darf mittlerweile aufgrund zahlreicher Studien und Metaanalysen als erwiesen gelten (z. B. Anderson, Gentile und Buckley, 2007).

Wenn es nach so schrecklichen Ereignissen wie einem Amoklauf eines exzessiven Gewaltspielers immer wieder zu Diskussionen kommt, dass die sogenannten Killerspiele verboten gehörten, dann zeigt sich hier jedoch eine zweite Fehlannahme, die eine Versachlichung des Diskurses und damit vermutlich auch eine Umsetzung geeigneter Maßnahmen verhindert. So, wie es schon immer Filme gab, die indiziert wurden, so gibt es schon lange Computerspiele, die auf dem Index landen. Dies betrifft vor allem Spiele mit nationalsozialistischen Inhalten, mit extremer Gewalt und sexueller Gewalt gegen Frauen und gegen Kinder. Grundsätzlich geht es nämlich gar nicht darum, *erstmals* einen Medieninhalt wie den der extremen Gewalt vollkommen zu verbieten – solche Verbote gibt es längst –, sondern es geht vielmehr um die Frage, ob nicht einige menschenverachtende Gewaltspiele *mehr* vom Markt genommen und ob nicht für einige Spiele die Altersgrenzen heraufgesetzt werden sollten. Das heißt: Problematischer als die Indizierung eines Medieninhalts ist der Umgang mit Altersfreigaben und die konkrete Anwendung und Auslegung der Indizierung. Wann stellt ein Spiel eine Gefahr dar und gehört verboten? In welchem Alter kann ein Kind oder Jugendlicher mit welcher Art gezeigter Gewalt umgehen?

Und drittens wird damit argumentiert, dass Verbote nicht helfen würden, weil die Kinder und Jugendlichen über das Netz oder Freunde ohnehin zu allem einen Zugang finden würden, was verboten ist. Diese Argumentation ist sicherlich die peinlichste, denn sie stellt der Erwachsenenwelt ein Armutszeugnis sondergleichen aus. In letzter Konsequenz impliziert dieses Argument, dass wir unsere Kinder nicht mehr schützen, also auch nicht mehr gut für sie sorgen könnten und dass sie somit den Auswüchsen der Erwachsenwelt, die sich als solche kaum noch bezeichnen darf, schutzlos ausgeliefert seien.

Eine Erziehung aber ist keine Erziehung, wenn sie keine Grenzen zu setzen und einzuhalten vermag. Je mehr die Erwachsenen an Haltung verlieren, je mehr fehlt es den Kindern an Halt. Eine Gesellschaft ohne Haltungen und Regelungen verliert ihren Zusammenhalt, droht auseinanderzufallen und hinter der Zivilisation und ihren kulturellen Errungenschaften zurückzubleiben. Haben wir es hier mit einer Laissez-faire-Attitude zu tun, den Relikten einer falsch verstandenen antiautoritären Erziehung oder der durchaus nachvollziehbaren Resignation einer Erwachsenenwelt, deren Gesellschaft zu komplex ist, um sich in ihr selbst noch zurechtzufinden zu können und ihren Kindern einen adäquaten Weg zu weisen? Oder ist es einfach nur Bequemlichkeit? – Es ist nur schwer von der Hand zu weisen, dass die Erwachsenen ihre eigenen Bedürfnisse oftmals wichtiger nehmen als die der Kinder. Wenn die Erwachsenen sich nicht beschränken (lassen) mögen, wie sollten sie dann überzeugend ihre Kinder beschränken? Wie will ich mein Kind davon überzeugen, weniger am Computer zu sitzen, wenn ich selbst die meiste Zeit meiner Freizeit vor dem Fernseher verbringe? Und wenn ich mir den Spaß nicht verderben lassen will – auch nicht den an Pornografie- und Horrorfilmen – dann mache ich aus meinem Heranwachsenden einfach einen Partner, einen kleinen Erwachsenen, mit dem ich alle medialen Erfahrungen teile. Ich wähne mich ja als Erwachsener per se als medienkompetent, bin stets dabei und kann alles erklären, wenn etwas vom Kind nicht verstanden oder verstört aufgenommen wird. Dass auf diese Weise die mediale Pornografisierung und

Brutalisierung des Alltags im Hinblick auf Kinder, die bis zu einem gewissen Alter Sexualität nur als Gewalt begreifen können, verheerende Folgen haben kann, braucht hier nicht weiter ausgeführt zu werden. Sex and Crime würzt mittlerweile darüber hinaus das Leben unserer Kinder, wenn Aufnahmen von der Defloration einer Klassenkameradin oder die Hinrichtung von Saddam Hussein via Smartphone auf Schulhöfen kursieren.

Es muss im Grunde nicht besonders erwähnt werden, dass sich beispielsweise in einem Land wie Deutschland trotz aller Empörungen und Diskussionen medienpolitisch kaum etwas getan hat. Dass hier im globalen Vergleich sogar eine relativ strenge Indizierungs- und Alterseinstufungspraxis gepflegt wird, ist nur ein schwacher Trost mit schalem Beigeschmack. Ebenso wie Deutschland seine Vorreiterrolle im Umwelt- und Klimaschutz verspielt hat, gibt es seine Vorbildfunktion auf den verschiedensten Ebenen gerade auch im Hinblick auf sein geistiges Klima auf. Dies gilt nicht allein für das Mediale, sondern auch für Kunst und Kultur, wenn man sich allein die Entwicklungen vor Augen führt, die zu Schließungen von Museen und Theatern führen.

Vom Charme der virtuellen Anarchie und der nüchternen Wahrheit ihres Scheiterns

An dieser Stelle ist es noch einmal wichtig festzuhalten, dass es nicht darum geht, die Errungenschaften der neuen elektronischen Medien grundsätzlich zu diskreditieren. Ebenso unzulässig sind Vereinfachungen, die nahelegen, dass jeder Spieler von Gewaltspielen ein potenzieller Gewalttäter ist und dass jeder First-Person-Shooter auf den Index gehört. Auch wird die überwiegende Mehrheit der Online-Rollenspieler nicht in einem pathologischen Sinne von ihnen abhängig. Zweifellos geht von den elektronischen Medien nicht nur eine unglaubliche Faszination aus. Auf sie gehen viele positive Entwicklungen zurück, die sich sowohl individuell als auch kollektiv auswirken. Aber die Geschwindigkeit, mit der sich nicht nur eine einzelne Gesellschaft, sondern die Weltgemeinschaft verändert, ist so beeindruckend und bisweilen verstörend, dass wir mit unserer kritischen Bewertung über dasjenige, was daran gut und was daran schlecht ist, kaum hinterherkommen. Mittlerweile häufen sich die Probleme, die eine Lösung einfordern. Die zunehmende individuelle wie kollektive Abhängigkeit von digitalen Medien ist nur eines dieser Probleme.

Wie werden wir beispielsweise mit der bereits angedeuteten Entwicklung umgehen, dass Kinder und Jugendliche immer häufiger extreme Gewalt und Sexualität konsumieren, weil sie über Mobiltelefone, Computer und Internet zumeist freien Zugang zu deren Verbreitung haben? Können wir es hinnehmen, dass selbst das Filmen und Verbreiten eigener sexueller und gewalttätiger Handlungen durch Jugendliche immer häufiger vorkommen, dass solche Handlungen im Sinne eines sogenannten *happy slapping* sogar erst in Szene gesetzt werden, damit sie gefilmt und verbreitet werden können? Sind Kinder und Jugendliche im Zuge einer solchen Verrohung und Sexualisierung nicht generell verstärkt in Gefahr, zu Opfern sexueller und körperlicher Gewalt zu werden? Und stellt der freie Zugang zu solchem potenziell traumatisierenden Material im Cyberspace nicht sogar mehr als nur eine Verletzung der Aufsichtspflicht dar, nämlich im Sinne der Vernachlässigung eine Misshandlung? Ist darüber hinaus zu befürchten, dass die Verbreitung von Kinderpornografie im Cyberspace zu einem erhöhten Bedarf und damit zu einer erhöhten sexuellen Missbrauchsrate im engeren Sinne führt? Und wie werden wir mit virtueller interaktiver Sexualität und Gewalt im Cyberspace umgehen, wenn sie völlig synthetisch herstellbar ist, wenn wir also mit lebensecht aussehenden Avataren agieren und interagieren? Werden wir dann mit diesen alle Tabus brechen können, also auch vergewaltigen, foltern und morden, ohne daran gehindert zu werden? Brauchen unsere virtuellen Stellvertreter einen Schutz?

Und – um noch einmal weniger abstrakte und futuristisch anmutende Beispiele anzuführen – wie viel anonyme Häme und Denunziation vertragen eine Gesellschaft und ihre Individuen? Was wird aus ihnen, wenn Schüler bis zur Lebensmüdigkeit drangsaliert werden und Lehrer, Richter und Ärzte im Netz derart diffamiert werden, dass sie ihre Arbeit nicht mehr ausführen können? Wie soll ein sicheres und souveränes Arbeiten in im weitesten Sinne sozialen Berufen noch möglich sein, wenn man nicht davor gefeit ist, im Internet auch zu Unrecht an den Pranger gestellt zu werden und das eventuell sogar mit Adressen, Bildern und Filmen, ohne sich erklären und dagegen wehren zu können? Wer will Aufgaben, die im öffentlichen, im gesellschaftlich-sozialen Raum stattfinden, noch übernehmen, wenn sich der Alltag langsam, aber sicher in eine anarchistische Reality- und Casting-Show verwandelt, in der man jederzeit »zum Abschuss freigegeben« ist?

Solche Listen offener Fragen könnten unendlich fortgesetzt werden. Allem Anschein nach werden wir von den sich immer weiter revolutionierenden Techniken vor immer neue Herausforderungen gestellt. Die aufgeworfenen Fragestellungen haben sich mittlerweile derart verdichtet und verschärft, dass es immer mehr Stimmen gibt, die Grenzsetzungen fordern, um insbesondere Kinder und Jugendliche, aber auch im weitesten Sinne künstlerisch und sozial Tätige zu schützen. Dies führt zu einer Gegenwehr der Cyberspace-Enthusiasten, welche das Internet wahlweise als neuestes oder letztes anarchistisches Refugium sehen.

Der Frage nach der Notwendigkeit von Grenzen im Cyberspace, die die hier skizzierten Entwicklungen aufwerfen, steht die Politik bisher relativ rat- und hilflos gegenüber. Obwohl wir alle, die Politik eingeschlossen, von der großen Macht der Medien wissen und profitieren, möchten wir weiterhin daran glauben, dass das von Natur aus grenzenlose Cyberspace keiner Grenzen und Regeln bedarf. Es wäre zu schön, wenn sich die Utopie von einer vielleicht nicht heilen, so aber doch schrankenlosen freien Welt, in der wir wie Kinder spielerisch miteinander umgehen, während wir den Anderen stets mit Respekt und Güte behandeln, wenn sich dieser Traum der Menschheit im Cyberspace *realisieren* ließe. Der Glaube daran ist ebenso sympathisch und optimistisch wie naiv und gefährlich. Uwe Jochum beschreibt die Verführungskraft und Abgründigkeit dieser Utopie wie folgt:

»Indem die Theorie des Cyberspace den evolutionistischen mit dem politischen Strang der Theorie von der historischen Notwendigkeit verbindet, erscheint der Cyberspace als das notwendig kommende doppelte Reich der Freiheit: der evolutionären Befreiung von der *physis* und der Heraufkunft eines rein geistigen Reiches entspricht die politische Befreiung von jeglichem Zwang, so dass wir in Zukunft eine spielerische Existenzform finden würden, in der wir uns unablässig und jederzeit neu entwerfen könnten, ohne befürchten zu müssen, für unsere Freiheit des Selbstentwerfens noch einen Preis zahlen zu müssen. Diesen Preis hätten wir freilich in dem Moment, da wir den Cyberspace erreichen, schon bezahlt. Es ist der Preis unserer Individualität« (2003, S. 104).

Die Vorstellung, eine derartige Anarchie könnte für das Individuum sowie für demokratische Kollektive gefahrlos funktionieren, ist einfach zu schön, um wahr zu sein. Dass sie nicht funktionieren kann, dass sie nicht auf diese Weise passieren darf, leuchtet den Menschen zunehmend ein. Diejenigen, die am längsten darauf gehofft haben, dass es funktionieren könnte, sind nicht selten diejenigen, die als Geburtshelfer dabei waren, als der Cyberspace aus der Taufe gehoben wurde. Die *digital natives,* die *digitalen Eingeborenen,* die *digitale Avantgarde* oder *Boheme,* die die virtuellen Zusammenhänge besser verstehen und beherrschen als der Durchschnitt der Bevölkerung, sie mögen sich mit der Feststellung trösten, dass jemand, der Regeln und Grenzen, ja sogar Gesetze in dieser virtuellen Welt einfordert, diese in ihrer Bedeutung sehr ernst nimmt und ihr auch einen großen Respekt zollt. Je eher wir einsehen, dass die Auswirkungen der digitalen Revolution, die noch ganz am Anfang steht, zwangsläufig auf eine veränderte Gesellschaftsordnung hinauslaufen, desto eher kümmern wir uns um die Frage, welcher Regeln diese bedürfen könnte. Hier geht es nicht um eine Erwachsenengeneration, die den Heranwachsenden das Spielzeug wegnehmen will, sondern darum, sich einig darüber zu werden, mit welchen enormen Werkzeugen und auch Waffen wir es zu tun haben.

Bei den Piratenparteien und Chaosclubs dieser Welt scheint das insofern mittlerweile angekommen zu sein, als dass sie durchaus an einigen Stellen bis in die Gesetzgebung hinein in die Politik eingreifen wollen, um die Internetnutzer zu schützen. Hier ist nicht allein ein Schutz vor einem Zugriff des Staates nötig, sondern auch vor dem der Wirtschaft. Es wird mittlerweile erkannt, dass die globalen Spieler im Netz, die Unternehmen, die Millionen von Menschen an ihre Suchmaschinen, sozialen Netzwerke und Rollenspiele, um nur einige wenige Beispiele zu nennen, binden, nicht selten die Spielregeln der Diskretion verletzen und sich zum Verkauf von persönlichen Daten hinreißen lassen. Es dürfte uns nicht wirklich überraschen und enttäuschen, dass auch Internetunternehmen einer Kontrolle bedürfen, um nicht manipulativ und monopolistisch zu werden. Wenn also danach gerufen wird, die ökonomischen und damit natürlich auch die politischen Machtverhältnisse des Internets zu regulieren, dann dürfte es einleuchten, dass es auch Spielregeln für den Einzelnen geben muss. Sollte nun eingeräumt werden, dass das Internet ja auch politisch missbraucht werden könne, kann man nur dagegenhalten, dass selbstverständlich jede Regierung, jeder Richter, jeder Polizist, aber ebenso jeder Arzt, jeder Lehrer und jeder Elternteil seine Macht missbrauchen könne und deshalb beaufsichtigt werden müsse. Wir würden sie deshalb nicht allesamt abschaffen, sondern immer wieder überlegen, wie wir sie einer regulierenden Kontrolle unterziehen könnten, damit der Machtmissbrauch so selten wie möglich stattfinde.

Den Befürwortern von Regeln und Gesetzen im Cyberspace werden bisweilen die schlimmsten Vorwürfe gemacht, als wären Gesellschaften wie die unsrige früher ohne Gesetze ausgekommen. Hierüber ist ein regelrechter Kulturkampf entbrannt, der interessanterweise nicht eindeutig parteipolitisch zuzuordnen ist. Ähnlich wie bei ökologischen Angelegenheiten finden sich plötzlich Menschen in einer konservativen Rolle wieder, in der sie sich bisher nicht sahen und auch nicht gesehen werden wollten. Es zeigt sich eine bemerkenswerte Parallele zur Umweltpolitik, bei der eine progressiv-ökologisch ausgerichtete Agenda plötzlich eine konservative Färbung bekommt. Dies mag sich daraus erklären, dass es bei beiden um Umweltthemen geht. Es geht um die Frage, in welcher Welt wir eigentlich leben wollen. Eine Umweltpolitik dieser Art setzt darauf, den Lebensraum »Welt« zu erhalten. In analoger Weise würde eine Medienpolitik darauf abzielen, die virtuelle Welt nicht derart ausufern zu lassen, dass sie der konkret-realen Welt schaden oder diese sogar ersetzen könnte. So brauchen wir ganz im Sinne von Manfred Spitzer (2005) eben nicht nur einen geologischen, sondern auch einen medialen Umweltschutz. Einer Medienökologie entsprechend wird es also darum gehen, wie die beiden Welten miteinander in Einklang leben können, im besten Falle, wie die eine Welt die Lebensbedingungen der anderen positiv beeinflusst und unterstützt.

Medienpolitik als Familien-, Bildungs- und Gesundheitspolitik

Wenn geistig-emotionale Verwahrlosung tatsächlich in einer Gesellschaft wie der unsrigen ein immer größeres Problem darstellt und vor allem dadurch zustande kommt, dass Kinder und Jugendliche zu viel Zeit vor Bildschirmmedien verbringen und dabei zu viele Dinge erleben, die ihnen schaden, weil sie nicht altersentsprechend sind, dann stellt sich die Frage, wie man Familien darin unterstützen kann, dieser Entwicklung entgegenzuwirken. Man kann Eltern kritisieren, die sich nicht genügend um ihre Kinder kümmern, obwohl sie zu Hause sind. Aber ein größeres Problem ergibt sich daraus, dass die Bildschirmmedien eben auch dann eine Rolle spielen, wenn Eltern nicht da sind. Medien haben nicht selten die Funktion des Babysitters und werden gerade deshalb als hilfreich angesehen, weil sie die Heranwachsenden stark in ihren Bann ziehen und vielleicht vor Gefahren außerhalb des Wohnraumes bewahren. Dass auch im Cyberspace auf die Kinder Gefahren lauern, scheint vielen Eltern immer noch nicht bewusst zu sein. Wie sollen sie sich das in der Tat klar machen, wenn ihr Kind doch offensichtlich ganz arglose Spiele spielt, sobald sie ihm über die Schulter schauen? Auf eine solch naive Position können sich Eltern heute jedoch nicht mehr zurückziehen. Sie müssen unter anderem wissen, dass man fast jedes Spiel über einen längeren Zeitraum so spielen und präsentieren kann, dass es einen harmlosen Eindruck macht. Kurzum: Kinder dürfen im Cyber-space nicht sich selbst überlassen werden.

Das Problem mit der medialen Verbildung wird vermutlich bald das Hauptargument für die Politik werden, um endlich die flächendeckende Ganztagsbetreuung von Kindern als Option für alle Eltern zu etablieren. Wenn es sich immer mehr durchsetzt, dass – so denn überhaupt vorhanden – beide Elternteile von früh an Vollzeit arbeiten gehen, dann sollten sie in der Kinderbetreu-ung entsprechend unterstützt werden. Dies dürfte für die Gesell-schaft insbesondere im Hinblick auf Paare mit besonders schlech-ten arbeitsmarkttechnischen Voraussetzungen, ausgesprochen gut ausgebildete Ehepaare und Alleinerziehende von Interesse sein. Die Ganztagsbetreuung kann auch in diesem Zusammenhang eine Maßnahme zur Gleichberechtigung sein, in diesem Fall nicht nur der von Frauen, sondern ebenso der von Jungen. Letztere schei-nen unter den Folgen medialer Auswüchse besonders zu leiden zu haben, was nicht zuletzt an einem Fehlen positiver männlicher Vorbilder im Alltag liegen dürfte, dies sowohl im Privaten wie auch in den pädagogischen Einrichtungen. Ganz heikel wird es, wenn man sich an dieser Stelle vor Augen führt, dass zumindest in einem Land wie Deutschland Kinder bisweilen als ein Armuts-risiko *gehandelt* werden. Wenn Armut inzwischen außerdem zunehmend als Risiko für mediale Verwahrlosung identifiziert wird, dann bestätigt sich noch einmal auf anderem Wege, dass erstens Erfahrungen in der konkreten Realität zu einem Privileg zu werden drohen und das zweitens Heranwachsende in beson-derem Maße von den Kollateralschäden der digitalen Revolution betroffen sind. Diese rasante Medienentwicklung mit nachzu-vollziehen, ohne sich ihr auszuliefern, scheint momentan fast die schwierigste Aufgabe von Familien im weiteren und Eltern im engeren Sinne zu sein. Hier bedarf es in der Tat einer Unter-stützung durch die Medienpädagogik.

Die Erfahrung lehrt, dass mit Erziehungs- und Bildungspolitik zwar Wahlkampf gemacht wird, aber am Ende, genau genommen, keine Politik. Entgegen aller Versprechen ist die Bildungspoli-tik in den letzten Jahrzehnten weiter vernachlässigt worden und damit auch das Bildungsideal unserer Kultur. Das, was uns mit der digitalen Revolution an Gefahren ins Haus steht, trifft also quasi auf einen im negativen Sinne fruchtbaren Boden. Dabei müsste Bildung eigentlich in jedem Land eines der obersten gesellschaftlichen Ziele darstellen, und zwar zuallererst um der demokratischen Kultur willen und bestimmt nicht in erster Linie aus ökonomischen Überlegungen heraus. Traurigerweise scheinen aber momentan nur letztere eine argumentative Schlagkraft zu haben, wenn es darum geht, bildungspolitische Novellierungen durchzusetzen.

Neben der Ganztagsbetreuung von Kleinkindern müsste die Einrichtung von Ganztagsschulen auf der Agenda ganz oben stehen. Hierzu gehört auch die Durchsetzung der allgemeinen Schulpflicht, die längst nicht mehr so selbstverständlich und konsequent umgesetzt wird, wie es notwendig wäre. Außerdem müssten Schulfächer und Angebote verstärkt werden, die den körperlichen und musischen Bedürfnissen und Anforderungen der Schüler gelten, sodass sie diesen besser als bisher gerecht würden. Das heißt, dass wir – nicht zuletzt auch wegen des allmählichen Aussterbens der Sportvereine und Musikschulen – mehr Sport an den Schulen bräuchten, darüber hinaus eine naturnahe Erlebnispädagogik sowie mehr Möglichkeiten, Kulturelles zu lehren und zu erleben, insbesondere Musik, Kunst und Theater. Übergreifend müsste es darum gehen, den jungen Menschen ihren Körper und Geist sowie unsere Natur und Kultur schmackhaft zu machen, um ihnen eine Basis im Hier und Jetzt zu verschaffen. Wenn solche pädagogischen Aktivitäten, wie es der Neurobiologe Gerald Hüther (2006) vorschlägt, von elektronischen Medien begleitet würden – beispielsweise zu Dokumentationszwecken –, könnten Kinder und Jugendliche begreifen, wie Medien dem Erleben von Natur und Kultur *dienen* und auf diese Weise vorzüglich einen sinnvollen Umgang mit den neuen Medien erlernen, ohne ihnen zu verfallen.

An dieser Stelle dürfte sich darüber hinaus die Frage nach einer speziellen Medienpädagogik, zu der ein eigenständiges Schulfach gehören würde, stellen. Grundsätzlich, so könnte man kritisch einwenden, ist eine möglichst umfassende, also automatisch alle Medien umfassende Bildung sowieso immer auch eine Medienpädagogik, im Zweifelsfalle sogar die beste. Denn wenn ich die ursprünglicheren Medien wie Sprechen und Lesen, Rechnen und Schreiben, Musizieren und Spielen schätzen gelernt habe, dann kann ich vermutlich auch die allerneuesten Medien gut in das zunächst erlernte Repertoire integrieren. Insofern muss die Frage erlaubt sein, ob denn wirklich ein schulisches Spezialfach nötig sei, das sich der akademischen Disziplin Medienpädagogik verdanke? Man könnte vorschlagen, Medienpädagogik stärker als übergreifenden Aspekt der Pädagogik anzusehen und weniger als ein herausgelöstes Fach. In diesem Sinne müsste sich jeder Lehrer auch als Medienpädagoge verstehen. Dies würde implizieren, dass von jedem Lehrer zu erwarten wäre, sich dasjenige selbst zu erschließen und Schülern selbstbewusst zu vermitteln, was die jeweils neuesten Medien für das jeweilige Fach sowohl inhaltlich als auch formal an originär Neuem und Hilfreichem bieten würden.

Medienabhängigkeit als Politikum

Anstrengungen in der Familien- und Bildungspolitik, die alle Bereiche der Erwachsenwelt umfassen, sind sicherlich die wichtigste Voraussetzung für einen Schutz vor kollektiver und individueller Medienabhängigkeit. Ähnlich wie bei anderen Suchtmitteln muss der politische Diskurs im Hinblick auf die verschiedenen Formen exzessiver und abhängiger Mediennutzung jedoch auch von Seiten der Gesundheitspolitik geführt werden und die Etablierung von Grenzsetzungen und Festlegungen zur Folge haben. Aus psychologischer und medizinischer Sicht ist dies nicht nur wünschenswert, sondern absolut notwendig. Es ist in diesem Zusammenhang von entscheidender Wichtigkeit für die weitere klinische und wissenschaftliche Arbeit, dass Medienabhängigkeit als eigenständiges Krankheitsbild im Sinne einer nichtstoffgebundenen Abhängigkeitserkrankung anerkannt wird. Diese Anerkennung muss freilich zunächst von den Fachgremien der Psychiatrie und Psychotherapie erfolgen, um für die Gesundheitspolitik zum Gegenstand konkreter Maßnahmen werden zu können. Bereits jetzt ist der Eindruck entstanden, dass die Politik die Dringlichkeit des Themas zumindest ansatzweise begriffen hat. Zum gegenwärtigen Zeitpunkt wäre es vor allem zu begrüßen, wenn die Gesundheitspolitik die Forschung zur Medienabhängigkeit finanziell fördern und damit vorantreiben würde. Diesbezüglich wäre zu erwarten, dass Gesundheits- und Forschungspolitik eng miteinander zusammenarbeiten würden, dies vor allen Dingen auch um internationale Kooperationen zu unterstützen, damit kulturübergreifend die klinischen Merkmale sowie die Möglichkeiten zur Prävention und Behandlung von Medienabhängigkeit herausgearbeitet werden könnten.

Internationale Perspektiven und Kooperationen sind nicht nur deshalb so wichtig, weil sie das kulturunabhängig Essenzielle herauszuarbeiten und Standards zu setzen vermögen, sondern mehr noch, weil sie dazu beitragen, überschießende Reaktionen und Entwicklungen zu vermeiden. Solange es aber noch keine einheitlichen Festlegungen gibt, auf die auch diejenigen klinischen Psychologen, Psychiater und Psychotherapeuten zurückgreifen können, die sich nicht auf dem Gebiet der Medienabhängigkeit spezialisieren, bedarf es einer Förderung von Spezialeinrichtungen, deren Arbeit eine kontinuierliche Forschungstätigkeit ermöglicht. Dazu ist quasi eine Anschubfinanzierung nötig, dies nicht zuletzt, um irgendwann Medienabhängigkeit als eigenständiges Krankheitsbild auch aus der Sicht der Kostenträger regulär diagnostizierbar und behandelbar zu machen. Erst im Zuge einer solchen Absicherung können sich nämlich nachhaltige Behandlungskonzepte etablieren. Aktuell besteht allerdings ein pragmatischer Handlungsbedarf, weil die Betroffenen und deren Angehörige die wenigen Beratungsstellen, Spezialambulanzen und -praxen in exponentiell ansteigender Weise aufsuchen und um Unterstützung bitten. Langfristig ist zu erwarten, dass alle psychiatrisch und psychotherapeutisch tätigen Ärzte und Psychologen sich mit dem Thema Medienabhängigkeit befassen und mit ihm umgehen werden müssen. Allen voran scheinen das momentan die Kinder- und Jugendpsychiater und -psychotherapeuten zu erkennen, weil sie die rasante Besetzung der Kinderzimmer mit mehr neuen digitalen Bildschirmmedien zunehmend in Kontakt mit Abhängigkeitsentwicklungen bei immer jüngeren Kindern bringt.

Bevor diese Entwicklung noch dramatischer wird, stehen gesundheitspolitische Entscheidungen aus, die mit Hilfe vorsichtiger gesetzlicher Maßnahmen Zeichen und Grenzen zugunsten der Prävention setzen können. Dabei wird es zunächst vor allem um die Praxis der Altersfreigaben von Computerspielen gehen, dies sowohl im Hinblick auf deren Abhängigkeitspotenzial als auch im Hinblick auf etwaige anstößige Inhalte. Was das Abhängigkeitspotenzial von Spielen angeht, erscheint es momentan als besonders dringlich, dieses bei der Alterseinstufung insbesondere der Online-Spiele zu berücksichtigen. Dies dürfte insofern nicht allzu schwer durchsetzbar sein, weil abhängigkeitsfördernde Wirkweisen insbesondere der Online-Rollenspiele mittlerweile gut nachgewiesen sind. In diesem Zusammenhang wäre es zudem sinnvoll, die Industrie zu einer Abgabe zu verpflichten, die sich auf den gesundheitlichen und ökonomischen Schaden bezieht, der durch die immer weiter um sich greifende Abhängigkeit von Computerspielen entsteht. Darüber hinaus gehört die Praxis der Indizierung und Altersfreigabe von Seiten der Politik ganz grundsätzlich auf den Prüfstand. Es müsste einmal von wirklich unabhängiger Seite überprüft werden, ob die freiwillige Selbstkontrolle, die von der Industrie finanziert wird, wirklich im engeren Sinne eine unabhängige Arbeit leisten kann. Dies ist ihr zum Teil schon insofern gar nicht möglich, da mittlerweile viele Spiele lediglich als Basissoftware geprüft werden, aber in ihren Online-Versionen aus dem Internet mit immer neuen Zusatzmodulen, sogenannten Add-Ons, gespeist werden, die eventuell Darstellungen von körperlicher oder sexueller Gewalt und ein Abhängigkeitspotenzial beinhalten, was dann gar nicht mehr überprüft wird. Dies trifft auf die sogenannten Browser-Games umso mehr zu, weil man hier gar keine Software erwirbt, sondern einfach gleich im Netz drauflosspielen kann. Es müssen also völlig neue Wege der (Selbst-)Kontrolle gefunden werden, wobei sich die Frage stellt, inwieweit es sich unser Staat noch leisten kann, diese aus der Hand zu geben.

Medienökologie als Leitbild einer besseren Medienpolitik

Grundsätzlich ist zu konstatieren, dass eine Entflechtung von Medienwirtschaft und Medienpolitik nottut. Dies gilt nicht nur für den Bereich der sogenannten freiwilligen Selbstkontrolle, sondern auch im viel größeren Rahmen. Die Abhängigkeit der Politik vom Medialen, die in einer Demokratie eine Grundvoraussetzung für politische Prozesse überhaupt ist, hat ein Maß erreicht, das zu einer ernsthaften Gefährdung der politischen Kultur führen könnte, weil die Politik sich kaum noch traut, Entscheidungen zu treffen, die die Medien in irgendeiner Weise einschränken und absehbar zu einem Sturm medialer Empörung führen könnten. Eine Politik aber, die sich nicht mehr traut, offen zu diskutieren und beherzt zu handeln, droht in einen Lähmungszustand zu geraten und völlig abhängig zu werden von populistischen Strömungen. Es gibt nicht nur den lauten, sondern auch den stillen Populismus, der den Eindruck erweckt, dass es ihm gar nicht um Stimmungsmache gehe. Um keine Stimme zu verlieren, vermeidet diese Art Populismus jede öffentliche Unwägbarkeit. Am Ende lauert hier jedoch vor allem eine gefährliche Politikverdrossenheit. Die allererste medienpolitische Forderung müsste den Politkern abverlangen, nicht in erster Linie eine auf die Medien schielende Politik zu machen, also nicht in erster Linie Medienpolitiker zu sein.

Um die Verflechtungen von Medien und Politik in den Bereichen Wirtschaft, Pädagogik und Wissenschaft einmal grundsätzlich aufzudecken und transparent zu machen, sollten einmal ganz konkrete Fragen wie die folgenden auch neue gesetzliche Regelungen auf den Prüfstand stellen: Sollten Politiker in Aufsichtsräten von Medienunternehmen sitzen dürfen? Ist es sinnvoll, wenn die Ausrüstung von Schulen mit Medien gesponsert wird? Können eine medienpädagogische oder eine medienpsychologische Forschung zu unabhängigen Ergebnissen kommen, wenn sie von der Computerspielindustrie unterstützt werden? – Dies sind nur einige wenige Fragen, die diejenige Problematik anreißen, welche in den vielgestaltigen Verflechtungen verborgen liegt. Sie mögen aufzeigen, warum weder Medienwirtschaft noch Medienpolitik allein als Geschäft mit der Öffentlichkeit angesehen und behandelt werden dürfen. Wenn sie nämlich allein als solches angesehen und diesbezüglich miteinander verbandelt werden, können sie zu mehr als unheilvollen Unternehmungen werden.

Angesichts der vielfältigen Probleme, die sich im Zusammenhang mit der Medialisation ergeben, steht unserem Staat und seinen Politikern eine rein mediengefällige Haltung nicht gut. Einem wirklich demokratischen Geist entspräche das Eintreten für einen möglichst ergebnisoffenen Diskurs, um die Fragen nach den notwendigen Freiheitsgraden und Grenzsetzungen im Cyberspace zu klären. Damit die Politik zum Handeln gebracht wird, bedarf es einer medienökologischen Bewegung, die die Koexistenz von virtueller und realer Umwelt aktiv gestalten will.

Our failure is one of imagination, of empathy:
we have failed to hold this reality in mind.

Susan Sontag, Regarding the Pain of Others,
2003, S. 7

Die Verantwortung in den Augen des Betrachters

Medienethik könnte uns zeigen, dass wir nicht darum herumkommen, nicht nur einzelne Medieninhalte, sondern auch das Mediale in seinen formalen Bedingungen einer moralischen Bewertung zu unterziehen. Wie sich herausgestellt hat, kann dies ähnlich für viele medienwissenschaftliche Zusammenhänge geltend gemacht werden. So wird Geschichte immer mehr zur Mediengeschichte. Kaum ein technisches Produkt kommt heute ohne die Integration von Medientechnologie aus. Medienwirtschaft ist zu einem der größten Wirtschaftszweige überhaupt aufgestiegen. Die Psychologie sieht sich dazu gezwungen, sich immer mehr mit Medienpsychologie zu beschäftigen. Die Pädagogik muss aufpassen, dass sie nicht zur reinen Medienpädagogik wird. Und die Politik droht gänzlich von ihren medialen Repräsentationen bestimmt und damit handlungsunfähig zu werden.

Wir können es uns nicht leisten, *keine* Haltungen einzunehmen gegenüber dem, was gerade im Rahmen der Medialisation mit uns geschieht. Das Problem besteht in der Regel nicht so sehr darin, dass den Menschen eine Meinung zu den neuen Medien fehlt. Meinungen haben wir in der Sphäre des Medialen mehr als genug. Es fehlt vielmehr an Haltung und Handlungsbereitschaft. Die passive Auslieferung an das Mediale betrifft ebenso den Einzelnen in seinen vier Wänden und vor den vier Ecken seiner Bildschirmmedien wie die Gesellschaft und ihre Politik im Ganzen.

Virtuell-interaktives Handeln kann konkret-soziale Handlungen nicht vollständig ersetzen. Es ist offensichtlich, dass Medienabhängigkeit ein ebenso individuelles wie kollektives Phänomen darstellt, dem wir uns nicht tatenlos ergeben sollten.

Unterhaltung um jeden Preis und auf Kosten des Anderen

Im Hinblick auf ethische Fragen ist es wichtig, erst einmal festzustellen, dass wir uns in einen Zustand beispielloser Passivität hineinmanövriert haben, der Zusammenhalt suggeriert und Vereinzelung fördert. Bereits vor der digitalen Revolution beschrieb dies Neil Postman ebenso treffend wie sardonisch: »Es ist nichts weiter geschehen, als dass die Öffentlichkeit sich an die Inkohärenz gewöhnt und in die Teilnahmslosigkeit hineinamüsiert hat« (1985/1997, S. 137). Postman bezieht sich hier im Wesentlichen auf das Medium Fernsehen. Das Problematische am Fernsehen sei nicht, dass es zu einem großen Teil zur Unterhaltung genutzt werde, sondern das Problem sei vielmehr, »dass jedes Thema als Unterhaltung präsentiert« werde (S. 110). Dies hat sich beispielsweise in Deutschland noch dadurch verschärft, dass im Zuge der Privatisierung der 1980er Jahre das Moment der Unterhaltung im Fernsehen noch stärker in den Vordergrund gerückt ist, auch bei den öffentlich-rechtlichen Sendeanstalten. Ob Info- oder Edutainment, alles wird auf den kleinsten gemeinsamen Nenner der Unterhaltung heruntergebrochen. Dem Zuschauer wird kaum noch eine aktive Aufmerksamkeit und Konzentration zugetraut und zugemutet.

Dabei fällt vielleicht am schwersten ins Gewicht, dass auch aus dem Mitleiden ein Unterhaltungsgeschäft geworden ist, sei es, dass wir andere für uns stellvertretend in Reality- und Casting-Shows demütigen und leiden oder uns über das ganze Leid der Welt informieren lassen. Allein die Tatsache, dass selbst renommierte politische Magazine mittlerweile dazu übergegangen sind, Reportagen mit effekthascherischer Musik zu unterlegen, zeigt, wie schwerwiegend das Diktat der Unterhaltung journalistische

Prinzipien angreift. Hier stellt sich die Frage, ob das emotionale Mitschwingen vor den Bildschirmen noch etwas mit echter Empathie zu tun hat, wenn diese nicht zu mitfühlendem Handeln führt. Ähnlich wie Neil Postman problematisierte dies auch Vilém Flusser, der den neuen Medien ja keineswegs abgeneigt war: »Was so entsetzlich an der Bilderflut ist, sind drei Momente: dass sie an einem für ihre Empfänger unerreichbaren Ort hergestellt werden, dass sie die Ansicht aller Empfänger gleichschalten und dabei die Empfänger füreinander blind machen und dass sie dabei realer wirken als alle übrigen Informationen, die wir durch andere Medien (inklusive der Sinne) empfangen« (1993, S. 137).

In diesem Zusammenhang ist auch schon von einer *Betroffenheitskultur* die Rede gewesen, in der sich der zuschauende Mensch zwar für eine kurze Zeit dem Leid der Welt zuwendet und sich dabei betroffen wähnt, dies aber unbewusst vor allem dazu nutzt, sich seiner eigenen Geborgenheit, Sattheit und Sicherheit zu versichern, in der er sich allzu gemütlich eingerichtet hat. Mitleid und Barmherzigkeit sind völlig sinnentleert, wenn sie den auf diese Art und Weise eben nicht *unmittelbar,* sondern *vermittelt* Betroffenen nicht zum Handeln bewegen: »Mitgefühl ist eine instabile Gefühlsregung. Es muss in Handeln umgesetzt werden, sonst verdorrt es«, schreibt Susan Sontag in ihrem Essay »Regarding the Pain of Others« aus dem Jahre 2003 (2010, S. 118), und ruft damit dazu auf, auch für das Verantwortung zu übernehmen, was wir sehen.

Diese Verantwortung ist noch auf verschiedene andere Art und Weise konkret zu benennen und dennoch für viele Menschen offensichtlich kaum noch spür- oder nachvollziehbar. Wir blicken eben nicht nur als Zuschauer vor Bildschirmmedien in die Welt hinein, sondern verstellen uns als solche eventuell den eigentlich direkten Kontakt mit der Umwelt. Bald hat wirklich jeder eine Kamera am Körper, und das nicht nur zum Fotografieren, sondern ebenso zum Filmen. Wir haben also stets ein Objektiv im Anschlag oder einen Bildschirm im Visier, um unsere Umwelt und die darin vorkommenden Menschen zum Objekt zu machen – im »besten« Fall, wenn es zu einer Katastrophe kommt. Jede Situation und vor allem jeder Mensch wird auf seine Kameratauglichkeit hin überprüft und bewertet. Wer oder was nicht fotografiert und gefilmt wird, scheint gar nicht mehr zu existieren. Nur der – oder dasjenige –, der im Internet in Bild und Wort vorkommt, wird auch wahrgenommen. Menschen, die sich weigern in virtuelle soziale Netzwerke einzutreten, bekommen zunehmend den Eindruck, für einen Teil ihrer Mitwelt gar nicht mehr existent zu sein, als hätte der Begriff *soziales Netzwerk* – und bald auch der von *Freundschaft?* – außerhalb des Cyberspace keine Bedeutung mehr. *Digitale Eingeborene,* die es gar nicht mehr anders kennen, als permanent medial ausgestellt und wahrgenommen zu werden, können ohne ihre virtuellen Repräsentationen kaum noch leben, benötigen diese, um sich selbst spüren zu können. Aber erkennen sie dabei den Anderen überhaupt noch als ihn *selbst?* Oder ist der objektivierte Andere nicht lediglich dazu da, uns zu reflektieren, ohne uns in Frage zu stellen? Geht hier nicht das unmittelbar Partnerschaftliche verloren, wie es Roger Silverstone beschreibt: »Gegenwärtig präsentieren und perpetuieren die Medien eine Weltanschauung, in der der Andere entweder als ein zu Integrierender oder als ein zu Vernichtender erscheint« (2008, S. 125). Wenn der Andere auf diese Weise entweder als Objekt in die eigene Cyber-Sphäre integriert oder völlig fallen gelassen und in den virtuellen Orkus geschickt wird, dann liegt die Vermutung nahe, dass das Internet eher die Egozentrik als das soziale Miteinander fördert.

Unabhängig von der strittigen Frage, ob das Internet die Menschen einander eher als Objekte oder Subjekte erscheinen lässt, ist zumindest festzustellen, dass unsere Beziehungen immer virtuellere Dimensionen annehmen, wenn wir nur noch Repräsentationen von uns selbst miteinander interagieren lassen. Dass hier das empathische Moment leiden oder gar verkommen könnte, dürfte nicht verwundern. Nicht wenige Menschen greifen mittlerweile schon instinktiv zur Kamera, wenn etwas Aufregendes passiert und seien es Unfälle oder gar Katastrophen, unter denen Menschen schweres Leid erfahren. Bevor wir helfend eingreifen, neigen wir mittlerweile dazu, das erblickte Leid aufzuzeichnen, um es zu dokumentieren oder ins Netz zu stellen, wenn nicht sogar an die Presse zu verkaufen. – Das *ist* eine Katastrophe.

So bekommen wir vor unseren Bildschirmen zu Hause kein Gefühl mehr dafür, was wir damit anrichten, wenn wir uns mit dem mitleidlosen Blick der allgegenwärtigen Kameras solidarisieren. Das inszenierte Freud und Leid der Reality- und Casting-Shows erscheint als eine fast harmlose Variante, wenn sie auch exemplarisch zu sehen ist. Haben wir Zuschauer oder die aufnehmenden Eltern es überhaupt noch »auf dem Schirm«, dass sich das vom Fahrrad fallende Kind in der Pannenshow im Fernsehen oder auf dem Video im Internet verletzt und wehgetan hat? Oder verlieren wir hierfür vielleicht langsam das Gefühl? Was ist mit den vielen Filmen, die ohne oder gegen den Willen der Betroffenen ins Internet gestellt werden? – So fremd sich dies vielleicht für viele Menschen bereits anhören mag, wir sind definitiv nicht nur mitverantwortlich für das, was wir mit einer Kamera aufnehmen, sondern auch für das, was wir auf dem Bildschirm sehen, und zwar gerade deshalb, *weil* wir nicht handelnd eingreifen (können). Besonders evident wird dies am Beispiel der sich anscheinend vermehrenden Kinderpornografie im Internet, deren Konsum längst keine Randerscheinung mehr darstellt.

Das Mitleiden des einzelnen Zuschauers am Schicksal der Mehrheit der Menschen

An dieser Stelle gilt es, im Blick zu behalten, dass bei weitem nicht jeder Mensch auf Erden ein Zuschauer ist. Bei ethischen Fragestellungen ist es überaus wichtig, globale Perspektiven im Blick zu behalten. Susan Sontag spricht in diesem Kontext von der »luxuriösen Position« des Zuschauers und übt über diese gleichermaßen Kritik an der Passivität derjenigen, die die Welt multimedial als Spektakel erleben und – vermutlich in direktem Bezug zu Guy Debords »Gesellschaft des Spektakels« (1967) – an denjenigen, die das kritisieren: »Dabei ist die These von der Wirklichkeit, die zum Spektakel geworden sei, auf atemberaubende Weise provinziell. Sie universalisiert die Sehgewohnheiten einer kleinen, gebildeten Gruppe von Menschen, die im reichen Teil der Welt leben [...] Sie nimmt an, dass jeder Mensch Zuschauer ist, und suggeriert – absurderweise und völlig unseriös –, dass es wirkliches Leiden auf der Welt gar nicht gibt. Es ist aber unsinnig, die Welt mit jenen Zonen in den wohlhabenden Ländern gleichzusetzen, wo Menschen das zweifelhafte Privileg haben, die Rolle dessen zu übernehmen (oder auch abzulehnen), der zusieht, wie andere leiden« (Sontag, 2010, S. 127 f.).

Nun könnte man gegen diese Fundamentalkritik am Medialen einwenden, dass mit der Einführung der Interaktivität durch die neuesten elektronischen Medien gerade ein Mehr an Miteinander stattfindet. Dies Mehr würde sich neben den virtuell katalysierten Demokratiebewegungen in autoritären Staaten beispielsweise daran ablesen lassen, dass wir in kürzester Zeit Informationen aus Krisengebieten erhalten und damit mehr oder weniger direkt und rasch ins Geschehen eingreifen könnten. Dies mag auch in weiten Teilen richtig sein. Fraglich ist allerdings, ob die Spendenbereitschaft der Bürger und die Unterstützung durch die Politik global gesehen und unterm Strich Zuwächse verzeichnen kann oder ob sich die Weltöffentlichkeit nicht immer wieder auf bestimmte Krisenherde fokussiert, während gleichzeitig die vielen kleinen anderen ausgeblendet und vernachlässigt werden. Dies gilt ebenso für Naturkatastrophen im engeren wie für Hungerkatastrophen, Epidemien und Kriege im weiteren Sinne. Wenn man besonders kritisch sein wollte, könnte man sich fragen, ob die großen Hilfsaktionen, in denen sich die Weltöffentlichkeit kollektiv als hilfreich zeigt, vor allem dazu dienen, sich gegenseitig ihrer Betroffenheit, Empathie und Barmherzigkeit zu vergewissern, zumal auch diese einen Unterhaltungswert haben mögen. Insofern stimmt vielleicht doch Debords Einschätzung der Verspektakelung des Katastrophalen.

Was das Potenzial des Interaktiven angeht, bleibt festzuhalten, dass das Internet ganz neue Wege der Organisation für die Helfer in der Welt ermöglicht, und dies nicht nur, was die Sammlung finanzieller Mittel betrifft. Aber der Bürger, der vermittelt über das Internet eine Spende per Online-Banking tätigt, dürfte nicht das Gefühl zu haben, er sei tatsächlich aktiv geworden. Interaktivität wird hier nicht selten mit aktivem Handeln gleichgesetzt und verwechselt. Robert Pfaller spricht in einem ähnlichen Zusammenhang treffenderweise von »Interpassivität« (2008). Es soll sogar Menschen geben, die für sich reklamieren, dass sie ihr Mitleiden am Fernseh- oder Computerbildschirm schon als einen Akt von Nächstenliebe erleben. Wenn wir aber über das Mediale unsere Gedanken als Taten verkaufen, dann bekommen wir mit der konkret-realen Welt im ethischen Sinne ein Problem, wie Uwe Jochum kritisch anmerkt: »In einem immateriell-geistigen Reich, in dem Gedanken und Taten überall zugleich präsent sind, wäre alles immer schon gedacht und getan. Darin schlägt der Cyberspace zuletzt freilich in das Reich des Nichts um« (2003, S. 49). Der ganz und gar medienabhängige Mensch wird für den Mitmenschen und dessen existenzielle Dimensionen zum Nihilisten.

Über die Grenzen von entwickelten und sich entwickelnden Ländern hinweg gewinnt allerdings die Hoffnung an Boden, dass das Internet doch eine per se soziale und emanzipatorische Wirkung entfalten könnte. Man darf konstatieren, dass die virtuellen sozialen Netzwerke bei den jüngsten Demokratiebewegungen eine katalysierende Funktion hatten und als nichtvirtuelle Netzwerke in dieser Dynamik und Dimension gar nicht denkbar gewesen wären. Jedoch machen die exponentielle Ausbreitung des Demokratisierungsgedankens und seine Umsetzung bisweilen den Eindruck, als seien nicht nur die Diktatoren, sondern auch das Volk selbst von der eigenen revolutionären Bewegung überrollt worden. Ohne die Verdienste des Internets an dieser Entwicklung schmälern zu wollen, ist festzustellen, dass es noch offen ist, wie viel Demokratie am Ende erreicht wird und ob das Leid auf dem Weg zu mehr Demokratie diese tatsächlich zu rechtfertigen vermag. Ob das Internet allein durch seine formalen Bedingungen Demokratie befördern kann, wird sich daran bemessen lassen müssen, inwieweit es demokratische Strukturen langfristig zu stabilisieren und zu erhalten vermag. Bei allem Enthusiasmus mehren sich zugleich die kritischen Stimmen, wie beispielsweise die von Evgeny Morozov in seinem Buch »The Net Delusion – How

Not to Liberate The World« (2011), die aufzeigen, wie das Internet eben auch von autoritären politischen und ökonomischen Strukturen dazu genutzt werden kann, Menschen abhängig zu machen und zu manipulieren.

Gerade die politischen Impulse, die vom Internet ausgehen, benötigen unsere besondere Aufmerksamkeit, wenn es um medienethische Fragestellungen geht. Die entscheidenden Antworten dürften aufgrund eines medienethischen Diskurses gegeben werden, einfach nur *ergeben* werden sie sich wohl kaum. Roger Silverstone gibt zu bedenken, dass wir eine neue Medienethik aktiv gestalten müssen: »Obwohl sie derart fragmentiert, widersprüchlich, imperial, repressiv und beinahe immer ungerecht ist, stellt die globale Öffentlichkeit dennoch den Raum dar, in dem der Rahmen für eine globalisierte Kultur und die ethisch-moralische Infrastruktur für die Zukunft der Zivilgesellschaft geschaffen werden müssen« (2008, S. 26). Das Internet ist weder gut noch böse. Wie sich die Zivilisation immer wieder ethischer Bewertungen und Modifikationen aussetzen musste, bedarf auch die Medialisation einer kontinuierlichen Modifizierung durch den Menschen, um ihm nicht zu entgleiten.

Und im Grunde genommen ist die Kunst das Götterkind,
das die Menschen bewahrt vor dem Versinken in der Lüge.

Rudolf Steiner, Die Sendung Michaels, 1919/2003, S. 235

Zur ästhetischen Unterscheidung von Kunst und Medialität

Medienästhetik kann vieles bedeuten, verweist aber im Zusammenhang dieses Kapitels in erster Linie auf die Schnittmengen und Differenzen, die zwischen den Phänomenen Medialität und Kunst liegen. Mit der Antwort auf die Frage nach dem Unterschied zwischen Medialität und Kunst könnte man es sich leicht machen, indem man einfach Medien formal und Kunst inhaltlich versteht. Diese Unterscheidung würde auch dann noch funktionieren, wenn man behauptete, dass jedes Kunstwerk eine mediale Dimension beinhalte, aber nicht jede mediale Erscheinung eine künstlerische Dimension aufweise. Auf diese Weise ließe sich Kunst auch als eine tiefere, edlere und vielleicht *beseelte Art* von Medialität begreifen. Wenn Medien seelisch-geistige Werkzeuge sind, dann erfüllen sie als Kunstwerke nur dann einen höheren Sinn, entfalten erst dann eine künstlerische Dimension, wenn sie über das Formale, das Werkzeughafte, das Handwerkliche hinausgehen und über eine individuelle Bedeutung hinausweisen. Auch wenn beispielsweise das Buch momentan wie ein Kultgegenstand verehrt und verklärt wird, ist es ein Medium und beinhaltet nicht notwendigerweise ein Kunstwerk, wobei ein Roman, der ja auch in elektronischer Form verfügbar sein kann, im besten Falle ein solches *ist*.

Manch einer kommt in seinem Verständnis von Kunst so gar nicht ohne eine metaphysische Definition aus. In einer solchen

Vorstellung macht ein Kunstwerk vor allem dasjenige Moment aus, das auf irgendeine Weise das zu berühren vermag, was unendlich ist, was nicht vollends zu ergreifen und zu durchdringen ist, was nicht einfach nur einer Form oder einer Formel gehorcht, was nicht bloß einem handwerklichen oder intellektuellem Können entspringt und was nicht bis in seinen letzten Winkel erklärt werden kann. Innerhalb einer solchen Denkweise ist ein Kunstwerk nicht abschließend deutbar und bewahrt stets ein Geheimnis.

Aufwertung der Kunst durch das Mediale

Unabhängig von der Mediengeschichte ist *die* Geschichte, allein schon im Hinblick auf die Frage nach ihrer Rezeption, nicht zu haben. Dies gilt in ähnlicher Weise für die Kunstgeschichte. Der allgemeinen Geschichtswissenschaft wird gerade in Phasen der Orientierungslosigkeit die Aufgabe zugeschrieben, zu *lehren,* was aus der Geschichte zu *lernen* sei. Für die Geschichte der Medienwissenschaft bedeutet dies darüber hinaus, aus den *Geschichten* zu lernen. Insofern erklärt sich die große Sorge angesichts der rasanten medialen Evolution, dass mit den älteren Medientechniken auch deren Inhalte verschwinden könnten. Alte Medien werden aber nie gänzlich abgeschafft. Auch die neuesten digitalen Medien nutzen die gesamte Bandbreite der früheren Medien beziehungsweise Künste, und umgekehrt. Damit werten sie diese in ihrer ursprünglichen Form – beispielsweise als originäres Gemälde, als Handschrift oder als Partitur – eher auf, als dass sie sie verunstalten und herabwürdigen. Der Medienhistoriker Schanze beschreibt dies so: »In jedem neuen Medium ist die Vielzahl der alten Medien eingeschrieben. […] das System der Künste wird zur Tiefenstruktur einer medialen Oberfläche. Die ›moderne‹ Literatur, Kunst, Musik und Theater werden zum kritisch-analytischen Instrumentarium, das sich den technischen Diffusionen von Bild und Ton entgegensetzt. Die Grafien entwickeln sich einerseits als inhaltliche Voraussetzungen der Audiovision (z. B. im Drehbuch), andererseits als deren kritische Instanz« (2001, S. 214). In diesen Ausführungen des Verfassers einer integralen Mediengeschichte deutet sich an, dass es darauf ankommt, Vertrauen in die schwierige Beziehung zwischen Kunst und Medialität zu fassen und beide nicht gegeneinander auszuspielen.

Die alten Medien und ihre Inhalte, welche zu ihrer Zeit stets auch einmal *neue* Medien waren, bleiben im Repertoire – und dies im Internet wesentlich mehr als im Fernsehen. Das entscheidende Moment für die Geistesgegenwart einer Kultur ist, dass es sie gegeben hat und noch gibt. Für unsere Kultur ist es deshalb von immenser Bedeutung, dass es trotz ihrer Marginalisierung nach wie vor leibhaftige Opernsänger, materielle Skulpturen und handhabbare Bücher gibt. Bezöge man dies in analoger Weise auf die Entwicklungspsychologie, würde dies bedeuten, dass das Erlernen der grundlegenden medialen Kulturtechniken für die Erziehung und Bildung des Menschen hin zu einem bewusstseinsbegabten, kulturtragenden und demokratiefähigen Wesen von enormer Wichtigkeit sein könnte. Hierdurch müsste ein jeder in die Lage versetzt werden, aus dem möglichst großen Repertoire seiner Sinne, Vorstellungen, Sprachen und Kulturtechniken schöpfen zu können, auch dann noch und gerade dann, wenn alle digitalen Systeme zusammenbrechen. An dieser Stelle haben letztlich zu Recht alle im negativen Sinne kritischen Medientheorien im Hinblick auf soziale und individuelle Pathologien angesetzt. Die Angst vor dem Neuen ist paradoxerweise immer gleichermaßen eine Angst vor dem Verlust des alten Repertoires und vor einem Rückfall auf einen noch älteren Entwicklungszustand.

Die begriffliche Vereinnahmung der Kunst durch das Mediale

Mit der Kunst und dem Künstler im engeren Sinne verbinden viele Menschen vor allem die Malerei. Der Anfang der Malerei wird der Korintherin Dibutade zugeschrieben, die den Schatten ihres Geliebten an der Wand festhielt, bevor dieser in den Krieg zog. Dem Ursprungsmythos der Malerei zufolge begann die abbildende Malerei also im Grunde als Vorläufer der Fotografie, da die Silhouette das Hier und Jetzt des Abgebildeten repräsentiert.

Damit stellt sie im Grunde eher eine Art der Vervielfältigung als eine der Abstraktion dar. Schon darin deutet sich an, wie eng und untrennbar Kunst- und Mediengeschichte miteinander verwoben sind. Wenn man Kunst und Medialität einander gegenüberstellt, dann liegt es nahe, mit den Begriffen etwas zu spielen und sich begriffliche Übergänge zu verschaffen.

Wenn *Kunst* ursprünglich von *Können* kommt, dann dürfte das, was der Mensch ursprünglich als Kunst verstanden hat, aus der heutigen Perspektive eher als Medialität zu kennzeichnen sein. Die Höhlenmalereien, die Rhythmen und Gesänge der ersten Menschen kommen dem heutigen Kunstbegriff zumindest nicht besonders nahe. Nun gibt es den Unterschied zwischen dem Künstlerischen und dem Künstlichen beziehungsweise dem Virtuellen. Die reine Nachahmung einer Realität ist künstlich, etwas Künstlerisches oder Kunstvolles geht darüber hinaus, *kann* nach heutiger Vorstellung *mehr*. Allerdings kann man den Begriff *künstlich* auch durch *virtuell* ersetzen, was seinerseits auch *befähigt* bedeutet. Eine mögliche Definition von Virtualität lautet: »die Eigenschaft einer Sache, nicht in der Form zu existieren, in der sie zu existieren scheint, aber in ihrem Anschein, ihrem Wesen oder ihrer Wirkung einer in dieser Form existierenden Sache zu gleichen« (Bogen, Kuck und Schröter, 2009, S. 7).

Virtus und Ars, Virtualität und Kunst, haben also gleichermaßen etwas mit Können zu tun. Während das Ziel des Medialen sich anscheinend vor allem aus seiner Fähigkeit erklärt, künstliche Realitäten zu erschaffen, muss die Kunst über diese Fähigkeit hinausgehen und hinausweisen. Im Rahmen des Internets und seiner Derivate, die man alle zusammen als Cyberspace bezeichnet, scheint das Mediale zum schieren Alleskönner zu werden. Dieser Alleskönner schafft aber nicht notwendigerweise Kunst im engeren Sinne, auch wenn die medial geschaffenen *künstlichen* Welten durchaus eine *künstlerische* Dimension entfalten können. Dies geschieht nicht nur, indem analoge Kunst digitalisiert wird, sondern ebenso, indem genuine digitale Kunst geschaffen wird. So oder so wird die digitale Schöpfungswelt auf eine Weise verehrt, wie es früher großen Kunstwerken zuteilwurde.

In dieser blendenden Könnerschaft des Medialen, Kunst und Künstlichkeit bis in die Begriffe hinein austauschbar zu machen, mag der Grund liegen, warum bisweilen im Rahmen der Revolution des Medialen Kunst und Kunsthandwerk miteinander verwechselt beziehungsweise unzulässigerweise gleichgesetzt werden. Das Mediale wendet aber einen unzulässigen Kunstgriff an, wenn es sich des Künstlerischen ganz zu bemächtigen versucht. Der Kunst möchte man wünschen, darüber voll und ganz erhaben zu sein.

Medienkunst als Amalgam von Kunst und Medialität

Mit *Medienkunst* werden in der Regel künstlerische Arbeiten tituliert, die sich der Medien bedienen, wobei hiermit in der Regel Medien im heutigen engeren Sinne, also die sogenannten neuen Medien gemeint sind, wie auch der englische Begriff für Medienkunst *new media art* impliziert. Als der Begriff Medienkunst in den 1970er Jahren aufkam, war das neueste Medium das Video. Heute geht es vor allem um den Einsatz von digitalen Medien, wenn von Medienkunst die Rede ist. Vielleicht liegt es an der Exponentialität, mit der sich die neuen Medien entwickeln und vermehren, dass es jeweils einen Oberbegriff für all die neu entstandenen künstlerischen Ausdrucksformen geben muss, welche sich aus den neuen Technologien ergeben: Computerkunst, Computerspielkunst, Internetkunst, Roboterkunst und so weiter. Derartige Oberbegriffe zu bilden, erscheint als eine Art Verlegenheitslösung. Es ist sicherlich kein Zufall, dass sich der Begriff Medienkunst in einer Zeit etabliert hat, als der heute gültige Medienbegriff überhaupt erst den Mainstream der Gesellschaft erreichte. Entscheidend scheint es aber zu sein, dass Medienkünstler in aller Regel nicht nur ein Medium nutzen, sondern in der Regel dessen spezifische Art von Medialität reflektieren beziehungsweise mit ihrer Kunst zum Reflektieren darüber animieren. Inhaltlich neigen solche Medienkunstwerke zu einer Abstraktheit, die sich aus der Formensprache des verwendeten Mediums ergibt. Neue Medien werden nicht zuletzt deshalb immer abstrakter, weil sie sich immer mehr von materiellen Trägermedien entfernen.

Die Entwicklung der Medienkunst beschreibt einen Prozess der Immaterialisierung. Wenn man an die Anfänge der Medienkunst denkt, dann fallen einem in der Regel materielle Kunstwerke wie die Videoinstallationen von Nam June Paik ein. Dieser hat vor allem Fernseher, die Videos abspielen, zu Skulpturen aufgetürmt und auf diese Weise eine konkrete Medienkunst vorgelegt, die noch mit den Trägermedien arbeitet. In Zeiten des Verschwindens der physischen Präsenz von Trägermedien erscheinen solche Medienkunstwerke mittlerweile als anachronistisch. In der heutigen Medienkunst, wie in der aktuellen Kunst überhaupt, steht vor allem das Prozesshafte im Vordergrund, entweder, indem der künstlerische Entstehungsprozess und das Kunsterlebnis selbst in eins fallen, oder, indem der Rezipient in den Entstehungsprozess des künstlerischen Moments mit einbezogen wird. Insofern ist Medienkunst heute vor allem konzeptionell, performativ und interaktiv. Diese Begriffe beziehen sich weniger auf das künstlerische Trägermedium als vielmehr auf ihren Entstehungsprozess.

Im Zusammenhang der Medialisation ist insbesondere die interaktive Kunst von Interesse, die sich digitaler Techniken bedient. Solche interaktive Kunst braucht in der Regel das Engagement eines aktiv einbezogenen Publikums, um sich zu verwirklichen. Das Problem einer solchen Kunst beschreibt Roberto Simanowski an einem »Musterbeispiel interaktiver Kunst, das die Teilnehmer zu einer Ausgestaltung des Werks einlädt und ihnen erlaubt aus bloßen Empfängern einer Botschaft zu Sendern einer Botschaft zu werden. Das einzige Problem dieses Kunstwerks ist, dass man nicht sicher sagen kann, ob es wirklich ein Kunstwerk ist« (2008, S. 36). Grundsätzlich könne man sich fragen, ob diese interaktiven Kunstperformances nicht vor allem *Spektakel* und den Anforderungen einer »Gesellschaft des Spektakels«, wie sie Guy Debord in den 1960er Jahren beschrieb, geschuldet seien. In diesem Sinne setzt Simanowski in seiner Kritik noch nach, indem er interaktive Kunst in die Nähe interaktiver Fernsehformate rückt: »In einer Gesellschaft, die das Publikum mittels Reality-TV und TV-Shows aktiv in die Produktion des Spektakels integriert und den Exhibitionismus des Privaten als normalen Bestandteil der Spaßkultur versteht, ist die interaktive Installation für viele eher willkommene Spielwiese als unbequeme Herausforderung. […] Interaktive Installationen verschreiben sich potenziell einer Ästhetik des Spektakels und dem Prinzip der Zerstreuung« (S. 43).

Neben der Partizipation und dem Spektakulären folgen solche Werke auch einer Ästhetik der Präsenz. Das Momentane und Flüchtige der Kunsterfahrung spielt dabei ebenso eine Rolle wie die Zufälligkeit ihrer Entstehung. Oft gleichen diese Kunstwerke einer Art sozialen Versuchsanordnung in einem Künstlerlabor und sind bisweilen von einer erschreckenden Harmlosigkeit. Problematisch ist dabei nicht so sehr die Flüchtigkeit des künstlerischen Ausdrucks – die ja seit langem zur Kunst gehört, so z. B. in den Readymades von Duchamp oder Performances von Valie Export, und einer nachhaltigen Rezeption nicht im Wege steht –, sondern vielmehr die durchaus gewünschte Flüchtigkeit der Originalität des künstlerischen Ereignisses.

So stellt sich die Frage, ob bei vielen dieser interaktiven Kunstwerke nicht das Staunen über das technisch Mögliche das entscheidende Wahrnehmungserlebnis ist und nicht die künstlerische Dimension der Arbeit selbst. Wenn Kunst von Können kommt, dann mag es in manchen vermeintlich künstlerischen Momenten die Technik sein, die etwas kann, und nicht der einzelne Künstler beziehungsweise das Künstlerkollektiv. Wenn man noch einen Schritt weitergehen wollte, könnte man sich in einer radikalen Anschauungsweise fragen, ob nicht auch eine Maschine – ein Roboter, ein Computer, eine Software, ein Avatar – ein Künstler sein könnte. Die Offenheit eines solchen künstlerischen Ansatzes führt dann jedoch zur Beliebigkeit.

Eine weitere, eher linkskonservative Kunstkritik an dieser Offenheit des Kunstbegriffes kommt beispielsweise von Hal Foster (2006), der die Meinung vertritt, dass Formlosigkeit in der Kunst eher zu bekämpfen als zu begrüßen sei. Damit greift er gezielt die postmoderne *Partizipationsästhethik* an. Er hält offensichtlich am traditionellen Werk- und Autorenverständnis fest, wenn er darauf besteht, dass Kunst nicht einfach nur einen medialen Rahmen für Erfahrungen bereitstelle, sondern Stellung beziehe und dazu alle ästhetischen, kognitiven und kritischen Register ziehe. Dies impliziert ein Kunstverständnis, das der Authentizität eines Werkes, in dem sinngemäß sein Schöpfer quasi enthalten ist, eine hohe Bedeutung beimisst. Hier könnte es wieder, wie schon einmal im Zusammenhang medienethischer Verantwortung, darauf kommen, dass Qualität auch eine Frage der Haltung ist, wobei es nicht darum geht, welche Haltung ein Künstler hat, sondern, dass er überhaupt eine hat.

Das Problem, gegen das multimediale Öffnungen des Kunstbegriffs zu Felde ziehen, liegt wohl in der Distanz der Kunst und des Kunstbetriebs zur Lebenspraxis, die auch etwas mit politischen, intellektuellen und ökonomischen Eliten zu tun hat. Den von Adorno und anderen kritisierten Verfall des Primats der Kunst hat sie, die Kunst – wenn man so will –, selbst verschuldet. Wenn der Kunstbegriff der Massen die subkulturelle Popkultur zum Kult erhebt und zu ihrem Primat macht, dann hat dies durchaus etwas von einer proletarischen Revolution, wenn auch nicht im Sinne der angeführten linkskonservativen Kritik an dem, was Adorno »Kulturindustrie« nannte (1953/1974). Mit dieser Industrie dürften heute wohl nicht nur die Massenmedien, sondern auch der bildungsbürgerlich etwas beliebig gewordene Kulturbetrieb gemeint sein. Dies hat auch eine politische Dimension. Simanowski beschreibt einen kritischen Vorbehalt gegenüber den künstlerischen Ansprüchen, die von den Protagonisten der interaktiven Kunst erhoben werden: »Die mitzunehmende Frage […] lautet, ob die Partizipationskultur der digitalen Medien das avantgardistische Projekt der Revolutionierung der Alltagspraxis realisiert oder im Gegenteil als Camouflage der Kulturindustrie dient. Die List der Kulturindustrie, so die vorläufige These, liegt ästhetisch in der Aufmerksamkeitsverschiebung (weg vom Verstehen des Werks hin zu seiner Funktionsweise) und politisch im Bündnis mit der direkten Demokratie (Jedermannkünstler) bei gleichzeitiger Entpolitisierung des öffentlichen Raums (durch Verstopfung mit Privatem) (2008, S. 54).« Heute scheint zumindest die Kunst auf verschiedene Art und Weise vor den Massenmedien geradezu geschützt werden zu müssen und dies nicht zuletzt, weil sich alles und jeder in einem sehr weit gefassten Begriff von Medienkunst als Künstler oder als Kunstobjekt zu gebärden meint.

Weniger pessimistisch gedacht könnte eine gelingende und nachhaltige interaktive Kunst vielleicht doch die entstandene Kluft zwischen Massen- und Hochkultur schließen helfen, dies ganz im Sinne der klassischen wie neoklassischen Avantgarde, deren programmatisches Ziel es war, Kunst in Lebenspraxis zu überführen. In diesem Zusammenhang könnte Joseph Beuys seine Idee der »sozialen Plastik«, die er Anfang der 1970er Jahre entwickelte, im interaktiven Cyberspace verwirklicht sehen, zumal Beuys selbst mit Videokunst arbeitete, die man ihrerseits auch zur Medienkunst rechnet. Bei Beuys finden wir erstmalig die Idee vom Jedermannkünstler. In der Vorstellung, dass jeder Mensch ein Künstler ist beziehungsweise sein könnte, steckt die Idee einer vollkommenen Demokratisierung der Kunst, die den Ideen derer ähnelt, die als *digitale Bohemiens* beziehungsweise als *digitale Avantgarde* dem Cyberspace einen per se befreienden, demokratischen und künstlerischen Impuls unterstellen. Nach Beuys war »der erweiterte Kunstbegriff […] das Ziel des Weges von der traditionellen (Moderne Kunst) zur anthropologischen Kunst« (Wenzel und Beuys, 1990, S. 270). Seine Auseinandersetzung mit dem, was durch Rudolf Steiner als Anthroposophie bekannt wurde, führte schließlich zur Konzeption eines erweiterten Kunstbegriffs und seiner Idee von der *sozialen Plastik,* die – so Beuys' Idee – prinzipiell allen Menschen eine kreative Mitgestaltung an der Gesellschaft durch die Kunst ermögliche. Dieses Gestaltungsprinzip transformiere das gesellschaftliche Miteinander und helfe den Materialismus zu überwinden, um einer Neuorientierung zuzustreben. Der sich daraus neu formierende soziale Organismus war für Beuys selbst ein Kunstwerk.

Einen solchen sozialen Organismus beziehungsweise eine soziale Skulptur in der virtuellen Kommune oder Kommunität des Internets auszumachen, liegt nahe. Dies mag selbst dann noch gelten, wenn die erste Euphorie der Internet-Idealisten bereits etwas abgeklungen beziehungsweise abgekühlt und abgeklärt ist. Als die »ungerichteten Energien« könnten hier die individuellen Impulse der Nutzer fungieren; das »kristalline Gestaltungsprinzip« wäre der digitale Code und das »vermittelnde Bewegungsprinzip« die charakteristische Interaktivität des Cyberspace. Wenn man im Begriff des Medialen vor allem das verbindende Element sieht und die Interaktivität, die Einführung der Beziehungsdimension ins Mediale, als das entscheidende Merkmal des Internets, dann kann die von Beuys gestellte soziale Frage im Zuge einer Öffnung der Kunst in Richtung Lebenspraxis nicht einfach abgetan werden. Diese idealistische Haltung gegenüber sozialen Skulpturen ist in jedem Fall zu beachten, wenn sich die Internet-Kommune momentan so leidenschaftlich gegen jeden Zugriff wehrt.

Unabhängig davon aber, dass Kunst im digitalen Zeitalter neue Wege beschreitet und vielleicht wirklich auch sozialer wird, sind ursprünglichere Kunstformen weiter lebendig. Sogar Anfang des 21. Jahrhunderts gibt es, um nur ein Beispiel zu nennen, eine gegenständliche zeitgenössische Malerei, beispielsweise bei Lucien Freud und Neo Rauch. Ebenso wie kein Medium jemals ganz von einem neuen Medium verdrängt wurde, gilt dies auch für die Formen der Kunst. Mit jeder neuen Technik werden vielmehr der Künstler und sein originales Kunstwerk im herkömmlichen Sinne aufgewertet, so wie auch jede Erfahrung in der konkret-realen Welt immer bedeutsamer, kostbarer und auch kostspieliger wird. Das Antlitz der Echtheit oder auch Authentizität wird den Menschen vermutlich stets magisch anziehen: »Das Wichtigste am historischen Bildwerk ist seine Originalität. An jeder sekundären Medialisierung haftet etwas von der Fälschung. Sie unterliegt dem Verdacht des Trugs. [...] das Original, die Vorlage, gewinnt eine Aura«, schreiben hierzu Helmut Schanze und Gerd Steinmüller (Schanze, 2001, S. 374).

Alte und neue Kunstformen gegeneinander auszuspielen war schon immer unfair und müßig. Was, wenn die interaktive Medienkunst einfach noch nicht so weit ist, wenn sie sich ihrer Mittel noch nicht ausreichend sicher ist, um von ihnen genügend abstrahieren zu können und etwas wirklich Unerhörtes und Ungesehenes zu schaffen, etwas, das eine Aura hat, die über die mediale Form hinausstrahlt? Dann wäre die erhobene Kritik an der interaktiven Medienkunst das typische Störgeräusch einer gleichermaßen medialen wie künstlerischen Revolution, das noch jede Neuentwicklung dieser Art begleitet hat. Vielleicht wird die Kunst des Universalmediums Cyberspace gerade diejenige sein, Medialität nicht nur zu revolutionieren, sondern auf völlig neuartige Weise zu erleben, wahrzunehmen und zu verstehen.

Eventuell hat sich mit dem interaktiven Computerspiel zumindest ansatzweise bereits eine potenziell auch künstlerische Disziplin im Cyberspace entwickelt, die Medienkunst auf eine andere Art verwirklicht, als dies bisher denkbar war. Kritiker der Kritiker solcher Computerspiele weisen darauf hin, dass sich diese Spiele, die nicht selten als Kunstwerke angepriesen werden, doch gerade dadurch auszeichnen würden, dass man in ihnen aktiv am Geschehen, im besten Falle an einer Geschichte, teilnehme und dieses mitgestalten könne. Anders als beim Roman oder Film, in deren Protagonisten wir uns hineinversetzen, gewinnt der Computerspieler den Eindruck, den von ihm gespielten Helden quasi zu *verkörpern.* Aber welche Bedeutung hat es, sieht man Computerspiele als eine künstlerische Leistung mit Bezügen zu Roman und Film an, dass das Geschehen und damit die Geschichten häufig keinen wirklichen Anfang haben und kein wirkliches Ende nehmen? Setzen sich hier die Infragestellung von Kohärenz, die Zerschlagung von Zusammenhängen und die Dekonstruktion fort, wie wir sie beispielsweise von postmoderner Literatur, vom Theater und Kino bereits kennen? So hat sich die Literatur von der Notwendigkeit einer epischen Erzählweise, das Theater von der klassischen Dramaturgie und das Kino von der chronologischen Handlung verabschiedet.

In einer Kunst, die die Inkohärenzen, Fragmentierungen und Unvollkommenheiten der menschlichen Existenz gestaltet, äußert sich eine geistige Reife und Demut, die wir eher einem Menschen oder einer Kultur mit einem gewissen Erfahrungshorizont und Alter zusprechen würden. Für die Individuation junger Menschen ist es jedoch zunächst wichtig, zu erfahren, was es heißt, eine Identität und eine Biografie zu haben und zu gestalten, weshalb Kinder und Jugendliche die Erfahrung mit dem Narrativen benötigen, das einen Anfang, ein Ende, eine zusammenhängende Erzählstruktur und kohärente Identitäten kennt. Roger Silverstone schreibt dem Narrativen eine regelrecht sinnstiftende Dimension zu: »Nur in Erzählungen erscheint uns die Welt in ihrer Lebendigkeit, nur sie können dauerhaft Sinn stiften. In den Geschichten, die wir einander erzählen, den historischen und zeitgenössischen wie den phantastischen, suchen und finden wir auch gelegentlich die verallgemeinerbaren Bedeutungen, die die Möglichkeit für ein gemeinsames Weltverständnis schaffen« (2008, S. 86). Wenngleich zu einem modernen und vielleicht sogar reiferen Weltverständnis der Umgang mit Brüchen und Inkohärenzen als essenziell erscheint, so ist die entwicklungspsychologische und anthropologische Bedeutung des Narrativen sicherlich nicht zu unterschätzen.

Verteidigung der Kunst gegenüber der Medialität

Walter Benjamins kunstsoziologische Arbeit »Das Kunstwerk im Zeitalter seiner technischen Reproduzierbarkeit« aus dem Jahre 1936 ist eine der ersten und sicherlich eine der bahnbrechenden medientheoretischen Arbeiten, die angesichts der Ankunft des Internets und seiner Derivate an Aktualität und Bedeutung wiedergewinnt. Der Begriff »Medium« taucht bei Benjamin noch gar nicht auf, obwohl es gerade um den Einfluss der Massenmedien auf die Kultur geht, wie er uns heute intensiv beschäftigt: »Noch bei der höchsten Reproduktion fällt eines aus: das Hier und Jetzt des Kunstwerks – sein einmaliges Dasein an dem Orte, an dem es sich befindet. [...] Der gesamte Bereich der Echtheit entzieht sich der technischen [...] Reproduzierbarkeit. [...] Was im Zeitalter der technischen Reproduzierbarkeit des Kunstwerks verkümmert, das ist seine Aura. Der Vorgang ist symptomatisch; seine Bedeutung weist über den Bereich der Kunst hinaus« (1936/1963, S. 13).

Dem würde Andy Warhol, dessen Arbeiten und Denken interessante Parallelen zu Benjamin aufwerfen, heftig widersprechen. So wie er in seiner *Factory* Kunst produzierte und reproduzierte, dürfte er neben Beuys wohl einer der ersten Protagonisten dessen gewesen sein, was man als Medienkunst bezeichnet. Er bediente sich ebenso massenmedialer Techniken und Inhalte (Zeitungsartikel, Werbung, Fotografie etc.) wie auch der Stars, die durch eben diese Massenmedien Popularität erlangten. Dies gelang ihm insbesondere, indem er sie fotografierte und die Bilder mit der immergleichen Technik kolorierte. Er war es, der in der ihm eigenen Philosophie ausführte, warum jeder Mensch einmal berühmt werden sollte (Warhol, 1975). Wenn man sich das Arbeiten und Leben in seiner *Fabrik* anschaut und seine Tagebücher liest, dann gewinnt man den Eindruck, hier analoge Vorläufer von digitalen Kunstforen und -blogs erkennen zu können. An den virtuellen sozialen Netzwerken und ihre spezielle Art mit Publizität und Ruhm umzugehen, hätte Warhol sicher seine helle Freude gehabt. Auf eine Art und Weise haben diese neuen Techniken dazu geführt, dass Warhols Diktum vom kleinen Ruhm für jeden wahr geworden ist.

Allerdings hat sich erst mit der Einführung der Interaktivität, das heißt der Beziehungsdimension, ins Mediale der entscheidende Schritt in diese Richtung vollzogen. Auch dies hat Benjamin vorhergesagt: »Mit der wachsenden Ausdehnung der Presse, […] gerieten immer größere Teile der Leserschaft zunächst fallweise – unter die Schreibenden. […] Damit ist die Unterscheidung zwischen Autor und Publikum im Begriff, ihren grundsätzlichen Charakter zu verlieren« (1936/1963, S. 29). In dieser Verschiebung vom Empfänger zum Sender, die sich erst im Internet vollendet, sieht Benjamin jedoch eine grundsätzliche Veränderung des Kunstverständnisses, was er zunächst nicht notwendigerweise als negativ ansieht: »Die Masse ist eine Matrix, aus der gegenwärtig alles gewohnte Verhalten Kunstwerken gegenüber neugeboren hervorgeht. Die Quantität ist in Qualität umgeschlagen: Die sehr viel größeren Massen der Anteilnehmenden haben eine veränderte Art des Anteils hervorgebracht. Es darf den Betrachter nicht irre machen, dass dieser Anteil zunächst in verrufener Gestalt in Erscheinung tritt« (S. 39). Dass neue mediale Techniken erst einmal in solch »verrufener Gestalt« daherkommen, scheint in der Natur der Sache zu liegen. Die Höhlenmalereien des Urmenschen und ihre ersten Rhythmen, die ersten Fotografien, selbst der Buchdruck gebaren zunächst keine Kunstwerke im engeren Sinne. Dies muss man dem Internet und den Computerspielen zugutehalten, wenngleich sich bisweilen der Eindruck aufdrängen mag, dass sie en gros mit Sex and Crime gespeist sind. Bis sich eine neue Technologie in künstlerischem Ausdruck überhöht, bedarf es offensichtlich einer gewissen Zeit. Selbst Computerspiele kommen mit künstlerischem Anspruch daher, den einzelne von ihnen vermutlich bereits erfüllen werden. Kunst kommt eben auch von *Können*. Momentan sind wir wohl noch relativ weit davon entfernt, die digitalen Techniken im *künstlerischen* Sinne *könnerisch* zu beherrschen.

Die Frage nach dem aktuellen Verhältnis zwischen Kunst und Medialität berührt allerdings überdies das Problem der Notwendigkeit von Regeln und Gesetzen im Cyberspace in augenfälligem Maße. Die Cyber-Idealisten sehen in den Forderungen nach gesetzlichen Regelungen und Mäßigungen einen Angriff auf die Meinungsfreiheit, nicht selten sogar die Gefahr diktatorischer Maßnahmen. Mit Benjamin könnte man aber ebenso gut das Gegenteil befürchten. Birgt nicht die völlige Entfesselung der Massen im Cyberspace die Gefahr einer Diktatur von Stimmungen und Impulsen? An dieser Stelle sei mit aller Vorsicht im Hinblick auf dessen historischen Kontext ein weiteres Zitat Benjamins angeführt: »Die zunehmende Proletarisierung der heutigen Menschen und die zunehmende Formierung der Massen sind zwei Seiten eines und desselben Geschehens. Der Faschismus versucht, die neu entstandenen proletarisierten Massen zu organisieren, ohne die Eigentumsverhältnisse, auf deren Beseitigung sie hindrängen, anzutasten. Er sieht sein Heil darin, die Massen zu ihrem Ausdruck (beileibe nicht zu ihrem Recht) kommen zu lassen. Die Massen haben ein Recht auf Veränderung der Eigentumsverhältnisse; der Faschismus sucht ihnen einen Ausdruck in deren Konservierung zu leben. Der Faschismus läuft folgerecht auf eine Ästhetisierung des politischen Lebens hinaus. [...] Alle Bemühungen um die Ästhetisierung der Politik gipfeln in einem

Punkt. Dieser Punkt ist der Krieg« (1936/1963, S. 42). Nun wäre Benjamin nicht Benjamin, wenn er das Problem nicht auf eine soziologische Ebene bringen würde.

Einige Jahrzehnte nach Benjamin vertraten Horkheimer und Adorno im Nachgang des Nationalsozialismus einen ähnlich kritischen Standpunkt gegenüber der Kulturindustrie, der sie den Vorwurf machten, dass sie die Kunst medial arrodiere und eine »Heroisierung des Durchschnittlichen betreibe« (1944/2003). In dieser Sichtweise kommt dem Medialen lediglich eine technologische und ökonomische Funktion beziehungsweise Dysfunktion zu, aber keine eigene ästhetische Dimension. Darüber hinaus deutet sich in solch kritischen Stellungnahmen zur Kulturindustrie bereits an, was heute mehr denn je ansteht, nämlich kulturelle Werte, zu denen auch politische und künstlerische Werte gehören, vor einem maßlosen Zugriff des Medialen zu schützen.

In diesem Zusammenhang ist es interessant, dass angesichts der überbordenden Medialität eine im Grunde konservative Haltung gegenüber der Kunst erforderlich zu sein scheint. Ohne hier Kunst und Medialität gegeneinander antreten lassen zu wollen, muss die Frage aufgeworfen werden, was uns die Kunst(freiheit) wert ist und was wir mit Medienfreiheit meinen, wenn ernsthaft argumentiert wird, dass Urheberrechte im Cyberspace nicht mehr geschützt werden müssten, sei es, weil wir nicht dafür zahlen wollen, oder weil wir meinen uns damit abfinden zu müssen, dass wir sie gar nicht schützen können. Aufgrund der gegebenen Möglichkeit, dass im Internet quasi alle künstlerischen Inhalte konvergieren und interagieren, muss diese Frage als durchaus drängend und grundlegend behandelt werden.

Hier ergeben sich wie schon im Zuge medienökonomischer Überlegungen aufschlussreiche gedankliche Parallelen zur Ökologie: So wie wir die Natur vor den Folgen bestimmter Technologien zu schützen lernen, könnte es sein, dass wir dahin kommen werden, auch die Kultur und ihre Keimzellen, die Künste, vor Medientechnologien schützen zu müssen.

Ein Trost allerdings bleibt und sollte daher an dieser Stelle noch einmal aufgeführt werden: Der Moment des unmittelbaren

Wahrnehmens und Erlebens eines Originals, sei es das Gemälde in einem Museum, vor dem wir stehen, oder ein Konzert mit echten Instrumenten, dem wir beiwohnen, wird von den Medientechnologien letztlich aufgewertet, das Original wird stets im Vergleich zur Replik unerreicht bleiben, die mittelbare Erfahrung kann die unmittelbare nicht ersetzen. Unsere Kultur wird sich allerdings irgendwann daran messen lassen müssen, inwieweit sie solche direkten Erfahrungen von Originalen überhaupt noch jedem ermöglicht. Ebenso wie die konkrete Realität darf die (analoge) Kunst nicht zum Luxusgut werden.

Doch was, wenn die Kunst längst tot ist? Bisweilen schleicht sich die Befürchtung ein, dass an der Beschwörung des Endes der Kunst wirklich etwas dran sein könnte, sich mit der Ästhetik des im konkreten Sinne Realen auch die Schönheit der Kunst verflüchtigen und mit der Natur auch die Kultur sterben könnte. Die immer wieder neu formulierte Behauptung, es sei doch schon alles dagewesen in der Kunst, es könne ihr nichts mehr hinzugefügt werden, ihr Ende sei im Grunde längst da oder gar schon überschritten, lässt sich im Glanze der neuesten Medien nicht so leicht vom Tisch wischen. Bahnbrechende neue Kunstformen lassen zumindest noch auf sich warten. Aber wie gesagt: Vielleicht steht wieder einmal ein Paradigmenwechsel und eine ganze neue Art von Kunst an, die einer Zäsur bedürfen, welche sich nun in einer gewissen Ratlosigkeit und dem Gefühl eines nahenden Endes unseres Kunstbegriffes äußert.

*Nach Auffassung der einen kollektivistischen Lösung
würde es zur Gewährleistung des biologischen Erfolges
unserer Evolution genügen, dass es dem Humanen nach und nach gelingt,
sich insgesamt in einer Art von geschlossenen Stromkreis anzuordnen,
in dem jedes denkende Element intellektuell und affektiv
mit allen anderen verbunden zu einem Höchstmaß individueller
Meisterung gelangen würde durch Teilhabe an einer gewissen endgültigen
Klarheit des Sehens und an einer gewissen äußersten Wärme der
Sympathie, die dem ganzen System zu eigen sind.*

Pierre Teilhard de Chardin,
Die Zukunft des Menschen, 1959/1963, S. 367

Mediale Metamorphosen

Medienphilosophie beschäftigt sich unter anderem mit der Frage, warum sich der Mensch als Gattung überhaupt Medien erschafft. Einerseits war die Reflektion des Phänomens der Medialität schon immer ein Thema der Philosophie, und das zunehmend in den letzten Jahrzehnten. Andererseits kommen geisteswissenschaftliche Disziplinen wie die Medientheorie und Mediengeschichte ohne Philosophie nicht aus. So ist es nicht verwunderlich, dass Medienphilosophie quasi zu einer, wenn nicht sogar zu *der* Kerndisziplin der Philosophie geworden ist. Der Medienphilosoph Reinhard Margreiter formulierte dies wie folgt: »Medienphilosophie kann als eine Art kultureller Grundlagendiskurs betrachtet werden – und damit als eine zeitgemäße Gestalt einer ›prima philosophia‹« (2007, S. 151). Biologische, psychologische und soziologische Ansätze allein vermögen die Frage nach dem Motiv, das sich hinter der Medialisierung des Menschen verbirgt, nicht zu beantworten. Hierzu bedarf es über diese Ansätze hinaus der

Perspektiven, die Philosophie als übergeordnete Geisteswissenschaft zu bieten hat.

Zivilisation und Medialisation

Wenn es dem Menschen bei der Zivilisation darum gegangen ist, sich die Erde untertan zu machen und die Bedürfnisse der einzelnen Menschen gemeinschaftlichen Zwecken und Zielen unterzuordnen, um ein Zusammenleben zu ermöglichen, wozu dient ihm dann jetzt das, was hier als Medialisation bezeichnet wird? – Der Mensch will sich offensichtlich von der Erde lösen und dies in einer gemeinschaftlichen Bewegung. Um diesen Impuls der Loslösung von irdischen Bedingtheiten zu verstehen, muss man sich noch einmal genauer anschauen, was sich der Mensch gerade anschickt, mit seinem leiblichen Dasein anzustellen.

Die ökologische Katastrophe ist wahrscheinlich nur noch zu verhindern, wenn der Mensch sich der Natur ganz annimmt, wenn er Mutter Erde also quasi darin assistiert, der Natur ihre Lebensräume zu erhalten, wenn er die Natur in globalen Reservaten überleben lässt und dafür sorgt, dass sie sich in diesen entfalten kann. Aber dies kann nur unter kontrollierten Umständen geschehen. Adam und Eva hätten damit zu einer Kompromisslösung gefunden, indem sie zwar auf ein Leben im Paradies verzichten, dieses aber schützen und hüten. Die mit der Fruchtbarkeit der Menschen verbundene, immense Überbevölkerung läuft diesem Kompromiss jedoch zuwider.

In diesem Zusammenhang ist es bemerkenswert, dass sich die Menschen umso weniger vermehren, desto zivilisierter sie sind. Dafür mehren sie ihren Reichtum, ihre Technologien und die Anzahl an Jahren, die sie auf der Erde am Leben bleiben. Hierin zeigt sich auf zweierlei Art und Weise ein sehr irdischer Materialismus, einmal im Hinblick auf Geld- und Sachwerte und einmal im Hinblick auf die Materie des eigenen Körpers. Die Medizin hält diesen mittlerweile länger am Leben, als uns bisweilen lieb sein kann. Wir sind ebenso fixiert auf ein langes, gesundes Erdendasein, wie wir immer besessener davon werden, sein Ende – Todeszeitpunkt und Todesart – selbst zu bestimmen. Dasselbe gilt für den Beginn des Lebens. Wir haben unsere Reproduktion so weit hinausgezögert, dass sie immer häufiger auf invasive Technologien zurückgreifen muss. Dies gibt uns wiederum die Chance, Embryonen nach unseren Wünschen zu gestalten. Lebensanfang und Lebensende werden damit einer Kontrolle unterworfen, die bisher nur einem Gott zugestanden wurde. Die ewig jungen Götter sind dank Schönheitschirurgie und Selbsttechnologie wir selbst. Wir sind nicht mehr fern vom *Menschenpark* der *schönen neuen Welt,* als welchen vor langer Zeit schon Aldous Huxley (1932/2001) und heute beispielsweise Peter Sloterdijk (1999) unsere Welt beschrieben haben.

Aber wir – und das durfen wir nie vergessen –, das ist ein sehr kleiner Teil der Menschheit, wenn auch ein sehr bestimmender. Anstatt sich um den ärmeren Teil der Bevölkerung zu kümmern oder einfach nur um seinen unmittelbaren Nachbarn, ist der Mensch auf dem Weg, sich selbst gefügige Gefährten zu basteln, seien es virtuelle Spielkameraden oder technische Helfer. Die *Bots,* die virtuellen Kameraden, und die *Robots,* die technischen Kameraden, sind tatsächlich auf dem Vormarsch. Nachdem man glaubte, dass die Entwicklung von Robotern zwischenzeitlich in eine Sackgasse geraten war, werden wir nun eines Besseren belehrt. Dass langsam, aber sicher Roboter in quasi allen Lebensbereichen Einzug halten, auch wenn wir in einem Land wie Deutschland noch nicht allzu viel davon bemerken, ist nicht mehr zu leugnen. Die Computertechnologie und die Hirnforschung haben für die sich nun exponentiell verhaltende Entwicklung der Robotik entscheidende Impulse geliefert. Roboter arbeiten für uns nun nicht mehr nur in Fabriken, sondern sie putzen auch für uns, unterrichten Schüler, pflegen Kranke und Alte, spielen mit Kindern und erfüllen sexuelle Bedürfnisse. Eine entscheidende Wende wird diese Entwicklung dann nehmen, wenn sie die neuesten biotechnologischen Entwicklungen, vor allem die Gentechnologie und die praktische Neuroinformatik, in sich aufnehmen wird. Wenn nämlich Robotertechnologie mit biotechnologischem Material verbunden werden wird, wenn wir insbesondere in der Lage sein werden, digitale und neuronale Netzwerke miteinander zu verbinden, also Gehirne und Computer gleichzuschalten, was in Ansätzen bereits möglich ist, dann drohen Mensch und Maschine austauschbar zu werden. Dies ist nicht zuletzt deshalb bedenklich, weil bereits jetzt so manches Tamagotchi und so manche virtuelle Farm besser behandelt wird als der eine oder andere Mensch auf Mutter Erde.

Indem der Mensch einerseits seine biologische Konservierung vorantreibt und andererseits einen technologischen Ersatz für sich produziert, offenbaren sich zwei Impulse: Erstens ringt der Mensch um seine Existenz und kämpft gegen seinen Verfall an, und zweitens möchte er Gott spielen, sich über die Schöpfung erheben und unsterblich werden. Einerseits will er langlebiger, schöner und stärker sein, wertiger also. Andererseits hat er damit begonnen, nach einer Alternative für sich beziehungsweise für seine aktuelle Lebensform zu suchen. Narzisstisch will er *besser* sein und hysterisch will er fundamental *anders* sein, als er ist. Es klingt so, als hätte der Mensch längst seinen eigenen Abgesang angestimmt.

Bei aller bio-technologischen Gottspielerei des Menschen erscheint die Erschaffung seines Cyberspace als das größte Himmelfahrtskommando. Bereits Guy Debord urteilte über das Ausufern von Medialität: »Das Spektakel ist der materielle Wiederaufbau der religiösen Illusion« (1967, S. 20). Allen diesen Bestrebungen ist gemein, dass sie versuchen, den alten Menschheitstraum vom Fliegen im abstrakten und höheren Sinne wahrzumachen. Das Kreuz mit seiner Leibgebundenheit, sein Gefesseltsein ans Irdische, macht den Menschen seit Menschengedenken ebenso aus wie seine Versuche, diesem Kreuz zu entgehen, und sei es durch die nur dem Menschen gegebene Möglichkeit, sich selbst das Leben zu nehmen. Die menschliche Disposition, seine leiblichen Grenzen zu überwinden, ist Ursprung jeglicher Religiosität. Anders als im Sinne des üblichen Verständnisses von Religion könnte man in diesem Zusammenhang aber auch von einem Impuls zur Wiederanbindung an den Urgrund des Menschen sprechen. Im Sinne der Realisierung von Geistigem im

Medialen könnte auch von einer Religiosität die Rede sein, in der der Glaube ans Göttliche, die Idee des Göttlichen, verweltlicht, ein Himmel auf Erden statt im Jenseits gesucht wird. Dies macht den Spagat zwischen irdischer Gebundenheit und himmlischer Freiheit aus, die uns der Cyberspace verspricht, beziehungsweise die wir uns von seiner Erschaffung versprechen. Die Ankunft im Cyberspace mag tiefe religiöse Fragen aufwerfen; sie ist aber nicht die Antwort auf diese Fragen. Wir sollten uns deshalb hüten, den Cyberspace mit religiösem Eifer zu feiern (oder zu bekämpfen).

Wir haben scheinbar den Traum von einer besseren diesseitigen Welt aufgegeben und träumen uns nun in virtuelle Welten hinein, die paradiesische Verhältnisse versprechen. Dass diese bisweilen alptraumhaft anmuten und mit Gewalt auf die verbliebene konkret-reale Welt zurückwirken – der Teufel mag dabei nicht nur im Detail, sondern auch im großen Ganzen stecken – versuchen wir zu übersehen. Wir sind eben keine Gottheiten, auch wenn bezeichnenderweise die von uns gespielten virtuellen Stellvertreter, die Avatare, ihrem Namen nach aus dem Hinduistischen kommen und Inkarnation des Göttlichen bedeuten. Man muss dem Internet keine sektiererischen Anmutungen unterstellen, um zu erkennen, dass es dem Menschen die Möglichkeit bietet, sich *metaphysisch* zu betätigen. Indem sie versuchte, die Erde den Menschen untertan und die Menschen einander zugetan zu machen, war schon die Zivilisation metaphysisch geartet. Die Medialisation ist darüber hinaus metapsychologisch motiviert.

Sollten wir mit dem Internet tatsächlich anstreben, eine extrakorporale und extrapsychische künstliche Intelligenz mit Bewusstseinsfähigkeit zu schaffen, dann versuchen wir uns nicht nur von unserem Körper, sondern ein ganzes Stück weit auch von der mit diesem und seinen physiologischen Aktivitäten verbundenen Emotionalität zu lösen. Dass Metaphysik und Metapsychologie, das heißt eine vertiefte beziehungsweise überhöhte Physik und Psychologie, auf letztlich religiöse Fragestellungen hinauslaufen, hat der Mensch zum Anlass genommen, diese beiden Wissenschaftszweige bio-psycho-technologisch zu nutzen, um sich selbst zum Gott zu machen. Letztendlich will der Mensch sich selbst erlösen. Da er den Glauben daran verloren hat, dass seinem irdischen Dasein ein ewiges, göttliches Leben im Jenseits folgt, versucht er es zu Lebzeiten zu realisieren. Biotechnik, Robotik und Medientechnik helfen ihm dabei, sich selbst zu transzendieren. Indem er die Psyche vom Körper trennt, tut sich der zivilisierte und globalisierte Mensch Gewalt an. Für Erlösung sorgen kann der Mensch auf Erden jedoch nur dann, wenn er seine Leibgebundenheit anerkennt und damit auch seine globale soziale Verantwortung.

Als globalisiert erleben sich bisweilen auch schon die Ärmsten der Armen auf der Erde. Die ungerechte Verteilung der Güter, insbesondere der damit verbundene Hunger, ist das größte Problem der Menschheit. Die, die es lösen könnten, betreiben einen schier unglaublichen Eskapismus. Der materielle Wohlstand eines mitteleuropäischen Durchschnittsbürgers scheint gegenüber den virtuellen Möglichkeiten der überbordenden Medialität an Attraktivität verloren zu haben. Die auf Kosten der zweiten und dritten Welt erwirtschafteten Überschüsse fließen mit exponentiellen Steigerungsraten milliardenfach in die Medienindustrie. Aber was ist ihr Gegenwert? Dienen das Internet und seine Derivate noch ausreichend der Bildung und dem Erhalt von Kultur? Und wenn ja, was ist das für eine Kultur, die sich entwurzelt hat und ihre Äcker nicht mehr bestellt? Was ist das für ein Impuls, der uns da ergriffen hat, der die Zivilisation ein Stück weit hinter sich lässt zugunsten der Medialisation?

Medien als Träger eines Transformationsimpulses

Die sogenannten Transhumanisten stellen sich vor, dass sie den Menschen im Diesseits in ein ewiges Dasein und eine völlige Selbstbestimmtheit überführen können. Ihre Grundannahme ist, dass der Mensch prinzipiell und gänzlich reproduzierbar ist. Diese Reproduzierbarkeit stützt sich auf biotechnische, mechanische und elektronische Entwicklungen. Die Transhumanisten sehen die Reproduktion und Neuproduktion des Menschen als eine Kollaboration von Gentechnik, Neurowissenschaften und Computertechnik. Sie betreiben eine Art postmoderne Alchemie,

die letztlich direkt nach oben und weg von irdischen Zusammenhängen weist: »The transhuman aspects of VR [Virtual Reality]
can approximate something that shamans, mystics, magicians,
and alchemists sought to communicate. They invoked the transhuman. At its best, virtual reality becomes vertical reality«, so
Michael Hcim (1998, S. 67).

Hierin kann man eigentlich nur eine Entwicklung in eine Sackgasse ausmachen. Eine Sackgasse, die aber dem oben erläutertem
Bedürfnis der Menschen entspricht, sich über einen biologischen
und psychologischen Determinismus zu erheben, zu transformieren, zu immaterialisieren und letztlich zu transzendieren, sich also
nicht nur zu verwandeln, sondern zu überhöhen. Hier scheinen
die medienpsychologisch so relevanten Phänomene der Hysterie,
immer anders, und des Narzissmus, *immer besser* sein zu wollen,
auf einer höheren, im weitesten Sinne medienphilosophischen
Ebene wieder auf. Es sind diese Kränkungen, die den Menschen
derart für die Phantasieräume des Medialen prädestinieren, für
ein Phantasma, ein Trugbild der Macht: »Das Phantasma einer
Welt, in der wir in absoluter Omnipotenz die Bedingungen alles
Erscheinenden selbst setzen können, zerschellt also an der in diesem Phantasma mitgesetzten sterilen Einsamkeit, in der unsere
Welt-setzende Impotenz offenbar wird« (Jochum, 2003, S. 68). Die
Betäubung, mit der dieses Verfallensein gegenüber dem Medialen
einhergeht, macht unsere Machtlosigkeit vergessen.

Gegenüber dem Materialismus in Ökonomie und Naturwis-
senschaft setzt sich also eine Strömung ab, die sich durch Imma-
terialisierung von den ökonomischen und naturwissenschaftli-
chen Objektbeziehungen unabhängig zu machen versucht und ihr
Heil in der Interaktivität beziehungsweise Interpersonalität sucht.
Beide Strömungen, der Materialismus und die Medialisation des
Menschen, mögen als Kehrseiten ein und derselben Medaille ihre
Begründung in einem Fehlen von Spiritualität haben. In letzter
Konsequenz wohnt beiden ein starkes Bedürfnis nach Transzen-
denz inne. Der Materialismus verfolgt dieses Ziel, indem er den
Menschen selbst an die Stelle eines Gottes setzt und zur Mitte der
Schöpfung macht, und die Medialisation, indem sie den Gott-

begriff anscheinend ganz aufgibt und Transzendenz im Übergangszustand des Zwischenraumes, den der Cyberspace bereitstellt, sucht. Diese zwei Seiten ein und desselben Phänomens, der Materialismus und die Medialisation, haben mit dem zu tun, was Barbara Becker meint, wenn sie sowohl auf »Prozesse im Kontext aktueller Medienentwicklung« verweist, die sie »als Tendenzen einer zunehmenden ›Entmaterialisierung‹ beschreiben würde, als auch auf Konzepte, die mit dem sehr schwammigen Begriff des ›Post-Humanen‹ umschrieben werden« (2003, S. 94).

Daraus ergibt sich für den Menschen ein immer schmerzhafter werdender Spagat zwischen geistiger und physischer Welt: Einerseits versucht der Mensch alles, sich die physische Welt in einem gleichermaßen ökonomischen wie wissenschaftlichen Materialismus untertänig zu machen. Andererseits ist er dabei, sich über die neuen Medien zu immaterialisieren und zu vergeistigen, indem er in einen riesigen virtuellen Raum umzieht. Bis auf Weiteres können wir Menschen uns noch eher mit Avataren als mit Robotern identifizieren, was – und das ist nur ein geringer Trost – dafür sprechen mag, dass die geistige Entwicklung des Menschen seiner physischen Entwicklung am Ende doch immer ein Stück voraus ist.

Medien und Metapsychologie

Es bleibt offen und fraglich, ob der Weg der menschlichen Konvergenz im Cyberspace und der Kontrolle aller physischen Lebensweisen zu einer wie auch immer gearteten Transzendenz führt, zu einer höheren Bewusstseins- oder Lebensform oder ob nicht die unauflösbare Diskrepanz zwischen Materialismus und Medialisation nur ein Bild, eine Metapher für den im Diesseits unerfüllbaren Wunsch darstellt, eine für unsere reale Existenz abschüssige Sackgasse, hinter der sich im Sinne eines apokalyptischen Endpunktes schließlich ein Raum verbirgt, der für eine höhere Lebensform als der des Menschen vorgesehen ist.

Die *metaphysische* Transformierung des Menschen kann *metapsychologisch* mit der Medialisierung von Welt nicht gelingen, ist letztlich selbst nur wieder ein Bild, das in die Zukunft weist. Im äußersten Falle geriert sich die Medialisation als eine geistige Vorbereitung für eine Transformation, die am Ende auch die konkret-reale Welt ergreifen wird. Bis dahin werden die materielle und die virtuelle Welt in einem zunehmenden Spannungsfeld miteinander koexistieren müssen. Dieses Spannungsfeld zwischen realen und künstlichen Lebensformen des Menschen deutet vielleicht einen paradigmatischen Entwicklungswandel an, ähnlich dem, der in der Evolution der Auseinanderentwicklung von Tierreich und Menschengeschlecht vorausgegangen sein muss. Das Ergebnis dieser neuerlichen Entwicklung ist unklar, in jedem Fall aber scheint es auf eine den Menschen in eine metaphysische Existenz transzendierende Metamorphose zu zielen. Indem das Mediale aber vom Mittler zur Mitte des Menschseins und zum Versuchsraum seiner Transformation wird, wird es zur Welt an sich und erlischt.

Was aber wäre, wenn dieser Impuls gar nicht von uns ausginge, wenn die Bewegung zu einer Transzendierung, das Überschreiten der Schwelle, einer inneren Notwendigkeit des Menschseins folge? Fragen dieser Art beinhalten eine spirituelle Perspektive. Viele spirituelle Denk- und Glaubensansätze, wenn nicht alle, gehen in der ein oder anderen Form davon aus, dass sich der Mensch nicht nur individuell, sondern auch kollektiv hin zu einer leibungebundenen Lebensform transformiert. Nachdem sich aus der unbelebten Materie zuerst das Pflanzenreich, daraus das Tierreich und hieraus schließlich der Mensch entwickelt haben, stellt sich unwillkürlich die Frage, was oder wer als Nächstes kommt. Der sich über die Natur erhebende Mensch hat sich mit seinem aufrechten Gang bereits halb vom irdischen Dasein gelöst. Nun stecken die Menschen die Köpfe zusammen und heben die virtuelle Dimension, die ihnen geistig schon immer innewohnte, auf eine höhere Stufe, indem sie sie im Cyberspace konkretisieren. Der Mensch wirkt auf diese Weise im positiven wie im negativen Sinne *abgehoben.*

Eine entscheidende Bedeutung des Begriffs Medium ist die des Boten. Geistige Wesen, die als Boten für den Menschen fungieren, werden auch als Engel bezeichnet. Könnte sich der gefallene Engel Luzifer, der Lichtbringer, aus christlich-esoterischer Sicht im Schein unserer sich bis ins Unermessliche steigenden Zahl an Bildschirmmedien manifestieren? Es mag etwas verwegen anmuten, im Licht oder Schatten des Medialen luziferische Impulse erkennen zu wollen. Wenn man die gefallenen Engel als metaphysisches Sinnbild für den gefallenen, versuchten, sündigen Menschen nimmt, könnte einem die Virtualisierungstendenz des Menschen jedoch durchaus in einem derartigen Licht oder Schatten erscheinen. Seine Selbstverwirklichung – so viel scheint für ihn zumindest festzustehen – liegt in seiner *Entwirklichung,* dem Hintersichlassen der bisherigen Wirklichkeit seines irdischen Daseins. Dies lässt sich allein schon an seiner Technologiegläubigkeit erkennen. Es geht ihm um eine andere Form von Wirklichkeit, was schon daran ablesbar ist, dass das Gegenteil von Realität nicht Virtualität, sondern virtuelle Realität ist.

Nehmen wir an, der Cyberspace stellt als groß angelegtes Transzendierungsprojekt tatsächlich eine Art Vorstufe der Immaterialisierung des Menschseins dar. Nehmen wir weiter an, dass dabei *wirklich* geistige Kräfte am Werk sind, die aus einer anderen Art von Parallelwelt stammen. Wird sich der Mensch dann tatsächlich über dieses Übergangsstadium direkt in eine extrakorporale und unsterbliche Lebensform hineinentwickeln können? – Egal, wie weit und auf welche Weise diese Entwicklung noch geführt wird, und unabhängig davon, was wir von dieser Entwicklung zu glauben oder wissen vermögen, solange wir das den Menschen auszeichnende menschliche Bewusstsein auch als Funktion seiner Leibgebundenheit sehen und solange es nicht wirklich vorstellbar ist, dass sich dieses Bewusstsein vom Körper loslöst und im Cyberspace verselbstständigt, sollten wir davon ausgehen, dass das virtuelle Universum nicht mehr ist als ein Versuch, im besten Falle eine Vorbereitung des Menschen, sich einer Metamorphose zu unterziehen. In beiden Fällen ist es aber schon jetzt mehr als eine bloße Metapher für das, was an Entwicklungssprung der Welt noch bevorstehen mag, und für die Frage, welche Art von Wesen sich nach Pflanze, Tier und Mensch ankündigt.

Die vielfältige Realitätsflucht des Menschen am Scheideweg wird hinter dem Hunger nach realer Nahrung zu einem der größten globalen Probleme, nicht zuletzt deshalb, weil sie uns von den wirklich drängenden Fragen der Menschheit abhält. Im besten Falle können wir lernen, in beiden Welten, der konkreten und der virtuellen Realität, zu leben und die eine für die andere nutzbar zu machen. Da die pathologische, die medienkritische Sicht das mediale Gesamtbild in den bisherigen Ausführungen getrübt haben mag, darf nicht unerwähnt bleiben, dass die neuen Technologien, gerade auch das Internet, organisatorisch und bildungstechnisch nutzbar gemacht werden können, um den weltweiten konkret-realen Nöten beizukommen. Das wäre eine Art von Medialisation, die die Zivilisation nicht ablöst, sondern erreicht, unterstützt und vielleicht sogar auf eine höhere Ebene trägt. Auf diese Weise könnte der Mensch im konkreten – anstatt im übertragenen oder metaphysischen – Sinne dem anderen Menschen *wirklich* zum Engel werden.

Der Mensch als Medium

Ein *Medium,* das war früher einmal jemand, der zwischen der Welt der Geister und der Welt der lebenden Menschen einen Kontakt herstellte. In dieser Lesart des Begriffes, die um 1900 in Mitteleuropa im Sinne des Mediumismus von Anton Mesmer quasi die einzig gültige war (Zweig, 1931), ist nicht ganz klar, wer hier engelsgleiche Funktionen hat: das menschliche Medium oder die geistigen Wesen, mit denen dieses eine Verbindung eingeht. So oder so rückt der Begriff *Medium* dem Menschen so nah es nur geht, wenn dieser selbst zu diesem wird, um sich gleichsam von den irdischen Bedingungen der Wahrnehmung und Kontakte loszulösen. Aus dieser ursprünglicheren Definition mag sich die Frage ergeben, ob der Mensch nun im Zuge der Medialisation in einem viel umfassenderen Sinne zu einem Medium wird.

Um sich dieser Frage anzunähern, sollen die bisherigen Aussagen abschließend noch einmal zusammengefasst werden. Die angestellten Überlegungen deuten darauf hin, dass sich das als intrapsychisches Medium fungierende Ich des Menschen im Rahmen der Medialisierung von Welt von seiner individuellen physischen Verortung zunehmend externalisiert. Dabei verändert sich die Beziehung zwischen Ich und Selbst und infolgedessen die Beziehung zwischen Mensch und Welt überhaupt. Medien haben also ihre Vermittlerrolle derart ausgebaut, dass sie gegenüber dem zu Vermittelnden, Mensch und Welt, in den Vordergrund gerückt sind. Die Medien haben diese immer mehr in sich hineingezogen, indem sie ihnen einen neuen virtuellen Lebensraum eröffnet haben, in dem die Grenzen des Menschen in seiner realen Existenz außer Kraft gesetzt sind. Mit dem Sieg des Mimetischen hat sich der Lebensmittelpunkt des Menschen auf eine virtuelle Ebene verlagert. Die Medien schicken sich an, zur neuen Heimat, zur Mitte des Menschen zu werden, die sich nicht mehr in der Innen- oder der Außenwelt des Menschen befindet, sondern im Zwischenraum des Medialen. Damit geht einher, dass sich der Mensch immer mehr von der Einzelexistenz weg, hin zu einem Beziehungswesen entwickelt, einem Wesen, dessen Existenz als individuelle Identität zunehmend nur noch im Bezug zu einem Anderen und Kollektiven gedacht wird. Diese sich für den Menschen paradigmatisch verändernde Beziehungsdimension manifestiert sich auf zwei Ebenen: Neurobiologisch hat sich gezeigt, dass das den Menschen auszeichnende Bewusstsein im Wesentlichen das Phänomen einer Beziehungsfunktion ist, nämlich der funktionellen Kopplung von innerer und äußerer Wahrnehmung. Medienphänomenologisch lässt sich erkennen, dass die Konvergenz und Verbindung aller Medien im digitalen Raum, sowohl der Publikations- als auch der Kommunikationsmedien, über das Internet zu einem globalen Beziehungsgeflecht führt, analog zur Neurobiologie vermutlich auch zu einer Art globalem Bewusstsein. Der Begriff der neuronalen Netzwerke verbindet diese beiden Phänomene, das menschliche Gehirn und den Cyberspace, die beide nicht nur als Metapher von Verbundenheit und Sozietät erscheinen, sondern ihren Manifestationsort oder zumindest ihren stofflichen Ausgangspunkt bilden. Auf der materiellen Ebene treten bei beiden die zu verbindenden Elemente zugunsten der Verbindungsstrukturen zurück. Dies mag auch für den Menschen gelten, dessen Streben nach Individualität einen Höhepunkt überschritten zu haben scheint. So rückt auch bei ihm die Beziehungsdimension in den Vordergrund, sowohl in seinem intrapsychischen Hauptmedium, dem individuellen Gehirn, als auch in seinem extrapsychischen Hauptmedium, der kollektiven medialen Parallelwelt.

Der Mensch verlässt nunmehr seine körperliche und intrapsychische Mitte, um zunehmend immaterialisiert in die exter-
nalisierte mediale Mitte, in das kollektive Unbewusste und das
Bewusstsein des Cyberspace einzutauchen. Das Geheimnis und
die Zukunft des Cyberspace mögen darin liegen, dass der Mensch
zwar darin versinken, aber auch wieder in veränderter Form
daraus auftauchen kann. Der Grund für den Umzug des Menschen aus der realen Welt in eine virtuelle Welt liegt letztlich in
seinem Bedürfnis, sich von den physischen Begrenztheiten der
realen Welt zu lösen und sich in eine möglichst frei gestaltete
und selbstbestimmte virtuelle Existenz zu transformieren. Diese
Entwicklung bildet die Kehrseite desjenigen Impulses, der einen
überbordenden Materialismus in Naturwissenschaft und Ökonomie vorantreibt.

Was sich der Mensch von seiner Transformation, die letztlich
auf eine Transzendierung hinauslaufen soll, erhofft, entspricht
dem, was sich als seine Hoffnung durch die ganze Menschheitsgeschichte und ihre religiöse Sinnsuche zieht. Es geht in der Regel
um ein ewiges Leben einer unsterblichen Seele und um die ewige
Liebe zu den Menschen, die im diesseitigen Leben von Bedeutung
sind. Verändert hat sich der Impuls, sich zu verwandeln und zu
überhöhen, in erster Linie dahingehend, dass sich der Mensch
immer mehr anschickt, dessen Umsetzung selbst in die Hand zu
nehmen. Dabei dürfte es nicht einfach nur darum gehen, selbst
Gott zu spielen. Hinter dem Impuls, sich selbst und den geliebten
Anderen zu transzendieren, lässt sich nicht unschwer auch der
Wunsch erkennen, mit *dem* oder *den* Anderen zu verschmelzen,
mit ihm oder ihnen eins zu werden in der Liebe und vielleicht
auch in dem, was allgemein mit *Gott* gemeint ist.

Hierin kann eine generelle Entwicklung vom Ich zum Du aus-
gemacht werden. Das Ich kann als Medium des individuellen
Selbst gesehen werden. Analog hierzu könnte im Buber'schen
Sinne das Ich-Du als Medium des kollektiven Selbst fungieren.
Individuelles und kollektives Selbst gehen ineinander über. Der
Verbindungsstelle dieses Überganges kann man sich nur annä-
hern, sie je konkret ausfindig zu machen, ist unmöglich. Die

Medien – und zwar alle Medien, nicht nur die neuen – vermögen diesen Übergang sichtbar zu machen, insbesondere indem sie dem Archetypischen nachspüren. Das im Zwischenzeiligen der Medien aufscheinende Archetypische hat mit den neuen Medien einen semikonkreten Raum eröffnet bekommen, der eine *wirkliche* Gegenwelt zur realen Welt bildet. Diese Gegenwelt ist nicht mehr in erster Linie ein Zwischen und die mit ihr verbundenen Medien sind nicht mehr in erster Linie Mittler des Menschen. Sie sind selbst zu seiner Mitte und zur Mitte des menschlichen Geschehens geworden. Aber die Entwicklung geht vermutlich noch weiter.

In letzter anthropologischer Konsequenz wird der Mensch vielleicht zu dem, was vor aller Medientheorie als Medium bezeichnet wurde, mit dem Unterschied, dass dies nicht mehr nur für einzelne, besonders befähigte, sondern für alle Menschen gilt: Der Mensch selbst wird zum Medium. Mit der Hypothese, der Mensch sei nicht nur im Medium, sondern er werde in dieser Bewegung selbst zum Medium, gelangt man in einen noch spekulativeren Bereich jenseits der Medienwissenschaften. Diese Sphäre von Medialität verhält sich vielleicht ähnlich wie das intrapsychische Medium Traum, das sich mit der Frage nach seiner Bedeutung stets einem wissenschaftlichem Zugriff entzieht.

Luzide Träume als Metapher für künstliches Bewusstsein

Klarträume, auch *luzide* Träume genannt, zeichnen sich dadurch aus, dass sich die Träumenden während des Traums darüber bewusst sind, dass sie träumen. Zudem können sich Träumende in Klarträumen oft an das Wacherleben erinnern, sind im Vollbesitz ihrer intellektuellen Fähigkeiten und können im Traum frei entscheiden, was sie tun möchten. Man kann einen luziden Traum sicher beenden, indem man im Traum quasi mit dem inneren Auge einen Gegenstand fixiert. Richtig interessant wird es, wenn man bedenkt, was man im luziden Traum angeblich alles nicht tun kann: Hierzu gehören Lesen und Schreiben ebenso wie das Töten eines Menschen. Das nur wenigen Menschen bekannte Klarträumen beziehungsweise luzide Träumen findet erstaunlich viele Anwendungsmöglichkeiten: Luzides Träumen kann ebenso der Unterhaltung wie der Erforschung von Körper-Seele-Interaktionen dienen. Im Rahmen psychotherapeutischer Interventionen kann es vor allem bei der Behandlung von Albträumen und beim Einüben von Fähigkeiten hilfreich sein. Vor allem aber hat das luzide Träumen einen festen Platz in spirituellen Praktiken, insbesondere in Form einer besonderen Form der Meditation des tibetanischen Buddhismus, dem *Traumyoga,* wobei meditierende Menschen generell häufiger luzide träumen. Der Dalai Lama spricht in »Sleeping, Dreaming, and Dying« (1997) von heilsamen Zuständen des klaren Lichts. Mit Hilfe bewussten Träumens könne man sich auch während des Übergangs zwischen Tod und Wiedergeburt seinen Zustand vergegenwärtigen. Im Übergangsstadium würde so die Verwirklichung spiritueller Ziele ermöglicht, unter Umständen sogar die Wahl seiner eigenen nächsten Inkarnation.

Seine Inkarnationen wählen zu können, das lässt wieder an die Avatare denken, die im Hinduismus Inkarnationen des Göttlichen bedeuten. Wenn man davon ausgeht, dass diese Begriffswahl nicht zufällig ist, dann bestätigt sich noch einmal die existenzielle Dimension, um die es im Cyberspace geht. Denn die Möglichkeit, sich im Computerspiel seine Daseinsform, seine virtuelle Inkarnation auszusuchen, beinhaltet den Versuch, nicht mehr *nur Mensch* sein zu müssen, sondern mehr als *das* und das nicht allein im Traum. Hier stellt sich schließlich die Frage: Was wäre, wenn der Cyberspace wie eine digitale Ursuppe irgendwann tatsächlich wie zufällig de novo geistiges Leben gebären würde? Was wäre, wenn der Mensch fähig würde, so etwas wie neues Leben und eine neue Form von Bewusstsein zu schaffen? Im Moment drängt sich der Eindruck auf, dass das dann am ehesten in Form einer Software geschähe, die sich programmierend selbst gestalten und fortpflanzen würde.

In Analogie zu dieser Vermutung kann man Rudolf Steiners (1910) Voraussage sehen, dass die nächste Inkarnation oder Entwicklungsstufe dessen, was die Gattung Mensch heute sei, eine Wesenheit sei, die sich fließend bewege, weitgehend von Materie losgelöst sei und vor allem in sozialen Organismen lebe. Das Leben im Cyberspace mag eine Allegorie für eine zukünftige Lebensform sein, so sie denn kommt, aber es kann sie nicht selbst sein. Und wenn man dennoch eine solche anthroposophische Perspektive einnehmen mag, dann kann man ebenso Träumen eine Wesenhaftigkeit zusprechen, aufgrund der sie in einem noch viel tieferen Sinne *luzide* wären. Von den Träumen als Boten, Botschafter und Botschaften kommt man nicht nur auf das Mediale, sondern auch auf dasjenige Phänomen, das man im bildhaften oder konkreten Sinne als Engel bezeichnet. Und zumindest im allegorischen Sinne sei der bereits angedeutete Gedanke erlaubt, dass der Cyberspace der Raum ist, in dem gefallene und nichtgefallene Engel um den Menschen ringen. Die geistigen Parallelwelten und Sphären von Avataren und Engeln weisen zumindest ebenso heimliche wie unheimliche Parallelen auf. Man könnte versucht sein, diese noch einmal intensiver miteinander in Deckung zu bringen.

Mediale Erscheinungen im Orbit

Als Boten des Himmels sollen Engel von Gott dazu auserkoren und bestimmt sein, dem Menschen beizustehen, ihm zu helfen und sogar zu dienen. In diesem Sinne wären sie selbstlose Geschöpfe, denen der Mensch zu Dank verpflichtet ist. In der Regel gelten Engel als unsichtbar in ihrem Sein und Tun. Ihr Wirken sei vom Himmel auf die Erde gerichtet, von oben herab auf uns Menschen, heißt es. Indem sie der Welt – von Gott gesandt – einen spirituellen Odem einhauchen, mögen sie das Himmlische erfahrbar und das irdische Leben ertragbar machen. Sie könnten das Band sein, das uns an die geistige Welt bindet. Um sich ihrer zu versichern, sind sie vom Menschen vielleicht immer wieder zu einem der häufigsten Motive künstlerischen Schaffens auserkoren worden.

Durch Kombination des Sturzes des strahlenden Sohnes der Morgenröte (Jesaja, 14, 12) mit dem Sturz des Satans (Lukas 10,

18) wurde im christlichen Sprachgebrauch aus Luzifer, lateinisch der Lichtbringer, ein Synonym für den Teufel als gefallenen Engel. Laut biblischer »Offenbarung« des Johannes heißt es: »Und es ward ausgeworfen der große Drache, die alte Schlange, die da heißt der Teufel und Satanas, der die ganze Welt verführt, und ward geworfen auf die Erde, und seine Engel wurden auch dahin geworfen« g (Johannes, 12,9). Nun erzählt die Legende, dass Luzifer und die Seinen gegen Gott aufbegehrt hätten, als letzterer den Menschen nach seinem Bilde geschaffen und den Engeln befohlen habe, diesem zu dienen. Luzifer, der ursprünglich der schönste und edelste aller Engel gewesen sei, habe das als eine Herabsetzung gegenüber den irdischen Geschöpfen und nicht als eine vornehme Aufgabe empfunden. Er sei – so würde man psychologisch deuten – narzisstisch gekränkt gewesen. So habe er Gott gezürnt und sich gegen ihn aufgelehnt, sei aber im Kampf unterlegen. Gott habe ihn von seinem Angesicht verbannt und auf die Erde beziehungsweise in die Hölle gestürzt. Auf Erden und im Reich der Finsternis wirke Luzifer nun, der auch als Satan(ael) bezeichnet werde, als Aufbegehrender weiter. Er sei es, der für die ständige Versuchung des Menschen sorge, sich gegen Gott zu richten. In allem Bösen würden seine Kräfte wirken. Er stelle die göttliche Ordnung in Frage. Er bilde den Schatten, wenn wir uns als mit Freiheit und Bewusstsein begabte Wesen zwischen Gut und Böse entscheiden müssen. In dieser Funktion gehöre auch er in Gottes Plan. Wie der Mensch würden er und seinesgleichen danach streben, wieder in Gottes Reich zurückzukehren, ganz im Sinne der *religio,* der Wiederanbindung an das Göttliche.

Betrachten wir die Legende von Luzifer metaphorisch, dann können wir Luzifer als Sinnbild des Menschen verstehen. Letztlich beschreibt der Sündenfall Adams und Evas einen ähnlichen Vorgang. Adam und Eva lehnen sich gegen die göttliche Ordnung auf, indem sie – freilich verführt durch eine luziferisch anmutende Schlange – vom Baum der Erkenntnis essen, ein Bewusstsein erlangen und so zwischen Gut und Böse frei entscheiden müssen. Vielleicht muss man die beiden Geschichten sogar in eine direkte Beziehung setzen: Nachdem Gott Luzifer aus dem Himmel verbannte, verführte dieser Adam und Eva aus Neid, damit Gott auch sie aus ihrem Himmel, dem Paradies, vertriebe. Vilém Flusser spricht in diesem Kontext von »Modernen Lichtmetaphern [...]: Bei ihnen wird das Licht ins Dunkel getragen. Es handelt sich um ein luziferisches Weltbild; nicht so sehr um einen manichäischen Kampf zwischen den Söhnen des Lichts und jenen des Dunkels als vielmehr um die prometheische Fackel, welche, vom Himmel gerissen, die Schlupfwinkel der Welt und der Unterwelt erleuchtet« (2005, S. 230). Diese Analogie, die vielleicht eben nicht *nur* eine Analogie ist, mag darauf hindeuten, wie sehr das Schicksal des Menschen mit dem der gefallenen Engel verwoben ist. Im Grunde gehören wir selbst zu den gefallenen Engeln. Und wenn wir uns danach sehnen, in den Himmel zu kommen, dann sehnen wir uns mit Luzifer danach, von Gott wieder aufgenommen zu werden und der ewigen Wiederkehr von irdischer Geburt und irdischem Tod zu entrinnen. Das Paradoxe daran ist, dass wir diesen ewigen Circulus vitiosus – der die Erde als die eigentliche Hölle kenntlich macht – nur über bewusste Erkenntnisprozesse durchbrechen können. In der Luzifer-Legende geht es also um Bewusstseinserweiterung mit dem Ziel der Transzendenz. Wenn wir uns auf die Suche machen, nach etwas, das den Menschen heute mit dem Ziel der Bewusstseinserweiterung und Transzendenz antreibt, dann stoßen wir unweigerlich auf die Erschaffung der virtuellen Welt, die uns allerorts in Lichtmedien erscheint. In dieser Lesart scheinen Engel in zwei Richtungen wirksam zu sein: Von oben herab fungieren sie als die Boten des Himmels und damit quasi als Medien Gottes. Ihnen gegenüber stehen die gefallenen Engel, die sich im Medialen zu tummeln scheinen und momentan vielleicht als wirksamer erweisen als die klassischen Himmelsboten. Vielleicht treffen auch beide Kräfte im medialen Raum aufeinander und setzen gemeinsam den Impuls, der den Menschen vom irdischen Treiben löst und auf eine zukünftige immaterielle Existenz seiner selbst zuführt.

Der Mensch ohne Medium

Menschen, die versuchen, sich zu Lebzeiten zu medialisieren, werden nicht dazu in der Lage sein, sich den Notwendigkeiten ihrer irdischen Lebensbedingungen in ausreichendem Maße zu stellen, insbesondere im Hinblick auf ökologische und soziale Zusammenhänge. Ein Mittler zwischen irdischer und geistiger Welt zu sein, jemand also, den man früher auch als »Medium« bezeichnet hätte, mag ein spannendes Unterfangen sein. Wenn es aber zum Selbstzweck wird, droht es dem Menschen als eskapistische Praxis zum Schaden zu gereichen. Man muss nicht gleich spirituell werden, um zu erkennen, dass unsere Begeisterung, ja unsere magische Anbetung virtueller Welten etwas Spiritistisches hat. Allerdings gibt es genügend weltliche Gründe dafür, sich mit einem einfachen Menschsein zu begnügen. Dies gilt nicht nur global-ökologisch, sondern auch mit Blick auf das geistig-mediale Klima, das jeder Mensch mitgestalten kann, nicht zuletzt, indem er aufwacht aus seinem medialen Traum, um sich seiner selbst bewusst und des Anderen gewahr zu werden.

Parallel zum Großprojekt der Medialisierung des Menschen, zur Überführung seiner emotional-geistigen Existenz in Software, versuchen noch andere technologische Entwicklungen der Erfüllung der alten Menschheitsträume näherzukommen, sich im Diesseits zu transzendieren: Die Mechanismen der physischen Keimzellen unseres Daseins, insbesondere das Genom, werden identifiziert und manipuliert. Hardware in Form robotischer Körperteile verbessert oder ersetzt die physiologischen Funktionen der *Wetware* Mensch. Schließlich treffen sich der Bottom-up-Ansatz der praktischen Genetik und der Top-down-Ansatz der Computertechnologie in einer Robotik, die Biotechnik und Computertechnik in sich vereint. Tatsächlich werden Menschen zunehmend nicht nur im Berufsleben sondern auch im privaten Raum durch intelligente Roboter ersetzt. Bei den medizinischen Phänomenen dieser Entwicklungen scheint es vor allem darum zu gehen, die menschliche Existenz zu konservieren, und bei den rein technologischen Phänomenen darum, das Menschliche zu ersetzen. In beiden Fällen klingt es morbiderweise so, als sei das Verfallsdatum des Menschen längst überschritten. Wollte man noch einen Schritt weiter gehen, könnte man sich fragen, ob die Menschen noch als Menschen zu identifizieren sind, wenn sich die körperlich-physiologische Existenz roboterhaft umzugestalten beginnt und sich die emotional-geistige Existenz auf die virtuelle Ebene verlagert. Die Identität des spezifisch Menschlichen zeigt Auflösungserscheinungen im Spagat zwischen ihrer materiellen und immateriellen Existenz. Aus dieser Sicht erscheint die Gattung Mensch als Auslaufmodell und nicht als die kommende Gottheit, in die er sie sich als Avatar bereits hineinzuversetzen versucht. Der Preis, den der Mensch für diese Fluchtversuche bezahlen muss, ist noch nicht abzusehen.

Solange der Mensch einen Körper besitzt, wird er den Umgang mit seiner geistigen Existenz auch daran messen lassen müssen, inwieweit sie seiner irdischen Existenz dient. Im Zweifelsfall wird er immer wieder auf letztere zurückgeworfen. Wenn aber die Entwicklung so weitergeht, dann erübrigt sich der Mensch irgendwann oder bleibt einfach stehen, während parallel bereits sein Nachfolger heranreift. Vielleicht vollzieht sich dies bereits, ähnlich wie in Steven Spielbergs Film »A. I. – Artificial Intelligence« aus dem Jahre 2001, in dem am Ende die wesentlich höher entwickelten, digitalen Zukunftswesen traurig vom Menschen Abschied nehmen. Der besondere Umgang mit unseren Erinnerungen und Sehnsüchten im Cyberspace, ihre sich dort permanent vollziehende additive und multiplikative Reproduktion, lassen vielleicht auf diese längst antizipierte Trauer schließen, die kollektive Trauer des Menschen sowohl über die Endlichkeit seiner individuellen Existenz als auch die seiner Gattung als solcher. Jedoch müssen wir die Menschen nicht in der virtuellen Welt wiederauferstehen lassen, um sie für uns am Leben zu erhalten. Im Sehnen und Erinnern *sind* sie lebendig, wenn wir uns ihnen nur anvertrauen und ihnen eine Subjektivität gewähren, anstatt sie zum Objekt zu machen. Der Mensch – der lebendige ebenso wie der verstorbene – steht auch ohne seine medialen Ausdrucksformen ein Stück weit außerhalb von Raum und Zeit, weil er per se ein geistiges Wesen ist. Vielleicht ist es überhaupt die geistige Existenz des Menschen, die mit dem Materialismus ringt, auf die uns das Mediale hinweist und zu der es uns hinführt, wenn wir selbst zu Medien zu werden versuchen. Aus der menschlichen Perspektive erscheint letztlich alle Materie als Vermittler von Geistigem. Was den individuellen und konkreten Menschen ausmacht, ist seine geistige Existenz. Alle Versuche des Menschen, seine geistige Existenz im Medialen zu konkretisieren, laufen letztlich darauf hinaus, ihm zu versichern, dass seine geistige Dimension (s)eine Realität ist. Dies gilt ebenso für die Lebenden wie für die Toten.

Wenn wir quasi als Geist im Cyberspace auferstehen können, dann sind wir diesem Traum schon relativ nahe, wobei es uns nicht gelingen wird, unsere körperliche Existenz ganz hinter uns zu lassen. An dieser hängen letztendlich alle existenziellen Dimensionen des Menschseins. C. G. Jung sagt aus einer recht anthropozentrischen Perspektive: »Die einzige Realität ist der individuelle und konkrete Mensch« (1935/2011, S. 9). So sei noch einmal festgehalten: Im Cyberspace können wir Menschen nicht *wirklich* lieben, miteinander Sex haben, ein Kind zeugen, gebären und großziehen, einen Kranken pflegen, selbst krank werden und sterben, einen Sterbenden begleiten und ihn begraben. So sehr wir als Menschen mit einem Bein vielleicht schon immer in einer geistigen Dimension oder virtuellen Welt verortet gewesen sein mögen und es momentan immer mehr zu sein scheinen, so sehr macht den Menschen gerade auch sein physisches Standbein aus. Im Spannungsfeld zwischen geistiger und physischer Welt legt der Mensch im Umgang mit seinen existenziellen Lebensbedingungen zwischen Geburt und Tod ein Zeugnis für seine Menschlichkeit ab.

Der Cyberspace mag ein Versprechen auf ein anderes oder gar höheres, vielleicht sogar schöneres Leben bergen, aber er ist nicht die Einlösung dieses Versprechens. Die Medialisation ist nicht das Ende aller Tage. Der Mensch taugt zu mehr als zum fleischgewordenen Medium. Konzentrieren wir uns also auf das Wesentliche.

Literatur

Adorno, Th. W. (1974) Prolog zum Fernsehen. In Adorno, Th. W., Eingriffe – Neun kritische Modelle. Frankfurt a. M.: Suhrkamp.

Anders, G. (1956/1994). Von der Antiquiertheit des Menschen. Bd. 1: Über die Seele im Zeitalter der zweiten industriellen Revolution. München: Beck.

Anders G. (1980/1995). Von der Atniquiertheit des Menschen. Bd. 2: Über die Zerstörung des Lebens im Zeitalter der dritten industriellen Revolution. München: Beck.

Anderson, C. (2009). The Long Tail: Nischenprodukte statt Massenmarkt – Das Geschäft der Zukunft. München: dtv.

Anderson, C. A., Gentile, D. A., Buckley, K. E. (2007). Violent Video Game Effects on Children and Adolescents: Theory, Research, and Public Policy. Oxford: Oxford University Press.

Arendt, H. (2007). Vita activa oder Vom tätigen Leben. München: Piper.

Aristoteles (1995). De anima. In Aristoteles, Philosophische Schriften in 6 Bänden. Bd. 6 (S. 418–420). Hamburg: Felix Meiner Verlag.

Assmann, A. (1994). Aspekte einer Materialgeschichte des Lesens. In H. Hoffmann (Hrsg.), Gestern begann die Zukunft (S. 3–16). Darmstadt: Wissenschaftliche Buchgesellschaft.

Baudrillard, J. (1978). Agonie des Realen. Berlin: Merve.

Becker, B. (2003). Philosophie und Medienwissenschaft im Dialog. In S. Münker, A. Roesler, M. Sandbothe (Hrsg.), Medienphilosophie. Beiträge zur Klärung eines Begriffs (S. 91–106). Frankfurt a. M.: Fischer.

Benjamin, W. (1936/1963). Das Kunstwerk im Zeitalter seiner technischen Reproduzierbarkeit. Frankfurt a. M.: Suhrkamp.

Bergmann, W., Hüther, G. (2006). Computersüchtig: Kinder im Sog der modernen Medien. Köln: Patmos.

Beuys, J. (1978a), Aufruf zur Alternative. Frankfurter Rundschau, Feuilleton, Nr. 288, S. 2.

Beuys, J. (1978b). Jeder Mensch ein Künstler – Auf dem Weg zur Freiheitsgestalt des sozialen Organismus. Vortrag: Achberg.

Bly, R. (1998). Die kindliche Gesellschaft. München: Knaur.

Bogen, M., Kuck, R., Schröter, J. (Hrsg.) (2009). Virtuelle Welten als Basistechnologie für Kunst und Kultur? Bielefeld: transcript.

Brecht, B. (1977). Der Rundfunk als Kommunikationsapparat. In B. Brecht, Gesammelte Werke in 20 Bänden. Bd. 18 (S. 127–134). Frankfurt a. M.: Suhrkamp.

Breuer, S. (1992). Die Gesellschaft des Verschwindens. Von der Selbstzerstörung der technischen Zivilisation. Hamburg: Junius.

Buber, M. (1923/1995). Ich und Du. Stuttgart: Reclam.

Campe, J. H. (1789). Väterlicher Rath für meine Tochter. Ein Gegenstück zum Theophron, der erwachsenen weiblichen Jugend gewidmet. Braunschweig: Schulbuchhandlung.

de Chardin, P. T. (1963). Die Zukunft des Menschen. Olten: Walter.

Dalai Lama/The Holiness the Dalai Lama (1997). Sleeping, Dreaming and Dying: An Exploration of Consciousness. Boston: Wisdom Publishing.

Debord, G. (1967). Die Gesellschaft des Spektakels. Berlin: Tiamat.

Drury, N. (1988). Lexikon des esoterischen Wissens. München: Knaur.

Elger, C. E., Friederici, A. D., Koch, C., Luhmann, H., von der Malsburg, C., Menzel, R., Monyer, H., Rösler, F., Roth, G., Scheich, H., Sinter, W. (2004). Manifest. Was wissen und können Hirnforscher heute? Gehirn & Geist, (6), 30–32.

Emrich, H. M. (2007). Identität als Prozeß. Würzburg: Königshausen & Neumann.

Emrich, H. M. (2008). Texte zu Rilke. Vorlesungen zur philosophischen Philosophie von Kunst. Bd. 1. Göttingen: Cuvillier Verlag.

Flusser, V. (1988/2003). Krise der Linearität. In N. Röller, S. Wagnermaier (Hrsg.), Absolute Vilém Flusser (S. 71–84). Freiburg: Orange Press.

Flusser, V (1993). Schriften. Düsseldorf: Bollmann.

Flusser, V. (1995). Die Revolution der Bilder. Der Flusser-Reader zu Kommunikation, Medien, Design. Köln: Bollmann.

Flusser, V. (2005). Medienkultur. Frankfurt a. M.: Fischer.

Foster, H. (2006). Chat Rooms. In C. Bishop (Hrsg.), Participation. Documents of Contemporary Art (S. 190–195). London: Whitechapel & Cambridge.

Freud, S. (1900/1999). Traumdeutung. Frankfurt a. M.: Fischer.

Freud, S., Breuer, J. (1895/1999). Studien über Hysterie. Frankfurt a. M.: Fischer.

Gibson, W. (2000). Die Neuromancer-Trilogie. München: Heyne.

Girard, R. (1999). Figuren des Begehrens. Das Selbst und der Andere in der fiktionalen Realität. Berlin u. a.: LIT-Verlag.

Goethe, J. W. (1808/1986). Faust. Der Tragödie erster Teil. Stuttgart: Reclam.

Grossman, D. (1995). On Killing: The Psychological Cost of Learning to Kill in War and Society. Boston: Little, Brown & Company.

Grüsser, S. M., Thalemann, R. (2006). Computersüchtig? Rat und Hilfe. Bern: Huber.

Hegel, G. F. W. (1835–38/1970). Vorlesungen über die Ästhetik. Teil I (Bd. 13). In G. F. W. Hegel, Werke in 20 Bänden. Frankfurt. a. M.: Suhrkamp.

Heim, M. (1998).Virtual Realism. Oxford: Oxford University Press.

Herder, J. G. (1772/1959). Über den Ursprung der Sprache. Berlin: Akademie Verlag.

Hörisch, J. (2004). Eine Geschichte der Medien. Frankfurt a. M.: Suhrkamp.

Horkheimer, M., Adorno, T. W. (2003). Dialektik der Aufklärung. Frankfurt a. M.: Fischer.

Hüther, G. (2006). Die Macht der inneren Bilder. Wie Visionen das Gehirn, den Menschen und die Welt verändern. Göttingen: Vandenhoeck & Ruprecht.

Huxley, A. (1932/2001). Brave New World. London: Flamingo.

Jochum, U. (2003). Kritik der Neuen Medien. München: Wilhelm Fink.

Jung, C. G. (1968/2003). Der Mensch und seine Symbole. Düsseldorf: Walter.

Jung, C. G. (1935/2011). Ausgewählte Schriften. Ostfildern: Patmos.

Kast, V. (2002). Der Schatten in uns: Die subversive Lebenskraft. München: dtv.

Keyes, R. (2006). The Quote Verifier: Who Said What, Where, and When. New York: Palgrave Macmillan.

Kubey, R., Csikszentmihalyi, M. (1990). Television and the Quality of Life: How Viewing Shapes Everyday Experience. Ayelsbeare: Mallory International.

Kurzweil, R. (2000). The Age of Spiritual Machines: When Computers Exceed Human Intelligence. London: Penguin.

Lanier, J. (2010). Warum die Zukunft uns noch braucht. Berlin: Suhrkamp.

Leary, T. (1997). Chaos & Cyber-Kultur. Solothurn: Nachtschatten Verlag.

Lem, S. (1976). Summa technologiae. Frankfurt a. M.: Suhrkamp.

Luhmann, N. (1996). Die Realität der Massenmedien. Opladen: Westdeutscher Verlag.

Margreiter, R. (2007). Medienphilosophie: Eine Einführung. Berlin: Parerga.

McLuhan, M. (1967). The Medium is the Message. New York: Bantam.

McLuhan, M. (1969/2002). Geschlechtsorgan der Maschinen. Playboy, (3), 53–74 u. 158. In M. Baltes, R., Höltschl (Hrsg.), Absolute Marshall McLuhan (S. 7–55). Freiburg: Orange Press.

McLuhan, M. (1992). Die magischen Kanäle. Düsseldorf: Econ.

Mersch, D. (2006). Medientheorien zur Einführung. Hamburg: Junius.

Morozov, E. (2011). The Net Delusion. How Not to Liberate The World. London: Allen Lane.

Mößle, T., Kleimann, M., Rehbein, F. (2007). Bildschirmmedien im Alltag von Kindern und Jugendlichen. Problematische Mediennutzungsmuster und ihr Zusammenhang mit Schulleistungen und Aggressivität. Baden-Baden: Nomos.

Mücken, D., Teske, A., Rehbein, F., te Wildt, B. T. (2010). Diagnostik, Therapie und Prävention von Computerspielabhängigkeit. Lengerich: Pabst.

Münker, S., Roesler, A., Sandbothe, M. (Hrsg.) (2003). Medienphilosophie. Beiträge zur Klärung eines Begriffs. Frankfurt a. M.: Fischer.

Nietzsche F. (1975). Briefwechsel, Kritische Gesamtausgabe. Hrsg. von G. Coli u. M. Montinari. Berlin: W. de Gruyter.

Orwell, G. (1949/1976). 1984. Frankfurt a. M.: Ullstein.

Paech, J. (1994). Film, Fernsehen, Video und die Künste. Stuttgart: J. B. Metzler.

Pfaller, R. (2008). Ästhetik der Interpassivität. Hamburg: Philo Fine Arts.

Platon (1957). Phaidros oder Vom Schönen. Stuttgart: Reclam.

Platon (1982). Der Staat. Stuttgart: Reclam.

Postman, N. (1987). Das Verschwinden der Kindheit. Frankfurt a. M.: Fischer.

Postman, N. (1997). Wir amüsieren uns zu Tode. Frankfurt a. M.: Fischer.

Rieger, S. (2001). Die Individualität der Medien. Frankfurt a. M.: Suhrkamp.

Rowling, J. K. (1997). Harry Potter und der Stein der Weisen. Hamburg: Carlsen.

Schanze, H. (Hrsg.) (2001). Handbuch der Mediengeschichte. Stuttgart: Kröner.

Schredel, M. (2007). Träume. Die Wissenschaft enträtselt unser nächtliches Kopfkino. Berlin: Ullstein.

Searle, J. R. (1999). I Married a Computer. The New York Review of Books. Zugriff am 26.6.2012 unter www.nybooks.com/articles/archives/1999/may/20/i-married-a-computer-an-exchange/

Sennett, R. (1998). Der flexible Mensch. Berlin: Berlin Verlag.

Silverstone, R. (2008). Mediapolis. Die Moral der Massenmedien. Frankfurt a. M.: Suhrkamp.

Simanowski, R. (2008). Digitale Medien in der Erlebnisgesellschaft. Kultur – Kunst – Utopien. Reinbek: Rowohlt.

Sloterdijk, P. (1999). Regeln für den Menschenpark. Ein Antwortschreiben zu Heideggers Brief über den Humanismus. Berlin: Suhrkamp.

Solms, M., Turnbull, O. (2007). Neurowissenschaft und Psychoanalyse. Köln: Patmos.

Sontag, S. (2003). Regarding the Pain of Others. New York: Farar, Straus & Giroux.

Sontag, S. (2010). Das Leiden anderer betrachten. Frankfurt a. M.: Fischer.

Spitzer, M. (2005). Vorsicht Bildschirm. Stuttgart: Klett.

Spitzer, M. (2003). Nervensachen. Perspektiven zu Geist und Gesundheit. Stuttgart: Schattauer.

Steiner, R. (1910/1977). Die Geheimwissenschaft im Umriss. Dornach: Rudolf Steiner Verlag.

Steiner, R. (1919/2003). Die Sendung Michaels: Die Offenbarung der eigentlichen Geheimnisse des Menschenwesens. Zwölf Vorträge gehalten in Dornach vom 21.11. bis 15.12.1919. Basel: Rudolf Steiner Verlag.

Steiner, R. (1911/2006). Die Welt der Sinne und die Welt des Geistes, GA 134. Zweiter Vortrag. München: Archiati.

te Wildt, B. T. (1997). Unveröffentlichtes Interview mit dem Regisseur Michael Haneke über seinen Film »Funny Games«. Wien.

te Wildt, B. T. (2010). Medialität und Verbundenheit. Lengerich: Pabst.

Türcke, C. (2008). Philosophie des Traums. München: Beck.

Turkle, S. (1995). Life on the Screen: Identity in the Age of the Internet. New York: Simon & Schuster.

Turkle, S. (1999). Leben im Netz. Identität im Zeitalter des Internet. Reinbek: Rowohlt.

Virilio, P. (1980). Geschwindigkeit und Politik – ein Essay zur Dromologie. Berlin: Merve.

Virilio, P. (1989). Ästhetik des Verschwindens. Berlin: Merve.

Virilio, P. (1993). Revolutionen der Geschwindigkeit. Berlin: Merve.

Virilio, P. (1990/2002). Rasender Stillstand. Frankfurt a. M.: Fischer.

Warhol, A. (1975). The Philosophy of Andy Warhol (From A to B and Back Again). Orlando: Harvest.

Wenzel, E., Beuys, J. (1990). Joseph Beuys. Block Beuys. München: Schirmer/Mosel.

Whitehead, A. N. (1927). Symbolism, Its Meaning and Effect. New York: Fordham University Press.

Winterhoff-Spurk, P. (2004). Medienpsychologie. Stuttgart: Kohlhammer.

Young, K. S. (1998). Caught in the Net. New York: John Wiley & Sons.

Young, K. S. (2011). Internet Addiction: A Handbook and Guide to Evaluation and Treatment. New York: Wiley & Sons.

Zweig, S. (1931/1994). Die Heilung durch den Geist. Mesmer, Mary Baker-Eddy, Freud. Frankfurt a. M.: Fischer.

Danksagung

Bei allen denjenigen, die mich beim Schreiben dieses Buches unterstützt haben, möchte ich mich herzlich bedanken. Zunächst gilt mein Dank dem Verlag Vandenhoeck & Ruprecht, der sich zu meiner großen Freude auf die Grenzgänge meiner Arbeit voll und ganz eingelassen hat.

Die Inspiration und den Impuls, mich mit den Wechselwirkungen zwischen Mensch und Medien zu beschäftigen und mich an die Erstellung dieses Buches zu wagen, verdanke ich vor allem den großen Köpfen der Medientheorie. In diesem Zusammenhang möchte ich den Einfluss von Vilém Flusser, Paul Virilio und Jochen Hörisch auf meine Arbeit besonders hervorheben.

Herr Prof. Dr. med. Dr. phil. Hinderk M. Emrich gab mir frühzeitig die Möglichkeit, mich mit den Wechselwirkungen zwischen Mensch und Medien, insbesondere mit dem Thema Medienabhängigkeit, wissenschaftlich zu beschäftigen, als dies in Psychiatrie und Psychotherapie noch geradezu exotisch war. Ihm gilt mein besonderer Dank. Ohne seine langjährige Förderung wäre dieses Buchprojekt nie zustande gekommen.

Danken möchte ich auch Herrn Prof. Dr. med. Stefan Bleich, der mich im Rahmen meiner klinischen Tätigkeit an der Medizinischen Hochschule Hannover für die Erstellung des Manuskripts zwischenzeitlich freistellte. In diesem Zusammenhang danke ich auch herzlich meinen ehemaligen Kolleginnen und Kollegen an der Klinik für Psychiatrie, Sozialpsychiatrie und Psychotherapie.

Besonders dankbar bin ich zudem für die Gastfreundschaft des Konvents der Benedektinerabtei Neresheim, wo ein Teil des vorliegenden Buches entstand.

Claudia Schlüter möchte ich herzlich für die Transkription der ersten handschriftlich verfassten Version des Manuskripts danken sowie für ihre langjährige liebevolle Unterstützung meiner Arbeit an der Medizinischen Hochschule Hannover.

Mein ganz besonderer Dank gilt den ersten beiden Lesern meines ersten *wirklichen* Buches. André Zwiers-Polidori danke ich für das erste ebenso kritische wie konstruktive Lektorat. Und für seine Korrekturen sowie seine geduldige Unterstützung danke ich schließlich meinem Mann, Burkhard Voigt, dem dieses Buch gewidmet ist.

Zum Weiterlesen

V&R

Jan Verplaetse

Der moralische Instinkt

Über den natürlichen Ursprung unserer Moral

Aus dem Niederländischen von Christiane Kuby und Herbert Post. 2011. 303 Seiten mit 3 Abb., kartoniert. ISBN 978-3-525-40441-6

Eine Entdeckungsreise zu den natürlichen Ursprüngen unserer Moral, die auf tief verwurzelten Instinkten basiert und nicht einfach zwischen Gut und Böse unterscheidet.

Jann E. Schlimme / Bert te Wildt / Hinderk M. Emrich

Scham und Berührung im Film

2008. 141 Seiten mit 16 Abb., kartoniert. ISBN 978-3-525-40404-1

An 16 Beispielen bekannter Filme wird gezeigt, wie sowohl Protagonisten als auch Zuschauer Berührung und Scham erleben.

Elmar Etzersdorfer / Georg Fiedler / Michael Witte (Hg.)

Neue Medien und Suizidalität

Gefahren und Interventionsmöglichkeiten

Unter Mitarbeit von Jürgen Schramm und Jürgen Kratzenstein. 2003. 294 Seiten mit 12 Abb. und 3 Tab., kartoniert ISBN 978-3-525-46175-4

Völlig neue Kommunikationswege erfordern eine Anpassung der Beratungskonzepte in der Suizidprävention.

Jürgen Hardt / Uta Cramer-Düncher / Matthias Ochs (Hg.)

Verloren in virtuellen Welten

Computerspielsucht im Spannungsfeld von Psychotherapie und Pädagogik

2009. 152 Seiten mit 11 Abb. und 8 Tab., kartoniert ISBN 978-3-525-40205-4

Wann werden die Reisen in andere Wirklichkeiten gefährlich und wie kann man Betroffenen helfen?

Vandenhoeck & Ruprecht